U0096228

古典文獻研究輯刊

三十編

潘美月・杜潔祥 主編

第 6 冊

《樂記》研究

李書秀 著

國家圖書館出版品預行編目資料

《樂記》研究／李書秀 著 — 初版 — 新北市：花木蘭文化事業
有限公司，2020〔民 109〕
目 10+240 面；19×26 公分
（古典文獻研究輯刊 三十編；第 6 冊）
ISBN 978-986-518-091-1（精裝）
1. 禮記 2. 研究考訂
011.08   109000640

ISBN-978-986-518-091-1

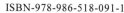

9 789865 180911

古典文獻研究輯刊
三十編 第六冊   ISBN：978-986-518-091-1

《樂記》研究

作　　者　李書秀
主　　編　潘美月　杜潔祥
總 編 輯　杜潔祥
副總編輯　楊嘉樂
編　　輯　許郁翎、張雅淋　美術編輯　陳逸婷
出　　版　花木蘭文化事業有限公司
發 行 人　高小娟
聯絡地址　235 新北市中和區中安街七二號十三樓
　　　　　電話：02-2923-1455／傳真：02-2923-1452
網　　址　http://www.huamulan.tw 信箱 hml810518@gmail.com
印　　刷　普羅文化出版廣告事業
初　　版　2020 年 3 月
全書字數　192139 字
定　　價　三十編 18 冊（精裝）新台幣 40,000 元　　　版權所有 · 請勿翻印

《樂記》研究

李書秀 著

作者簡介

李書秀，男，民國 44 年出生於高雄市，一生與音樂結緣，早期退伍後取得中華民國鋼琴調音師技術士證照，先後服務於河合鋼琴、山葉鋼琴公司。熱心致力於音樂技術，民國 70 年起當選臺北市鋼琴調音業職業工會第二、三、四屆理監事，為提升國人鋼琴維修技術，79 年又與同業先進籌組成立中華民國鋼琴調律協會，當選第一、二屆理事，嗣後與國際間各國鋼琴調律師協會舉辦技術交流，獲益良多。80 年就讀國立空中大學人文學系並成立合唱團。83 年底獲聘擔任臺北市立交響樂團舞台監督職，於 105 年 8 月退休以讀書、旅遊、蒔花自娛，94 年就讀玄奘大學中國語文研究所碩士在職專班，師事沈謙教授，老師並親定學生論文題目為《樂記》研究，作者就讀國立空中大學時即追隨沈謙老師為學，吾師不幸於 95 年 1 月 2 日凌晨遽爾過世！彌留之際曾入學生夢，並囑老師將遠行，交代學生未完成之學業務必恭請莊雅州教授指導，幸得莊雅州老師首肯，學業得以順利完成，於 96 年 6 月取得碩士學位。

提　　要

　　在中國古代音樂典籍中，《樂記》無疑是最具經典意義的文獻，對後世的音樂理論產生了深遠的影響。筆者本著窮本溯源之研究精神，就《樂記》的樂教思想、所使用的樂器暨象徵意義、在經文中論及的音樂與舞蹈、中和思想、再作闡述，以進一步探討它的理論價值。以有限之現行文獻資料，加上民國以來出土之考古文物有關「樂器」部分資料，按圖索驥，一一加以考證，以期呈現《樂記》一書中傳統樂器之全貌。

　　本文主要內容分為六章：第一章為緒論，主要在說明本文研究動機、目的與研究方法。本文的資料運用，是以文淵閣《四庫全書》及《十三經》為主，另輔以現今豐富的出土遺物、文獻，期能重現《樂記》時代之樂教思想與各古樂器的樣貌。也就是藉著研究《樂記》一書，而得一窺中國古代音樂之堂奧，並說明樂教的重要，期能藉著樂教之推行，改善當今社會的亂象。

　　第二章《樂記》探源，從音樂角度探討《樂記》的時代背景。第一小節從音樂的探源起，概述「樂」在我國歷史上各時期的文化中出現的遺物與歷史發展，第二小節介紹我國古代出土之「樂器」。第三、四小節則分述《呂氏春秋》與《樂記》中論樂之思想。

　　第三章《樂記》論音樂的社會教化功能，旨在敘述孔孟荀之樂教思想，並藉此了解儒家對樂的教化功能與看法。並於第二節分別討論音樂對於上古社會、先秦社會的教化功能。最後以期許作結，期望音樂能帶來心靈的滌淨與提昇。

　　第四章《樂記》有傳統樂器及其象徵意義，第一節先總論古代樂器的演化及《樂記》中的傳統樂器。第二節則就《樂記》中之各類樂器分別敘述之。《樂記》中所出現的樂器，依序出現為：瑟、鐘、鼓、管、磬、籥、五弦琴、琴、簫、大呂、匏、笙、簧、拊、雅、鞉、椌、楬、壎、箎、竽、鼓鼙等二十二種。第三節所要表達的是《樂記》一文中樂器原始的涵義，以及其與禮教結合後，對中國道統文化所產生的影響。

　　第五章《樂記》論音樂、歌謠與舞蹈，第一、二節分別簡述中國音樂美學與《樂記》的音樂美學。第三、四節則分述《樂記》中的音樂、歌謠與舞蹈。最後以詩樂舞合一的傳統作結。

　　第六章為結論。旨在論述《樂記》的歷史意義及對後世的影響。音樂教育在西周時曾經創造出高度的文明。孔門對音樂不止重視其在政治教化上的作用，並援為人格修養上的重要項目。但是自孔子時代，音樂在教化上的作用，即不斷的衰微，關於樂教的思想在《樂記》中保存的最多。所以本文以《樂記》作為研究的題目，藉以瞭解吾國樂教的思想，並期能對吾國樂教之人文理念的保存與發揚有些許的貢獻。

目

次

第一章 緒 論

第一節 研究動機、目的與背景

壹、研究動機

「音樂可以美化人生，歌唱可以舒暢身心」〔註1〕。這是筆者在就讀國立空中大學，創立臺北學習指導中心合唱團時的成立宗旨。「音樂」是人類溝通心靈的共同語言，即使是不同民族文化的人，傾聽同樣的音樂，也能夠享受音樂帶來的快樂，體驗音樂與身心的悸動，音樂確實是人生不可或缺的精神糧食，也是身心最好的鬆弛劑。值此現代科技日新月異、傳播媒體不斷播放流行音樂或西洋音樂的同時，且讓我們回過頭來看一看先民們爲我們所留下的文化瑰寶——《樂記》〔註2〕，審視其中深奧的哲理，期望能助我們尋回漸漸迷失的社會倫理。

〔註1〕 見《空大合唱選曲》第一集，國立空中大學台北學習指導中心印行，1992 年 8 月初版，頁 3。

〔註2〕 本論文《樂記》以書名號表示，按《樂記》在未輯錄於《禮記》時已成書，故本論文視其爲一部完整的獨立作品。《樂記》本有其書，後經「劉向考校經籍，檢得一百三十篇，第而敘之。又得《明堂陰陽記》三十三篇、《孔子三朝記》七篇、《王史氏記》二十一篇、《樂記》二十三篇，凡五種合二百十四篇。」今列入《十三經注疏》本之 5《禮記》卷三十七至卷三十九，故本文以書名號括之。請參閱本文頁 3《樂記》之作者及成書年代。詳見欽定《四庫全書》總目《禮記正義》六十三卷，台北：藝文印書館《十三經注疏》，2001 年 12 月初版 14 刷，頁 1。(後文引《十三經注疏》文，皆本此藝文印書館版本，爲節省篇幅，僅註明書名、篇名、卷帙《十三經注疏》本及其頁碼，餘不再註明。)

　　音樂是在人的內心中，受到外物的澎湃刺激而有所感動，從而產生共鳴而來的感覺。這份感覺因外物的影響引起內心的活動，使身體機能產生愉悅的變化，這就是「音樂」〔註3〕的功效。音樂一直影響著我們，從庶民以至皇帝，販夫走卒到高官顯要，小自生活起居，大至國之大典，都有音樂的芳蹤。審視今日的樂教，從小朋友入幼稚園起，至高級中學每週都安排有音樂課程。但唯一遺憾的是現在的音樂課程，以中西方音樂的理論與演進，乃至於音樂方面的相關知識，如樂教、樂典、樂曲、樂人、音樂賞析等等方面來說，西方音樂的介紹比重，顯然超出中國音樂許多，這也許是自民國以至現在近百年以來，我國由於外力的激盪與民族的自覺，在政治、經濟、社會及文化上都起了劇烈的變動。就音樂而言，西方音樂理論的輸入，對學校正式音樂教育的建立與現代樂團的興起等，都深具影響，導致現代的中小學音樂課程，大量偏向於西方音樂教育的養成。若想在基礎音樂教育課程中尋找中國音樂，猶如緣木求魚。筆者目前服務於西式大型交響樂團，平日所接觸者盡是西方音樂，然對於中國音樂之美，仍心羨慕之，更促使筆者想一探吾國之音樂殿堂。

貳、研究目的

　　在中國古代音樂典籍中，《樂記》無疑是最具經典意義的文獻。《樂記》現存只有十一篇，總共 5238 字〔註4〕，它涉及到音樂的起源、本質、功能及其藝術規律，具體呈現了儒家的音樂觀念，並且在很多方面具有承先啟後的意義，對後世的音樂理論產生了深遠的影響。本研究的目的，欲就其中幾個特別突出的觀念（如下所列舉之各項），略申其義蘊，藉以彰顯「禮樂」思想之基本路向與要旨。

〔註3〕「音樂」一詞在中國最早見於《呂氏春秋‧大樂》篇云：「音樂之所由來者遠矣。」見秦呂不韋撰、漢高誘註《呂氏春秋‧大樂》卷五，上海：上海古籍出版社，1987 年 8 月《四庫全書》本，第 848 冊，頁 309。（後文再引《四庫全書》文，皆本此上海古籍出版社版本，僅註明朝代、編纂者、書名、篇名、卷帙《四庫全書》本及其冊數、頁碼，餘不再註明。）在西方「音樂」這個概念詞，可追溯至希臘文字 Musiké（見希臘原文，其中的「Muse」就是「繆斯」之意）我們所瞭解古希臘的「繆斯藝術」是詩、樂、舞一體的，後來才特別指為聲音藝術。

〔註4〕此「5238」之數，乃據《樂記》篇之字數而來。見《十三經注疏》，本，頁 662～702。（《樂記》全文請參閱本文附錄一，頁 227～236）。

本研究所要達到的目的與預期的成果，有下列五項：

一、探究先秦時代的音樂文化演進過程，以了解儒家樂教思想形成之淵
　　源。

二、探究儒家樂教思想根源，據此重建社會道德觀念。

三、研析初民至先秦出土的傳統樂器，以考證《樂記》中所使用的樂器。

四、探析《樂記》中的樂器象徵的涵義。

五、探析《樂記》中的音樂、歌謠與舞蹈的意義、精神與教化之功能。

參、研究背景

在提出論證的觀點之前，有必要對《樂記》的研究方向，做一梗概的回顧和敘述。首先將釐清以下兩個問題：

一、《樂記》之作者

關於《樂記》的成書，作於何人，成書於何時，文獻各有不同的記載，它的作者與成書年代，至今仍有爭議。歷來有多種說法，莫衷一是。一般以「公孫尼子」、「河間獻王劉德」為作者的兩種說法，為最多人所討論，以下舉此二說略述之：

（一）公孫尼子（生卒年不詳？）〔註5〕

公孫尼子是孔子的再傳弟子。《隋書・音樂志上》引「沈約奏答」上認為《樂記》是從諸子著作《公孫尼子》書中，抽取節錄而成的。

> 案漢初典章滅絕，諸儒捃拾溝渠牆壁之間，得片簡遺文與禮
> 事相關者，即編次以為禮。皆非聖人之言，〈月令〉取《呂氏春秋》；
> 〈中庸〉、〈表記〉、〈防記〉、〈緇衣〉皆取子思子；《樂記》取《公
> 孫尼子》。〔註6〕

唐張守節《史記正義》也曾言及：「其《樂記》者，公孫尼子次撰也。」〔註7〕

〔註5〕《前漢書・古今人表第八》未載公孫尼子其人。見漢班固撰、唐顏師古注《前
　　　漢書・古今人表第八》（一）卷二十，《四庫全書》本，第249冊，頁402～447。
　　　惟《隋書・志第二十九》載：「公孫尼子一卷。」注曰：「尼，似孔子弟子。」
　　　見唐長孫無忌等撰《隋書・志第二十九・經籍三・子》卷三十四，《四庫全書》
　　　本，第264冊，頁626。

〔註6〕見唐長孫無忌等撰《隋書・志第八・音樂上》卷十三，《四庫全書》本，第264
　　　冊，頁196。

〔註7〕見唐張守節撰《史記正義・樂書第二》卷二十四，《四庫全書》本，第247冊，

進一步說，《樂記》就是公孫尼子的著作。按張守節上奏《史記正義》時（在唐玄宗開元二十四年，即西元736年）﹝註8﹞與《漢書・藝文志》差距了742年，兩者相差近八個世紀，其可信度自然薄弱。然自本世紀五十年代，郭沫若發表了〈公孫尼子及其音樂理論〉，認為公孫尼子就是《樂記》的原作者，使這個古已有之的另一說法，得到了普遍認可。其後不少音樂史專家都採用了郭沫若的結論，如楊蔭瀏《中國古代音樂史稿》。

然而，即使如此，今存《樂記》至少不是公孫尼子撰著的原本，即使其間擷取了公孫尼子的論述，也不宜把公孫尼子看作現存《樂記》的作者或唯一作者。

郭沫若也說：

> 因此我認為今存《樂記》，也不一定全是公孫尼子的東西，由於漢儒的雜抄雜纂，已經把原文混亂了。但主要的文字仍採自公孫尼子。﹝註9﹞

《樂記》本經漢儒纂錄，無法證明是否為公孫尼子原文。所以，上述諸書把現存《樂記》視為公孫尼子的著作，或視為戰國時期的音樂理論，是有欠妥當的。

（二）河間獻王劉德（？～西元前130年）﹝註10﹞

有關《樂記》的作者，記載最早的文章見於《漢書・藝文志》載：

> 周衰俱壞，樂尤微眇，以音律為節，又為鄭衛所亂，故無遺法。漢興，制氏以雅樂聲律世在樂官，頗能紀其鏗鏘鼓舞，而不能言其義。六國之君魏文侯，最為好古。孝文時，得其樂人竇公獻其書，乃《周官・大宗伯》之〈大司樂〉章也。武帝時，河間獻王好儒，與毛生等共采《周官》及諸子言樂事者，以作《樂記》，獻八佾之舞，與制氏不相遠。其內史丞王定傳之，以授常山王禹，禹成帝時為謁者，數言其義，獻二十四卷記。劉向校書，得《樂記》二十三篇，與禹不同。﹝註11﹞

頁370。

﹝註8﹞見唐張守節撰《史記正義・序》，《四庫全書》本，第247冊，頁16。

﹝註9﹞見郭沫若著《青銅時代》，台北：文治出版社，1945年初版，頁160。

﹝註10﹞見唐長孫無忌等撰《前漢書・景十三王傳・河間獻王劉德》（二）卷五十三，《四庫全書》本，第264冊，頁296～297。

﹝註11﹞見唐長孫無忌等撰《前漢書・藝文志》（一）卷三十，《四庫全書》本，第264

其意爲周衰禮壞，其樂尤微，又爲鄭衛俗樂所亂，故無遺法可循。《漢書・藝
文志》由班固據劉歆《七略》刪節而成，故其說本之劉歆。近人蔡仲德於其
《中國音樂美學史》一書中言及：

> 劉歆奏《七略》在漢哀帝建平元年（公元前 6 年），比沈約奏
> 答早五百多年，比長孫無忌上《隋書》各志（在唐高宗顯慶元年，
> 即公元 656 年）早 662 年，與《隋書》相較，《漢書・藝文志》中關
> 於《樂記》作者與成書年代的資料時間早得多，可靠性也就大得多。
> 《漢書・藝文志》既著錄《樂記》，又著錄《公孫尼子》，劉向曾親
> 自校訂這兩本書，劉歆、班固也曾親見這兩本書，如《樂記》眞是
> 取自《公孫尼子》，爲公孫尼子所作，他們理應在《七略》（劉向、
> 劉歆父子）、《藝文志》（班固）中寫明《樂記》作者是公孫尼子。但
> 他們卻都未作這種說明，而只提「河間獻王……與毛生等……作《樂
> 記》」，這就說明他們都認爲《樂記》作者是河間獻王與毛生等，而
> 不認爲是公孫尼子。〔註12〕

又應劭撰《風俗通義・聲音》中，有笛之記載：「笛，謹按《樂記》武帝時丘
仲之所作也。」〔註13〕根據西漢劉向《別錄》，《樂記》佚篇篇目有《樂器》，
《風俗通義》這段文字所採用者應該就是《樂器》篇的資料。按清人編纂子
部《四庫全書・風俗通義》提要云：「各卷，皆有總題。題各有散目。總題後
署陳大意，而散目先詳其事，以謹按云云，辨證得失。」〔註14〕桓譚、應劭
與劉向父子及班固生活在同一時代或稍後，均有可能親見《樂記》全書，其
記載當屬可信。據此，則《樂記》的成書不可能早於西漢武帝時代，更不可
能早於西漢文帝時代。是故筆者採《樂記》的編纂者當爲河間獻王劉德。

　　河間獻王，漢景帝子，名德，封河間王，卒諡獻。據《前漢書》載：

> 河間獻王德以孝景前二年立，脩學好古，實事求是。從民得
> 善書，必爲好寫與之，留其眞，加金帛賜以招之。繇是四方道術之

　　　　冊，頁 804。

〔註12〕見蔡仲德著《中國音樂美學史》上冊，北京，人民音樂出版社，2004 年 3 月
　　　　1 版，頁 320。

〔註13〕見漢應劭撰《風俗通義》卷六，《四庫全書》本，第 862 冊，頁 390。

〔註14〕《風俗通義》提要云：「各卷皆有總題，題各有散目，總題後署陳大意，而散
　　　　目先詳其事，以謹按云云，辨證得失。」按：「笛，謹按《樂記》武帝時丘仲
　　　　之所作也。」此意謂應劭以謹按《樂記》云，據此推測東漢應劭在撰述《風
　　　　俗通義》時《樂記》諸篇應尚未亡佚。同上注，頁 349。

人不遠千里，或有先祖舊書，多奉以奏獻王者，故得書多，與漢朝
等。是時，淮南王安亦好書，所招致率多浮辯。獻王所得書皆古文
先秦舊書，《周官》、《尚書》、《禮》、《禮記》、《孟子》、《老子》之
屬，皆經傳說記，七十子之徒所論。其學舉六藝，立《毛氏詩》、《左
氏春秋》博士。脩禮樂，被服儒術，造次必於儒者。山東諸儒多從
而遊。〔註15〕

由以上文字我們可以推知，以河間獻王身為貴族，有機會取得許多先秦古文
舊籍，且又有山東名人賢士與之交游的情況下，由其門下儒生共同編纂一部
《樂記》，是十分可能的事。

二、《樂記》之成書年代

綜前所述，《樂記》經歷了一個漫長而又複雜的成書過程。現存《樂記》
成書於西漢晚期，它吸納了戰國至西漢前期的許多有關論述，所以書中有很
多內容與其他音樂文獻重複或交叉。首先是荀子的《樂論》，其中大部分內
容見於《樂記》的《樂論》、《樂象》、《樂情》、《樂化》等篇。依年代先後來
說，自然是相傳為孔子再傳弟子的公孫尼子在前，戰國後期的荀子在後，所
以徐復觀又依據《樂記》文字與《荀子·樂論》有雷同之處，並且《樂記》
全篇的內容又具有總結孔門有關音樂藝術理論的意義，因而推論《樂記》作
者確屬儒家之徒，而其成書年代則應在荀子之後。〔註16〕是《樂記》擷取
了《樂論》中的文字。其實《樂論》的文字水準大大超過《樂記》，《樂論》
不應晚於《樂記》。實際上，同樣的論據，也可以得出相反的結論來，《樂論》
的文字水準高於《樂記》，正可說明《樂論》在後，因為後出為精，是常有
的事。我們很難逐一指出哪些是先秦音樂文獻的遺存，哪些是漢人續入的文
字，但有一點可以肯定：「《樂記》中那些時隱時現的陰陽五行學說，必然
是出於漢人的手筆。」〔註17〕

《禮記·樂記》作為儒家禮樂論的總結，其內在的邏輯體系，除了儒家
音樂美學思想這個主要體系之外，還包括陰陽五行家的思想體系，如以禮樂
配天地，以五行配君、臣、民、事、物，強調音樂與社會倫理政治的溝通，

〔註15〕見漢班固撰、唐顏師古注《前漢書·景十三王傳·河間獻王劉德》（二）卷五
十三，《四庫全書》本，第249冊，頁297。

〔註16〕見徐復觀著《中國藝術精神》，臺北：臺灣學生書局，1966年，初版，頁8～12。

〔註17〕見歐蘭香〈試論《樂記》的成書與內容特色〉徐州師範大學學報（哲學社會
科學版），1999年十二月第25卷第4期，頁146。

它的目的無非是提高音樂在政治教化中的作用，這在之前的荀子《樂論》中，是沒有提出的事情。關於《禮記‧樂記》的作者，迄今尚無定論，但從其立論文字來看，成書於漢代當是毫無疑問的。

第二節　資料運用與研究方法

研究中國音樂遇到的最大難題，就是專書文獻不足，其中尤其以遠古音樂為最。現在可以知道的古代音樂資料，其範圍差不多都納入《四庫全書》或後人追述的傳說。所以筆者目前只能根據古書的記載，或由後人之傳說來作一種合乎情理的推測。據楊家駱主編之《中國音樂史料》第一冊序言提到：

> 《叢書子目類編》就二千七百九十七部叢書，分析其子目立條，刪去重複，得三萬八千八百九十一書，關於音樂專書者：《經部‧樂類‧樂理之屬》凡得二十五種、二百四十二卷；同類「律呂之屬」凡得六十五種、三百五十卷。「子部‧藝術類‧音樂之屬，總論」凡得十種、十四卷；同屬「琴學」凡得三十五種、五十卷，其無卷數者一種；同屬「樂譜」凡得二十七種、七十三卷；同屬「雅樂」凡得四種、八卷；同屬「燕樂」凡得五種、十一卷；同屬「雜樂」凡得六種、六卷；同屬「舞」凡得六種、六卷（下同屬有「西樂」一種、一卷不計）。是就「叢書子目類編」言，中國音樂專書凡有一百七十三種、七百六十卷，其無卷數者一種。不惟四庫存目書多不見於諸叢書中，……惜其於專書、專篇既不加以識別，而於包括有部分音樂史料之他書，亦泛列全帙於目中，不僅大部分今不得見，即可得而讀之者，亦復艱於綜理，望梅既難解渴，畫餅未遂充飢。〔註18〕

按誠如楊家駱所言，《叢書子目類編》所著錄的古代音樂資料計有一百七十三種，七百六十卷，誠為美富。「然刪去重複，扣去同屬（類）者」，又所剩無幾了，尤其是「新石器原始時期至先秦時期」〔註19〕的音樂資料，更是少之又少。我國樂律之學蒙昧已久，其蒙昧之主因，有由於歷史上事實之影響

〔註18〕見楊家駱主編《中國音樂史料》第一冊，台北：鼎文書局，1982年九月二版，頁1。

〔註19〕見本文第二章第二節，頁23，音樂學者梁銘越教授的分類法。見梁銘越著《歷史長河的民族音樂》，台北：文建會，1991年初版，頁6。

者，如秦始皇焚書坑儒、湮滅典籍等；有政治上之作用者，如非天子，不得制禮作樂之類是也。按此種種原因，資料之保存均大受影響，更何況年代之久遠，搜集更是不易。

壹、研究資料來源

中國的音樂史學研究起源已久。早在先秦時期諸子百家就已注意音樂理論與歷史史料的記敘、論述工作。以《史記》爲開端的各代正史中，都有《樂志》（或《音樂志》、《禮樂志》、《律曆志》）記載音樂的沿革、制度、樂理、歌詞等等可資參考。此外，在記載文物制度的《通典》（唐）、《通志》（宋）、《文獻通考》（元）以及《唐會要》、《宋會要輯稿》、《經世大典》（元）等，都有有關於音樂的記載。在類書中如唐代的《初學記》、《北堂書鈔》、《藝文類聚》，宋代的《太平御覽》，明代的《荊川稗編》，清代的《古今圖書集成》等，專門性的著作，如唐代段安節的《樂府雜錄》，宋代郭茂倩的《樂府詩集》，明韓邦奇的《苑洛志樂》，清《律呂正義》，凌廷堪的《燕樂考源》，陳澧的《聲律統考》等，但大都將律學、理論與史料混在一起雜述。近代的音樂史學，最早的通史著作之一有王光祈的《中國音樂史》（1934），楊蔭瀏著有《中國音樂史綱》，1977 年增訂爲《中國古代音樂史稿》，蔡仲德著有《中國音樂美學史》。

除以上資料外，本論著所研究之資料，又以文淵閣《四庫全書》中與《樂記》相關的典籍爲主，包括：《論語》、《大學》、《中庸》、《孟子》、《墨子》、《荀子》、《孝經》，以及《易》、《書》、《詩》、《禮》、《春秋》，與《易傳》、《春秋三傳》、《禮記》等。此部叢書，已成爲研究古代文化的寶典，是研究闡釋《樂記》的重要材料。另，現代考古學，已幫助我們把那些沒有文獻記載失落的世界尋找回來。這些經過考古發掘出來的文物，距今有數千年甚至幾十萬年的時光，以其形象、性能、用途、製作，甚至名稱、歸屬等等，從不同側面記錄了中華民族的歷史，體現了我國古代人在生活實踐中所發揮的聰明才智，並且證實了中華民族的文化的確是源遠流長，足以激起我們民族的優越感。

貳、研究方法

一、歷史研究法

近代學者王文科於其《教育研究法》中提到關於從事學術研究時，可以

運用的研究方法，其中提到歷史研究法：

> 所謂歷史研究法，是指有系統的蒐集及客觀的評鑑與過去發
> 生之事件有關的資料，以考驗那些事件的因、果或趨勢，並提出準
> 確的描述與解釋，進而有助於解釋現況以及預測未來的一種歷程。

〔註20〕

本文第二章言《樂記》與音樂的關係，即運用歷史研究法，從石器時代至先秦、以至於漢代之整個政治經濟、社會文化等角度來看《樂記》之所以形之於世的原因。

二、二重證據法與三重證據法

　　近代王國維提倡二重證據法研究古代史，取地下之實物與紙上之遺文互相釋證，對近代學術的進步有重要的影響。王國維在其在清華研究院裡開了一門課「古史新證」裡，談到其工作及治學方法：

> 吾輩生於今日，幸於紙上之材料外更得地下之新材料。由此種
> 材料，我輩固得據以補正紙上之材料，亦得證明古書之某部分全為
> 實錄，即百家不雅馴之言亦不無表示一面之事實。此二重證據法惟
> 在今日始得為之。雖古書未得證明者，不能加以否定，而其已得證
> 明者，不能不加以肯定可斷言也。〔註21〕

所謂「二重證據法」就是以地下實物資料（地下材料）和歷史文獻（紙上材料）資料互相印證的方法，對近代學術的進步有重要的影響。至今由二重證據法，得到地下出土的器物及文字，可敲推古代的面貌，對於研究古代文物有很大的貢獻。陳寅恪曾經概括王國維等人所倡起的新的學術風格的特徵：「一曰取地下之實物與紙上之遺文互相釋證」;「二曰取異族之故書與吾國之舊籍互相補正」;「三曰取外來之觀念，以固有之材料互相參證」〔註22〕。「地下之實物」、「異族之故書」以及「外來之觀念」得到重視並加以利用，體現出二十世紀的中國學術對於十八世紀、十九世紀的歷史性超越。

　　緣此，筆者在進行本論文研究時，除了運用二重證據法之外，尚加上第三重證據法，也就是「精神內涵的傳承」，其範圍很廣，可以是風俗民情、口

〔註20〕見王文科《教育研究法》，台北市：五南書局，1996年十月，頁259～260。
〔註21〕見王國維《古史新證》，北京：清華大學出版社，1994年12月第一版，頁3。
〔註22〕見陳寅恪《王靜安先生遺書序》，上海：上海古籍出版社，1980年出版，頁219。

耳相傳的神話、遺留下的動作或器物等等。在本論文第四章《樂記》樂器研究部分，大量採用了考古資料來印證文獻資料之內容。如：西元 1955 年出土於陝西長安斗門鎮遺址的「斗門鎮陶鐘」，可以視爲後世的青銅樂器「鐃」的原始雛形。又如：西元 1978 年湖北隨縣出土的「曾侯乙墓」在其墓葬的東室和中室，擺放了舉世罕見的各種樂器，提供後人研究樂器的一大資料庫。而在論文的其他章節，則參照西方音樂學者觀點以與中國音樂發展相印證。筆者將本著窮本溯源之研究精神，以有限之現行文獻資料，加上民國以來出土之考古文物有關「樂器」部分資料，按圖索驥，一一加以考證，以期呈現《樂記》一書中傳統樂器之全貌。

三、歸納、分析與考證

傳統之歸納、分析研究法，是一般論文最常使用的研究法。本文亦運用此法，從觀照先秦時期樂器的演化，進一步探述《樂記》所呈現的樂器，以及所涵攝之主要意義。由於《樂記》之影響深遠，學界的先進前輩們對此做過各個方面大量的、卓有成效的探討。本研究即在前輩豐厚的研究基礎上，續做發揮。就《樂記》的樂教思想、所使用的樂器暨象徵意義、在經文中論及的音樂與舞蹈、中和思想、再作闡述，以進一步探討它的理論價值。

第三節　研究範圍、限制與預期成果

壹、研究範圍及限制

近人馮友蘭說：

> 社會組織，由簡趨繁；學術由不明晰至於明晰。後人根據前人已有之經驗，故一切較之前人，皆能取精用宏。故歷史是進步的。
> 〔註23〕

研究《樂記》應先解決文獻問題，根據前面二節所述，研判可知，今存《樂記》是指《禮記·樂記》所保存之十一篇。按《禮記注疏·原目》云：

> 名曰：「樂記」者，以其記樂之義。此於《別錄》屬《樂記》。
> 蓋十一篇合爲一篇。有〈樂本〉、有〈樂論〉、有〈樂施〉、有〈樂言〉、

〔註23〕見馮友蘭著《中國哲學史·上冊》，台北：商務印書館，1993 年四月增訂臺一版，頁 22～23。

有〈樂禮〉、有〈樂情〉、有〈樂化〉、有〈樂象〉、有〈賓牟賈〉、有〈師乙〉、有〈魏文侯〉，今雖合此，略有分焉。

《藝文志》云：「黃帝以下至三代，各有當代之樂名。孔子曰：『移風易俗，莫善於樂也。』周衰禮壞，其樂尤微。以音律爲節，又爲鄭衛所亂，故無遺法矣。」漢興，制氏以雅樂聲律，世爲樂官，頗能記其鏗鏘鼓舞而已，不能言其義理。武帝時，河間獻王好博古，與諸生共采《周官》及諸子云樂事者，以作《樂記》。其內史丞王度傳之，以授常山王禹。成帝時爲謁者，數言其義，獻二十四卷《樂記》。劉向校書，得《樂記》二十三篇，與禹不同。其道浸以益微。故劉向所校二十三篇，著於《別錄》。今《樂記》所斷取十一篇，餘有十二篇，其名猶在。二十四卷記無所錄也。〔註24〕其十二篇之名，案《別錄》十一篇。餘次〈奏樂〉第十二、〈樂器〉第十三、〈樂作〉第十四、〈意始〉第十五、〈樂穆〉第十六、〈說律〉第十七、〈季札〉第十八、〈樂道〉第十九、〈樂義〉第二十、〈昭本〉第二十一、〈昭頌〉第二十二、〈賓公〉第二十三是也。

案《別錄》：「《禮記》四十九篇，《樂記》第十九。」則《樂記》十一篇入《禮記》也，在劉向前矣。至劉向爲《別錄》時，更載所入《樂記》十一篇，又載餘十二篇，總爲二十三篇也。其二十三篇之目，今總存焉。〔註25〕

而〈師乙〉篇文末，另有「子貢問樂」四字，很可能另有〈子貢問樂〉篇，歷代學者認爲是編輯者在編輯時，刪減未盡而遺留下來的。除以上十一篇外，另有題爲〈奏樂〉、〈樂器〉、〈樂作〉、〈意始〉、〈樂穆〉、〈說律〉、〈季札〉、〈樂道〉、〈無義〉、〈昭本〉、〈昭頌〉、〈賓公〉等十二篇，未傳於世。但觀其

〔註24〕案台北藝文印書館《十三經注疏》本，重栞宋本《禮記注疏》，頁662。刊植「其名猶在三十四卷記無所錄也」誤也。逐查文淵閣《四庫全書》爲「其名猶在二十四卷記無所錄也」。見漢鄭玄注、唐孔穎達疏、陸德明音義《禮記注疏·原目》（一）禮類三禮記之屬，《四庫全書》本，第115冊，頁18。

〔註25〕案台北藝文印書館《十三經注疏》本，重栞宋本《禮記注疏》，頁662。刊植「至劉向爲別錄時更載所入樂記十一篇又載餘十一篇，總爲二十三篇也」此處原文亦有誤。逐查文淵閣《四庫全書》，應爲「至劉向爲《別錄》時，更載所入《樂記》十一篇，又載餘十二篇，總爲二十三篇也」。同上注，第115冊，頁18。

文字與《史記・樂書》、《說苑・修文》有一些出入，篇次也與《史記・樂書》、《別錄》不相同。根據以上情況，又可知今存《樂記》文字有《禮記・樂記》保存之 5238 字，《史記・樂書》保存之約 1000 字（與《禮記》相同者不在內），《說苑・修文》保存之約 550 字（與《禮記》相同者不在內），《白虎通・禮樂》保存之 68 字，《風俗通義》保存之 100 餘字，合計約 7000 字。此外尚有《別錄》保存之「後十二篇」篇名。今存《樂記》文字雖有 5238 字，但除《禮記・樂記》所保存的十一篇外，其餘是否爲《樂記》佚文，學術界尚無定論，故本研究所論《樂記》思想仍以《禮記・樂記》所記之十一篇爲主。

　　以上幾節所陳之義旨，其錯綜豐盈之度，既可援引而成爾後各章之論述；足以定之此執簡馭繁之道也，現爲本章作一小結：即如孔子所說：「夏禮，吾能言之，杞不足徵也；殷禮，吾能言之，宋不足徵也。文獻不足故也。足，則吾能徵之矣」〔註26〕連至聖先師孔子在敍述杞宋二國的典冊既佚失，又無秉禮之遺賢，故不足以爲證矣。

貳、預期成果

　　《樂記》是我國音樂史上，最早的音樂專著，自從司馬遷把它采入《史記・樂書》起，二十五史中，凡有《樂志》（或稱《音樂志》、《禮樂志》）的史書，以及《北堂書鈔》〔註27〕、《藝文類聚》〔註28〕等大型類書中的「樂部」，無不引用它的文字或轉述它的內容。歷代有關音樂的論述，也總是以它作爲自己立論的根據。所以歷代的音樂家們，就循著《樂記》的腳步，創造出我國音樂文化燦爛輝煌的一面。研究儒家與音樂的關係和社會對音樂的需求，揭示音樂發展爲一門規律的現代學科，透過《樂記》可以呈現自周公以來以「禮樂」教化爲主軸的特色。

　　台灣目前在西方法治思潮影響下，「法政」成爲重點，「禮樂」相對的漸

〔註26〕見《論語・八佾第三》，《十三經注疏》本，頁 27。

〔註27〕《北堂書鈔》爲《四庫全書》編入子部類書類，唐虞世南撰，明陳禹謨補註，凡總計卷一百六十，言樂者自卷一百五至卷一百十二，合計有八卷。見唐虞世南撰、明陳禹謨補註《北堂書鈔》，《四庫全書》本，第 889 冊，頁 514～551。

〔註28〕《藝文類聚》爲《四庫全書》編入子部類書類，唐歐陽詢等奉敕撰，凡總計一百卷，樂部自卷四十一至卷四十四，合計有四卷。見唐歐陽詢撰《藝文類聚》（二），《四庫全書》本，第 888 冊，頁 60～117。

漸式微，其重要性似乎不能與「法」相提並論。「禮與樂」在今日的社會果真
不復有影響力了嗎？這是一個需要省思的問題，筆者以為以社會學、政治學
的角度來做現象的瞭解與處理是不夠透徹的，從「禮與樂」的根本，進行哲
學性的探究，則是不可或缺的。一般人有一個印象，以為儒家的「禮樂」思
想，已經不適用於法治的現代社會，並以為儒學已經式微。導致如此印象的
原因是多重的，多元化的社會裡，儒家的影響及儒者的人數在銳減中。禮樂
與法治是互為消長的，社會秩序要有所憑依，就必須再遵循「禮」的規範，
有禮做為後盾、依據，才能重新開闢一條維新之路，重新檢示，尋回我國固
有的禮樂，這是一件刻不容緩的要事。

第二章 《樂記》探源

第一節 概 說

　　本章旨在從音樂角度探討《樂記》的時代背景。第一小節從音樂的探源起，概述「樂」在我國歷史上各時期的文化中出現的遺物與歷史發展，其資料容或有所不足，只略敘「樂」之源頭及我國之「音樂起源」說，做為研究《樂記》之探源之一。

　　第二小節承繼上節歷史，介紹我國古代出土之「樂器」，並依梁銘越教授之分類法以時代的演進，將我國音樂歷史之演變分割為四個演化時期，本節敘說前兩期：一為新石器原始時期（約公元前七千年至公元前二千年）。二為先秦時期（約公元前二千年至公元前207年）。至漢代《樂記》成書止，主要敘述各時期之樂器，配以出土樂器照片（有出土樂器照片者優先輯錄，無出土照片者援引其他書籍或古籍繪製之圖片），以了解我國「音樂」的起源，從史前起至本研究對象《樂記》止，「樂器」的發展背景，做為研究《樂記》之探源之二。

　　第三小節記《呂氏春秋》論樂，《呂氏春秋》是先秦的一部重要典籍，成書大約比《樂記》稍前，它的哲學思想與政治思想內容十分的豐富，也是我國最早論及「音樂」一詞的典籍。它論及音樂的篇章如〈仲夏紀第五〉、〈仲夏紀第六〉之內容，對「音樂」的起源有著相當詳細的論述，總結了先秦的音樂思想，是我們民族的一份珍貴有價值的遺產，我們應該給予充分的重視，

進行深入的探究，並做為本研究之探源之三。〔註1〕

　　第四小節記現存《樂記》各篇論「禮樂」之重點，《樂記》十一篇文章之中以禮、樂貫穿全篇，是《樂記》精髓之所在，可以看出古代是禮樂並重的社會，值得深入研究，並做為本研究之探源之四。

　　以上本章所舉均為「樂」在各時期的大要，另「樂」對儒家及社會之教化影響其詳細內容於第三章再作細述。

壹、音樂的啓蒙

　　我國的歷史，可以追溯到非常遠古的洪荒時代。遠在五十萬年以前，我們的祖先就已居住在中國的廣大土地上。那時他們已經懂得用人工鑽木取火，開始使用打製的舊石器。到了五萬年以前，在舊石器時代的晚期，他們過著狩獵、捕魚的生活。到了六、七千年以前，黃河流域的「仰韶文化」和「馬家窟文化」已顯示出以農業為主的綜合的經濟特點。〔註2〕人們用的工具是經過磨製的新石器，他們已學會了用火燒土，製成精美的陶器，他們用弓箭射擊遠處的鳥獸。閒暇時人們已有集體樂舞的活動場面，遠古的音樂直接和這樣的物質生活交織在一起。

　　探源先探頭，要研究我國音樂的源泉，得先簡述我國的歷史，因歷史與音樂史終究是分不開的，兩者是同時並進，互為表裡的。綜觀人類的歷史，人類活動的遺跡。遺跡的留傳，主要是靠文字的記載，但是在還沒有文字以前，人類早已有了音樂方面的活動、有了歷史的存在。我們想要明瞭那些遠古時代人類活動的大概情形，唯一的憑藉就是由地下發掘出來的遺物，尤其是他們使用過的工具、器具，再根據科學方法來加以推斷，以現代的科學為根據所作的檢測，去推算的確實精準度更為提高，更能說服大眾，這才是現代最好的研究方法之一。〔註3〕以下簡述我國遠古時期至本研究所要表述之

〔註1〕做為本研究《樂記》的「音樂」思想探源背景資料，不僅《呂氏春秋》論樂，先秦時期論「樂」者尚有荀子〈樂論〉篇，礙於篇幅順序，容於下章合與〈論儒家樂教思想〉中敘述。

〔註2〕見李純一著《中國古代音樂史稿》，北京：音樂出版社，1964年3月北京第2次印刷，頁3。

〔註3〕現代科學技術正在逐漸應用到考古研究全部過程的各個方面。遺址的勘察、出土文物的保養和修復、遺蹟的保護，都需要應用物理學和化學的各種專門技術。更重要的是古代遺蹟、遺物包含了許多古代社會的信息，單憑考古工作者的直觀觀察和傳統技術還不足以充分瞭解，而應用現代科學技術手段對

《樂紀》爲止，先民與音樂有關之活動的歷史。

一、遠古時代——（約距今三百萬年～五十餘萬年前）

世界上許多國家的人民對天、地的出現及人類的產生，有各種不同的說法。在中國，有關盤古開天闢地和女媧造人一類的傳說流傳久遠。但是隨著科學的發展，特別是近代考古學、古人類學和地質學的發展，揭示了地球形成的奧秘，也揭示了人是生物進化的產物。遠古時代的工具是以石器爲主，但磨製石器還沒有出現。所以我們稱這遠古時代爲「石器時代」。這些石器由於精粗不同：粗製的時間在先，精製的時間較後，因而又有「舊石器時代」與「新石器時代」之分。〔註4〕

二、舊石器時代——（紀元前五十萬年至前一萬年）

通常指「舊石器時代」，約當西元前五十萬年至前一萬年。在舊石器時代的早期，打製石器以粗厚笨重、器類簡單、或一器多用爲其特點。到了舊石器時代的晚期，石器趨於小型化和多樣化，所用器類增多，還發明了弓箭、投矛器等複合工具和鑽孔技術。「舊石器時代」與「新石器時代」之間尚有「中石器時代」也有人稱其爲續舊石器時代。其地質時代已進入全新世紀，屬於冰後期。此時歐亞大陸的氣候轉暖，與舊石器時代晚期顯著不同。人類依然過著採集漁獵生活，使用打製或琢製石器，出現了少量磨製石器。就出土之文物來說，此一時期，仍未見有「音樂與樂器」的出現，無出土文獻資料可考。

三、新石器時代——（約當西元前一萬年至前一千年）

晚近六十多年來，經過考古學者、地質學者等專家的努力，在中國北部，陸續發現多樣石器時代的遺物。距今一萬年前，人類進入新石器時代。進入

古物的成分，原料及其來源、製造工藝、年代等進行考察、測定和分析，則會取得很多可靠的研究成果。見仇士華、蔡蓮珍《現代科學技術在考古上的應用》收錄於《中國大百科全書》，頁 365。

〔註4〕舊石器時代，在這一時代人類開始出現，生產工具以打製石器爲標誌，人類的體質具有原始的特徵。遺存與若干絕滅動物共存，其地質時代屬於更新世，從二、三百萬年前開始至一萬年前爲止。舊石器時代的時間最長，佔人類歷史的 99.8%。新石器時代，這一時代的基本特徵是農業、畜牧業的產生和磨製石器、陶器、紡織的出現。嚴格地講，這時已從依賴天然賞賜過渡到生產經濟階段。由於農業和畜牧業是新石器時代產生的標誌，因而當出現陶器以前的階段，也有人稱之爲前陶文化或原新石器文化。見裴文中：《中國石器時代》、安志敏：《中國新石器時代論集》收錄於《中國大百科全書》，頁 563。

全新世紀以後，地球的氣溫逐漸變暖，人類漸漸走出山區，移向平原地區活動。爲了適應新的環境，人們選擇了靠近水源的地點聚族而居，建造房屋，發明陶器，出現了原始農業，開始了定居生活。磨製和鑽孔技術的普及，使各種石質工具的製作趨於定型，更適合各種不同的用途，新石器時代的文化，有三個主要的特徵，其一、爲磨製工具的使用。其二、爲農業文明的產生。其三、陶器製作的普及。這一時期，在中國音樂史上具有起源的意義存在。樂器的產生及其應用，代表著初民的生活逐漸進步的情形，也漸漸脫離了漁獵時代，進步到農業生產的階段，這與當時的生產技能、審美要求以及文化活動、生活方式等息息相關。

考古學家經過長期探索、研究，發現中國在新石器時代的遺址分佈，與當代中國的人口佈局十分相似，相對集中於河流密佈的東半部。人們的食物結構也是南方種植水稻、北方種植粟稷。在距今九千年前，就已經出現栽培稻，說明水稻的發源地在中國而不是印度。八千年前的先民已經雕琢出玉器，發明了紡織技術，值得注意的是在音樂方面出現了七聲音階，可以吹奏旋律，還出現了刻劃符號。七千年前的遺址中出土的獨木舟和木槳，說明已經有了水上交通工具，牛已被馴養，音樂與舞蹈已是當時人們精神生活的重要一部份，音樂與樂器緊密的相連在一起，人類最早使用的樂器，除了石哨和骨笛等以外就是陶哨了。

在六千七百年前的西安半坡遺址，出土了兩個陶製的口哨或稱作陶塤，保存相當完整，形狀大小相同，都用細泥製成，表面光滑，形如橄欖，兩端尖而長，中間略作圓形，上下貫穿一孔，吹起來吱吱有聲，陶哨的出現引起音樂史工作者的極大興趣，因爲它是迄今爲止，我國出土的最早的樂器之一。以後又出土了二音孔、三音孔陶哨，到了殷代出現的五音孔陶哨，已能吹出七個音階，到了漢代更出現六音孔陶哨。六千年前仰韶文化的居民創造了絢麗多姿的彩陶文化，還出現了用夯築技術建造的小城堡。五千年前已養殖桑蠶，並用蠶絲織出了絲織品，還掌握了人工冶銅的技術，鑄造出青銅刀一類小工具。

另青海大通縣孫家寨出土距今五千年的舞蹈紋彩盆（如【圖2_01】）〔註5〕，

〔註5〕【圖2_01】舞蹈紋彩陶盆1973年出土於青海大通縣上孫家寨，考古年代屬馬家窯文化，是公元前2500年左右的遺物。彩陶盆用細質紅陶泥塑製而成。採自修海林，王子初合著《樂器》，台北：貓頭鷹出版，2001年初版，頁33。（後文引《樂器》之圖文，皆本此貓頭鷹出版社版本，故僅註明其書名及頁碼，

紋飾五人一組手拉手，面向一致，頭側各有一條斜道似為髮辮，擺向整齊劃一，每組外側兩人的一臂畫為兩道，似乎反映空著的兩臂舞蹈動作有較大的幅度和頻繁進行之意。舞蹈盆的整個畫面，人物突出，神態逼真，充分體現當時先民的歡樂情景。這些畫面及遺物，為後人研究人類社會早期生活和生產活動提供了不可缺少的證據。〔註6〕此後出現了文字，在長江流域和黃河流域，各有一批古代城市在地平面上崛起。我們可以看到古籍中記載的，如《琴書》曰：

> 昔者至人伏羲氏王天下也。仰觀象於天，俯察法於地，遠取諸
> 物，近取諸身，始畫八卦，削桐為琴。〔註7〕

伏羲氏作琴瑟，而音樂興起，《樂記·樂施》曰：「昔者，舜作五弦之琴以歌南風，夔始制樂以賞諸侯。」等，因這些發現而說明這些傳說並非虛妄，它們包含了不少歷史的影子。這些發現還說明，中華文明確實是源遠流長。

【圖2_01】青海大通縣孫家塞出土的彩盆

以上為我國音樂與歷史的簡述。我國有悠久豐富的歷史，《史記》的〈五帝本紀〉，開始於黃帝，至今已有四千六百多年；《尚書》中的〈堯典〉，開始於堯舜，已有四千二百多年。直到今天，我們從出土所得到的資料，上古史至黃帝軒轅氏時，已經演進到很文明的階段。一切的文物制作，都已經粲然大備。〔註8〕

餘不再註明。）

〔註6〕見殷瑋璋〈遠古時代〉，發表於：中國萬年網。

〔註7〕見宋李昉等撰《太平御覽·樂部十七·琴下》卷五百七十九，《四庫全書》本，第898冊，頁378。

〔註8〕見林達禮編著《中華五千年大事記》，台南：大孚書局出版，2004年9月再版，頁6。

貳、音樂的起源

綜觀音樂的興起，雖是眾說紛紜，莫衷一是，然細加分析可分為東西方之說，本節先由西方音樂談起，次論中國音樂，最後切入本節主題《樂記》音樂的起源。

一、西方音樂的起源

在西方科學家認為人類尚未學習講話及使用語言溝通時，就已經知道利用聲響的高低、強弱等來傳達自己的感情和需求。隨著人類逐水草而居的發展下，逐漸產生了社群。遠古人類之間的遠或近訊息傳達，除了靠呼喊，或為了規避敵人及飛禽走獸，得靠擊木，打石，傳遞相互間發出之訊號，於是逐漸由拍打產生節奏，由節奏而產生抑、揚、頓、挫，相信這便是人類原始的音樂雛形之一說。近人劉志明在其所著《西洋音樂史與風格》中說：「古代已有人提出來討論，只是他們多以神話的方式來結論。」十九世紀以來，由於學術研究方法進步的驅使，於是對音樂起源的問題，大家致力去尋找一個合適於現時代的答案；然而對這問題發生興趣的，卻並非作曲家或演奏家們，乃是哲學家，人類學家，社會學家等。他們的理論大概可分為三大類：

（1）模倣鳥鳴理論：這是達爾文（Charles Darwin）所主張的學說。〔註9〕

（2）勞力與節奏理論：西方社會學家彪黑爾（karl Bucher）所主張的學說，認為人類在勞力工作的時候，為了減輕因消耗力量的感覺，叫喊出有節奏的喊聲。所有規律的身體活動，必定形成一種節奏的型式，同樣的動作反覆，可以增加工作的效率，因此人們找到可以減輕勞力的規律時，就開始唱歌了，也就因而有了音樂。在中國《淮南鴻烈解‧道應篇》也有此說。〔註10〕

（3）語言擴展理論：這理論稱音樂來自人的剩餘精力；語言不足以表達感情時，乃擴大音的範圍而歌，這是英國哲學家史賓塞爾（Herbert Spencer）所持的理論。〔註11〕

〔註9〕模仿鳥鳴理論：此說為達爾文（Charles Darwin）在《人類起源》（1891）一書中所主張的學說。

〔註10〕彪黑爾（karl Bucher）在《勞力與節奏》（1891）一書。引自劉志明著《西洋音樂史與風格》，台北：大陸書店出版，1988年六月7版，頁2。

〔註11〕史賓塞爾（Herbert Spencer）於1857年所著《音樂的起源與功能》一書內所持的理論。同上注。

以上所述是劉志明引西方學說，謂音樂之由來都是由外物去尋找答案。雖然有人主張人類的音樂是模仿鳥鳴而來，或勞力與節奏說及語言擴展理論說。但對一些與世隔絕的原始部落的音樂之研究者，並不支持此類想法。一般來說，人類的音樂與其他物種所發出的聲音不同，故「人種音樂學」〔註12〕者主張音樂是人種特有之物。而且似乎有可能起源於母親與嬰兒之間，兩相聯繫的韻律交流有關。

二、中國音樂的起源

關於音樂的興起，在東方約可分爲三個學派的說法最爲盛行。一派是以荀子的〈樂論〉爲代表，認爲音樂是發於人類的感情。一派是以《呂氏春秋》爲代表，認爲音樂是發於天地自然的理法。另一派則是以劉安的《淮南子》爲代表，認爲音樂是發於勞動的呼聲。然而筆者認爲《樂記・樂本》所說的「音」與「樂」已隱含了「音樂」的緣起及「音樂」的內涵，實則概括了「音樂」之「聲、音」，及舞蹈之動作。《呂氏春秋》之音樂思想將於本章第二節再述，現將另二派及〈樂本〉之主要論點內容，陳述於下：

（一）音樂發於人類感情說──荀子〈樂論〉

荀子曰：

> 夫樂者，樂也，人情之所必不免也。故人不能無樂，樂則必發於聲音，形於動靜。而人之道，聲音動靜，性術之變，盡是矣。故人不能不樂，樂則不能無形，形而不爲道，則不能無亂。先王惡其亂也，故制雅頌之聲以道之，使其聲足以樂而不流，使其文足以辨而不諰，使其曲直繁省，廉肉節奏，足以感動人之善心，使夫邪汙之氣，無由得接焉。是先王立樂之方也。〔註13〕

荀子在以上的論述中，闡明了音樂的興起，正確指出音樂不是自然現象的反應，也不是勞動的呼聲，而是發自人類特有的感情，是一種快樂的象徵。一個人當在快樂的時候，就會發抒感情，如果發抒感情太過，而迷失了理性，

〔註12〕「人種音樂學」，又稱「音樂民族學」、「比較音樂學」，強調對各民族音樂從整體上進行比較性的研究。與「系統音樂學」、「歷史音樂學」同爲音樂學上之三大分類之一。見康謳主編《大陸音樂辭典》，台北：大陸書店出版，1980年四月初版，頁396～398。

〔註13〕見周荀況撰、唐楊倞註《荀子・樂論》卷十四，《四庫全書》本，第695冊，頁245。

形成放縱，就會造成社會的動亂，故以雅頌之聲，化導情欲，足以感動人類的善心。荀子主張樂舞是啓發感情的工具，自是一種合情合理的看法。荀子認為「樂」是以快樂為主的，人在快樂的時候，會很自然地發之於聲，形之於動作，因快樂是人情所不能免。但是人到了非常快樂的時候，往往會得意忘形，他的動作及行為勢必流於氾濫的程度，因而失了分寸。所以要用善良的方法去開導他。古代聖王厭惡人民紛亂妄行，厭惡動亂，於是制定雅頌的正聲，節欲化導，啓發人民的善心。這就是古代聖王立樂的宗旨。

（二）音樂發於勞動說──劉安《淮南子》

《淮南鴻烈》云：

> 今夫舉大木者，前呼邪許，後亦應之，此舉重勸力之歌也。
> 〔註14〕

我國之音樂，發於勞動說者，皆源自於此，劉安（西元前179年至前122年），為漢初思想家。《淮南子》，原名《淮南鴻烈》，淮南王劉安與其門客所著。近人劉大杰說，古代最早的歌謠是在口頭歌唱的，人只要有聲音，就能唱出音律和諧的歌聲。〔註15〕生產勞動在最初階段是集體的，許多人在一起工作，或是搬運，或是狩獵，或是採集，都會從口裏發出各種高低長短不同的歌聲，同樣動作的節奏配合起來，再出現勞動的韻律，這正是原始工人們的勞動歌。在二千多年前有此思想，自為先進之舉。

三、《樂記》論音樂的起源

〈樂本〉篇開始即云：

> 凡音之起，由人心生也，人心之動，物使之然也。感於物而動，故形於聲；聲相應，故生變，變成方，謂之音。比音而樂之，及干戚、羽旄，謂之樂。（〈樂本〉）〔註16〕

「感於物而動，故形於聲」，人性原本是安靜不動的，由於受到外物感發而動，這是情感的作用，非性也。情既已動，則喜悅而笑，怒而呼，哀而號，自然發於口便有了聲。聲有各種之變化，抑、揚、頓、挫、疾、徐，叫作「音」。摹擬這種自然成聲之音，而譜上樂曲，再佐之以舞蹈，形成可以演

〔註14〕見漢劉安撰、高誘注《淮南鴻烈解・道應篇》卷十二，《四庫全書》本，第848冊，頁635。

〔註15〕見劉大杰著《中國文學發展史》，台北：華正書局有限公司，2005年八月，頁2。

〔註16〕見《禮記・樂記第十九》，《十三經注疏》，頁662。

奏的「樂」。詩、歌、樂、舞都源自於人的思想感情，而人的思想感情是受外界事物的刺激影響而自然天成的。情感作爲音樂的本質屬性，音樂更成爲情感上的語言載體。樂乃緣情而生，長於情感的表現，能使人鬱於胸臆的感情得到宣洩，又能使感情的需求得到補償，是人類精神生活中不可缺少的元素。這說明了音樂乃是人類精神世界的產物，而人類思想情感的產生，則是外界事物給予影響的結果。當情感受到客觀事物的觸動，於是在「聲」上表現出來，表示情感的聲音相互應和，就產生高低不同的變化：變化有了一定的規律叫做「音」。將不同的音組成旋律進行唱奏，同時手持盾牌、斧頭、羽毛、牛尾一起跳舞，契合兩者才能稱爲完整的音樂。故《樂記·樂本》云：「比音而樂之，及干戚、羽旄，謂之樂。」在這裏需要解釋一下，所謂「凡音之起，由人心生也……比音而樂之及干戚羽旄謂之樂。」這段文字，不僅是將聲音，音樂，舞蹈三方面做了區分，並且道出了「音樂」的內涵，實則概括了「音樂」之「聲、音」，及舞蹈之動作，這乃是一種綜合的藝術、文藝彙集的概念。至此《樂記》將聲音、音樂、舞蹈融合成一體。

第二節　我國古代樂器與音樂的演化

人類通過音樂表達情緒，視音樂爲思想情感的交流工具，隨著人類文明的進步，樂器逐漸受到重視，並不斷的發展。自古以來，樂器在各民族間相互流傳，對音樂的發展起了很大的促進作用。迄今在中國發現最早的石器時代樂器，已有上萬年的歷史。當今世界各國，從原始部落各民族，到高度發展的國家，都有自己的樂器。從古至今，樂器不僅用於音樂和其他文藝領域，也普遍的用於社會生活和藝術活動的許多場合。所以狹義來說，藝術的源泉是出於眞情的大流而滙成文學、戲劇、繪畫、音樂、跳舞、建築、雕刻七種不同的流別的。綜觀我國的音樂歷史演進，音樂與文學有著密不可分的關係。朱謙之在其著作《中國音樂文學史》中引潘梓年先生在《文學概論》中的一段話說：

> 人們的生命是一個流，不斷的向著一個永久流去，也有時聚成
> 大海，波浪拍天；有時滙爲小河，慢聲低唱；有時受著太陽吐金光；
> 有時常對明月發笑；更有時蒙了雲霧，現出悽慘的顏色。然而他終
> 究是個流，永遠不斷的生命之流。這個流反映在聲音上成爲音樂，

反映在色線上成爲繪畫，反映在形體上成爲雕刻，反映在動作上成爲舞蹈，而反映在文學上便成爲文學。〔註17〕

這樣簡單的話，就把藝術的源泉湧現於我們的跟前。藝術的源泉就是「眞情之流」，是一個音樂的活動體。我國的音樂歷史演進，從先秦時代至民國初年，也分爲幾個不同階段的變遷及發展。關於「各個階段的分類法眾說紛紜」〔註18〕，音樂學者梁銘越教授的分類法，筆者認爲比較切合實際。其分類法是依時代的演進，將其分割爲四個演化時期：

第一期：新石器原始時期（約公元前 7000 至公元前 2000 年）。

第二期：先秦時期（約公元前 2000 年至公元前 207 年）。

第三期：漢唐時期（約公元前 207 年至公元 960 年）。

第四期：宋元明清時期（約公元 960 年至公元 1911 年）。〔註19〕

音樂的進化與樂器的改良，有直接必然的關係，兩者是在慢慢的演化過程中，才漸趨穩定的。時下所稱「古典音樂」〔註20〕與「流行音樂」〔註21〕，這兩者最大的不同是在，前者的音樂是歷經數百年的時間而不墜，後者則會因時因地而殞落消失。古典音樂經得起時代的更迭不致淘汰，其樂音雋永，人們長期的欣賞也不厭倦；而流行音樂則爲一時興起而作，往往時過境遷後，多則數年，少則數月，就煙消雲散，在時間的長河裡終必遭到自然淘汰。舉例來說，美國作曲家 John Cage（1912～1994）在 1952 年的無聲「作品」《4分33秒》，在作品所限定的 4 分 33 秒鐘內，演奏家完全沒有演奏出任何的音樂

〔註17〕見朱謙之著《中國音樂文學史》，上海：上海人民出版社，2006 年八月第 1版，頁 19。

〔註18〕眾說紛紜，茲列舉兩家如下：一、張世彬將中國音樂史分爲（一）、上古期音樂（二）、中古期音樂（三）近古期音樂。見張世彬著《中國音樂史論述稿》，香港：友聯出版社，1975 年十一月初版，頁 18。二、蔡仲德將中國音樂美學史分爲五個時期，即（一）、萌芽時期（二）、百家爭鳴時期（三）、兩漢時期（四）、魏晉～隋唐時期（五）、宋元明清時期。見康謳主編《大陸音樂辭典》，台北：大陸書店出版，1980 年四月初版，頁 15。

〔註19〕見梁銘越著《歷史長河的民族音樂》，台北：文建會，1991 年初版，頁 6。

〔註20〕指古代遺留下來堪稱經典的音樂作品，後泛指一切有深刻之思想內容與完美的藝術形式相結合的經典音樂作品。在這個意義上，此一概念是不受時間和地域限制的，不同的歷史時代和不同的國家民族，其高度藝術性音樂或民間專業的音樂，均可以稱爲古典音樂。

〔註21〕流行音樂泛指當世的通俗音樂，其音樂易懂，容易爲大眾接受，具輕鬆活潑，廣於流傳性質，擁有廣大聽眾的音樂，它有別於嚴肅音樂，古典音樂和傳統的民間音樂。

或聲音，只是把周遭環境可能發生的任何音響，當作這首作品的音樂演奏，美其名爲「環境音樂」〔註22〕，然而諸如此類之音樂，只是一種意象作品，一時間內眾多音樂家互相觀摩模仿，待熱門時間過後，也就沈寂下來了。所以音樂史或樂器史，須有長時間之孕育方能歸類，綜上所述，筆者認爲依梁銘越教授的分類法是比較妥當的。

　　前已述及因各時期的音樂演化，與樂器之製作發展有必然的關係。以下之敘述將以新石器原始時期至秦漢時期《禮記‧樂記》成書之期間樂器的演變爲主，再以各時期的樂器演化細分爲三部分來討論。

壹、新石器原始時期的樂器演化（約公元前七千年至公元前二千年）

　　新石器文化之前，尚包含史前文化，然史前文化不是本研究之範圍，故不予深論，而從新石器原始時期約略簡述之，大約起自紀元前 7000 年到紀元前 2000 年止。這個時期相當於史前時代，我們從考古出土之文物來看，已有「骨哨」〔註23〕管樂器的出現。中國的音樂史和中國的歷史一樣悠久，不同民族及不同區域的先民，就在這約千萬平方公里的土地上，創造出不同的歷史及音樂文化。在河南舞陽賈湖出土的骨笛（如【圖 2_02】）〔註24〕及大約同一時期浙江餘姚河姆渡遺址出土的大約七千年前的百餘件「骨哨」。如【圖 2_03】）〔註25〕中的這六件骨哨是 1973 至 1974 年出土於浙江餘姚河姆渡遺址，是我國長江下游迄今已知年代較早的新時器時期文化遺址。此文化屬稻作文化，漁獵也較發達。這些骨笛都是用禽類肢骨加工製成的，其他考古還有多處這類發現，包括螺號，均爲新石器時代晚期器物。近年來又從古墓中發掘出許多樂器的實物。根據傳說和考古的資料的顯示，中國原始時期的樂器，以打擊樂和吹奏樂器爲主，這些史料爲我們描述了古代音樂文化的形態、樂器之發展與進化，提供了比較豐富的證明。

〔註22〕所謂的「環境音樂」並不是指一種特定的音樂風格或種類，而是把現代社會中當下所產生的音樂或生活細節與其活動的狀態等，透過「環境」這個嶄新的觀點來捕捉現場的動態，換言之，「環境音樂」可以解釋成「就是與此種態度有關的音樂或其音樂活動的總稱」。

〔註23〕骨哨年代之鑑定是以放射性碳素斷代並經過校正，年代約爲公元前 5000～前 3300 年。

〔註24〕【圖 2_02】此笛 1986 至 1987 年出土於河南舞陽賈湖新石器時代遺址，因而得名，這支骨笛屬賈湖遺址中期，距今約九千年。採自《樂器》，頁 28。

〔註25〕【圖 2_03】採自《樂器》，頁 35。

【圖 2_02】舞陽賈湖出土的骨笛

【圖 2_03】浙江餘姚河姆渡遺址出土的骨哨

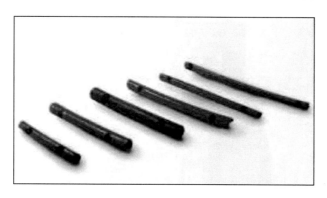

　　中國是世界上早期人類的發祥地之一，位於東方的這片廣闊而富饒的古國土上，音樂藝術伴隨著人類的起源和衍進而發生、發展，經歷了漫長的史前時期，和有文字記載的四千年文明旅程。原始社會時期，先民在初創階段的艱苦群聚生活和集體活動中，創造了早期的音樂藝術。這些原始形態音樂，雖然已淹沒在歷史發展長河中，但在歷史文獻記載的遠古音樂傳說和古文化遺跡中，仍保留下來一些珍貴的歷史線索和實物，人們可以從中了解遠古音樂的一般情況。歷史文獻提到的遠古音樂，一類以部落稱號命名，如「葛天氏之樂」〔註26〕、「朱襄氏之樂」〔註27〕、「伊耆氏之樂」〔註28〕等；另一類

〔註26〕羅泌曰：「葛天者，權天也；爰儛旋穹，作權象，故以葛天爲號。」見宋羅泌撰《路史‧禪通紀》卷七，《四庫全書》本，第 383 冊，頁 49～50。

〔註27〕黃震云：「朱襄氏，炎帝別號。」朱襄氏指炎帝神農氏，傳說中的上古部族天子。見宋黃震撰《黃氏日抄‧十二紀》卷五十六，《四庫全書》本，第 708 冊，頁 424。

〔註28〕正義鄭氏康成曰：「伊耆，古王者號」。見清乾隆十三年敕撰《欽定周官義疏‧秋官‧司寇》（二）卷三十四，《四庫全書》本，第 99 冊，頁 233。

則以聯繫古代帝王創業事蹟命名，如《雲門》、《咸池》、《韶》〔註 29〕等。這些音樂，反映出先民們原始的生活習俗、勞動方式以及對自然威力的恐懼和崇尚心理，同時也表現出部落群體向惡劣環境抗爭的進取精神。〔註 30〕

　　從史前傳說及考古出土之文物來看，音樂的起源，是隨著社會發展與經濟結構之演進而形成。遠古樂器的實物能夠保存至今的，主要的成分是骨質、陶質和石（玉）質類。因這類樂器在環境的變遷中，不易受土質的潮濕腐化而消失。近代的考古發掘中，雖然所得數量不多，但已引起國內外學者和專家的廣泛注意。它們在世界音樂史學領域中，具有十分重要的研究價值。先民由漁獵農耕的現實生活中，體驗到自然生態現象的音響功能，以吹奏簡單的曲調來模擬禽獸鳴叫，引誘動物到來，進而加以獵捕。所以在新石器原始時期，先民在感受到自然生態現象，所發生的音響功能，可以誘捕飛禽走獸，而有骨哨管樂器的產生。在日出而作、日入而息的時代，豐年祭時則有娛樂鬼神的石磬等。遠古先民在音樂生活中所使用的各種樂器，除歷史文獻中提到的吹奏樂器龡籥和打擊樂器鳴球、土鼓外，迄今見到實物的，還有新石器時代的吹奏樂器骨哨、陶塤、骨笛和打擊類樂器，如：陶鐘、陶鈴、石磬等。這些樂器尚屬先民們所使用的禽骨初期簡易樂器。茲參考修海林、王子初編著之《樂器》一書內容，以簡單之篇幅及圖片作一介紹。

一、土　鼓

　　直豎敲擊的原始土鼓，此鼓泥質為紅陶，鼓首呈喇叭狀，鼓身作直筒形狀。鼓首與鼓身接合處有一周突起的齒狀物，推測可以用來縛鼓皮。這可以視為古籍上記載氏族社會時期的樂器「土鼓」。〔註 31〕這具鼓的鼓腔中間有一呈漏斗狀的隔離層，中間開有一個 1.8 公分的小孔。鼓體未塑有可供懸掛的環，估計是直豎於地上敲擊演奏，如【圖 2_04】〔註 32〕。

〔註 29〕 有關《雲門》、《咸池》、《韶》、《大武》等樂舞，於本文第五章第四節《樂記》中的舞蹈，再做詳細介紹。見本文第五章第四節，參、《樂記》中的古代樂舞，頁 191～199。

〔註 30〕 見伍國棟著《中國古代音樂》，台北：商務出版，1993 年 12 月初版，頁 2。

〔註 31〕 《周禮》云：「籥章掌土鼓豳籥。」杜子春云：「土鼓以瓦為匡，以革為兩面，可擊也。」可見土鼓發展至漢時已呈現兩面敲擊。見《周禮注疏》卷二十四，《十三經注疏》本，頁 367。

〔註 32〕 【圖 2_04】內鄉朱崗陶鼓，此具朱崗陶鼓 1975 年出土於河南內鄉朱崗，因而得名。採自《樂器》，頁 29。

【圖 2_04】直豎敲擊的原始土鼓

二、石　磬

如【圖 2_05】〔註33〕這具石磬是用青石打製而成，未加磨光修正。其外形一半有經過精心打磨而形成的較爲明顯的鋒刃，另一半看上去則適於手握或捆綁，此物雖然部分呈現了這類樂器在形制上與生產工具（如石刀、石犁）的相似，但看中間的鑿洞與（參見【圖 2_10】）〔註34〕在 1950 年初出土的虎紋大石磬懸掛用的懸孔對照，明顯地可以分辨這是一件樂器。

【圖 2_05】用青石打製而成石磬

三、陶　鈴

陶鈴是陶器文化的產物，陶鈴的特徵是筒狀鈴體內掛有棒狀鈴舌，其發聲是以搖晃的方式，使鈴體與鈴舌碰撞發聲。如【圖 2_06】〔註35〕。

〔註33〕【圖 2_05】禹州閻砦石磬 1983 年出土於河南省原禹縣范石鄉閻砦遺址。採自《樂器》，頁 30。

〔註34〕【圖 2_10】虎紋石磬 1950 年出土於河南安陽武官村殷墟大墓。採自《樂器》，頁 47。圖見本章頁 30。

〔註35〕【圖 2_06】天門石家河陶鈴，1956 年出土於天門縣石家河三房灣遺址，採自《樂器》，頁 32。

【圖2_06】陶鈴

四、陶　塤

如【圖2_07】〔註36〕此塤發現於姜寨二期的二次合葬墓，屬典型的仰韶文化陶器。這枚陶然吹口略有缺損，但整體形制十分完整。它以紅色細泥捏塑成型，上端尖、圓鼓腹，底部略平。從形制上看，已呈現出後世成熟陶塤樂器的雛形。

【圖2_07】仰韶文化時期的陶塤

五、陶　鼓

此彩陶鼓1985年出土於甘肅蘭州永登樂山坪遺址，從形制上看，此類彩陶鼓一端呈向外擴的喇叭狀，在大圓口的外沿一周，塑造有等距離的乳釘，其功能顯然是用來牽引並繃緊鼓皮的。另一端，則呈圓筒狀。整個鼓腔中空，兩端的近口處，都有一個寬帶環形耳，處於同一直線上，環形耳的功能是用在懸掛鼓體的。這類彩陶鼓有的很大，只能掛在架上，但多數可以掛在身上，具有多種演奏方式，如【圖2_08】〔註37〕。

〔註36〕【圖2_07】姜寨三孔陶塤1976年出土於陝西臨潼新石器時期遺址。採自《樂器》，頁34。

〔註37〕【圖2_08】三彩陶鼓1985年出土於甘肅蘭州永登樂山坪遺址。採自《樂器》，頁36。

【圖 2_08】最早的細腰鼓

六、陶　鐘

陶鐘在新石器時期的樂器中，發現的極少，目前僅有此一具，如【圖 2_09】
〔註38〕1955 年出土於陝西長安斗門鎮遺址，因而名爲「斗門鎮陶鐘」，屬陝西
龍山文化，此陶鐘約爲公元前 2300 至前 2000 年的遺物。雖只此一件，但是
它的重要性在於，這只陶鐘可以視爲後世的青銅樂器「鐃」的原始雛形。

【圖 2_09】陶鐘

貳、先秦時期的樂器演化（約公元前 2000 年至公元前 246 年）

一、三代時期

夏、商、周這一時期的樂器呈現的有——「鼓、鼗、銅鈴、磬、編磬、
編鐘、缶、塤、龠、言、龢、等。另商代是否有「弦樂器」目前沒有可靠之
材料。還是一個存疑，直到目前在卜辭中沒有發現琴、瑟代表弦樂器的名字。
〔註39〕周代的音樂理論成就斐然，西周時已確立了黃鐘、大呂、太簇、夾鐘、

〔註38〕【圖 2_09】斗門鎮陶鐘 1955 年出土於陝西長安斗門鎮遺址，因而得名，屬陝
　　　　西龍山文化，約公元前 2300 至前 2000 年的遺物。採自《樂器》，頁 37。
〔註39〕見楊蔭瀏著《中國古代音樂史稿》，台北市：大鴻圖書有限公司，1997 年初版。
　　　　頁 1-22～25。

姑洗、仲呂、蕤賓、林鐘、夷則、南呂、無射、應鐘等十二個律名和宮、商、
角、徵、羽、變宮、變徵等七個音名。

　　禹即位於公元前 2183 年，此時的音樂、舞蹈及詩歌，已經緊緊的結合在
一起。當時的先民爲了生存，常常要和洪水、猛獸等惡劣的生存環境抗爭，
音樂與舞蹈就成了先民們慶祝勝利與表達內心快樂的工具。這一時期歷經了
大自然的洪荒，《大夏》與《夏籥》就是表彰歌頌大禹治水成績斐然的一種樂
舞。

　　約公元前二千年至公元前一千年的夏商朝，此時已進入王位世襲的時
代，樂舞成爲統治者享樂和誇耀功績的工具。中國音樂史比較確切可信的年
代，應該由殷商時期開始，據近年來大量的考古樂器的出土可加以佐證。在
音樂方面，殷商時期的甲骨文中就有「磬、鼓、龠、樂、舞」等字之出現，
顯然說明了「樂與舞」在當時先民的生活中佔有極重要之地位。1950 年初，
在安陽武官村出土的虎紋大石磬，如【圖 2_10】〔註40〕，製作精美，距今已
有三千二百多年，仍然能夠敲擊出宏亮的聲音，在在證明了殷商時期的樂器
製造技術，已有卓越的製作水準。

【圖 2_10】虎紋大石磬

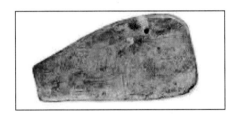

　　殷商時期，音樂已經比較發達，有普遍的樂理常識，在低層社會中已有
職業樂人的出現，樂器種類也逐漸的增加，我們可以從河南殷墟出土的樂器
實物，及甲骨文的文字記載中知道，當時已有「鐘、磬、陶塤、骨塤、銅鼓、
鈴、鋒、鐃、缶鼗、龠、和、言」等樂器的出現。殷商時期已進入青銅器時
期，演奏時樂器不但編排成組，在製造上也相當的精美，像編磬及編鐘以三
個爲一組，如【圖 2_11】〔註41〕，在製作石磬、銅鼓和大鐃如【圖 2_12】、

〔註40〕【圖 2_10】虎紋石磬 1950 年出土於河南安陽武官村殷墟大墓。採自《樂器》，
　　　　頁 47。
〔註41〕鐘常常數件組成一套，形狀、大小相次，故稱爲編鐘。【圖 2_11】西周編鐘，
　　　　採自王永紅，陳成軍合著《古器物鑑賞》，台北：文津出版社有限公司，2004

【圖2_13】〔註42〕等樂器的外飾紋路上，有相當精美的表現。

【圖2_11】編鐘　　　　　　　　　【圖2_12】商　銅鼓

【圖2_13】古鐃

　　周朝繼承了殷商的文明基礎，又有重要的發展，除製作技術精進，形制精美外，隨著人民生活水準的提昇而品類繁多，音樂性能與規模都大大的超越了前代，在製作樂器上比殷商時期更進步，除打擊樂的「鐘、鼓」和「鞄、磬、柷、圉」等樂器外，還有管樂器「笙、簫、篪、管、籥」和弦樂器的「琴與瑟」。

　　各種樂器的形制大小又分為好幾種，名目繁多，尤其是弦樂比管樂還複雜。樂器在當時的運用上，仍以宗廟之祭祀，如：「鐘、鼓、管、磬」等樂器使用的最多。《詩經・周頌・執競》云：「鐘鼓喤喤，磬管將將」〔註43〕，

年初版，頁373。

〔註42〕【圖2_12】此銅鼓1977年出土於湖北崇陽縣。【圖2_13】古鐃，這三件銅質編鐃，鐃內壁皆鑄有銘文，鐃體呈合瓦形，這三件古鐃1983年出土於安陽大司空村東南六六三號墓。【圖2_12】、【圖2_13】採自《樂器》，頁44～46。

〔註43〕見《詩經・執競》，《十三經注疏》本，頁720。

意為敲鐘打鼓鏜鏜的響，擊磬吹管（笛）聲鏘鏘。這是多種樂器齊鳴的例證。

〈有瞽〉又云：「應田縣鼓，鞉磬柷圉。既備乃奏，簫管備舉。」〔註44〕在此詩中，出現多達六種的樂器，如：「應」是有四足的小鼓，也叫足鼓。

「田」是有木架的大鼓，也叫「建鼓」，如【圖 2_14】〔註45〕、【圖 2_15】〔註46〕、【圖 2_16】〔註47〕。「縣鼓」是一種掛在架上的鼓。「鞉」是搖鼓。

【圖 2_14】建鼓　　　　　　【圖 2_15】鼓

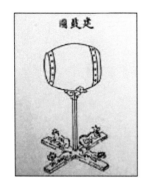

【圖 2_16】彩漆虎座鳥架鼓

〔註44〕《詩經‧有瞽》：「有瞽有瞽，在周之庭，設業設虡。崇牙樹羽，應田縣鼓，鞉磬柷圉。既備乃奏，簫管備舉。喤喤厥聲，肅雝和鳴，先祖是聽，我客戾止，永觀厥成。」見《詩經‧有瞽》，《十三經注疏》本，頁 731～732。

〔註45〕【圖 2_14】採自清應撝謙撰《古樂書‧縣鼓》卷下，《四庫全書》，第 220 冊，頁 175。

〔註46〕【圖 2_15】採自陳夢雷主纂《古今圖書集成》，台北：文星出版社，1964 年。第 733 冊，頁 64。（後文引《古今圖書集成》圖文，皆本此文星出版社版本，故僅註明書名及其冊數、頁碼，餘不再註明。）

〔註47〕【圖 2_16】1965 年湖北江陵出土，採自《中國文明史》先秦時期，地球出版社出版，1991 年，頁 803。

「柷」是一種木製打擊樂器，形如方斗，敲擊的工具稱為「止」，演奏中和音樂時，起樂用的樂器。如【圖2_17】〔註48〕。「敔」，通「敔」一種木製樂器，形如伏虎，演奏中和韶樂時，凡連續刮奏三次，音樂便停止。如【圖2_18】〔註49〕等，也是多種樂器齊鳴之例。

【圖2_17】柷（清）　　　　　　**【圖2_18】敔（清）**

〈執競〉是周王合祭武王、成王、康王時所唱的樂歌。〈有瞽〉則是周王「大合樂」〔註50〕於宗廟所奏的樂歌，周代的大合樂於宗廟，就是把各種的樂器會合在一起，有如今日之「民族樂團」或類似西方的「交響管樂團」之演奏方式，一齊合奏給祖先聽，是表演給祖先聽的盛大音樂會。

周朝在樂器上總括已發展到七十餘種，由於樂器增多，便產生了分類的必要。周朝的樂器分類，是依據主要製作材料命名的「八音」〔註51〕分類法，因此在樂器的分類上，是以製造的材料及發聲體制來區分的，就是所謂「八音分類法」。八音之說，可見之於下列書籍，如《周禮·春官》大司樂云：

> 大師掌六律、六同，以合陰陽之聲。陽聲：黃鐘、大蔟、姑洗、蕤賓、夷則、無射。附聲：大呂、應鐘、南呂、函鐘、小呂、夾鐘。

〔註48〕【圖2_17】採自《樂器》，頁216。

〔註49〕【圖2_18】同上注。

〔註50〕據《禮記·月令》云：「季春之月……是月之末，擇吉日，大合樂，天子乃帥三公、九卿、諸侯、大夫親往視之。」也就是在每年的三月天子率三公、九卿、諸侯、大夫親往，舉行一次大合樂。見《禮記·月令》，《十三經注疏》本，頁305。孫希旦《禮記集解》注曰：「仲春既命國子習樂，至此又命合而作之，以觀其學樂之成也。必擇吉日者，合樂又重於習舞也。」見孫希旦著《禮記集解》，台北：文史哲出版社，1990年8月文一版，頁436。

〔註51〕八音：八類樂器發出的聲音，這裡泛指樂聲。八類樂器名見《周禮·春官》曰：「皆播之以八音：金、石、土、革、絲、木、匏、竹。」見《周禮·春官·大師》，《十三經注疏》本，頁354。

皆文之以五聲：宮、商、角、徵、羽；皆播之以八音，金、石、土、
革、絲、木、匏、竹。〔註52〕

《尚書‧堯典》：三載，四海遏密八音。〔註53〕及《國語‧周語下》：

金石以動之，絲竹以行之，詩以道之，歌以詠之，匏以宣之，
瓦以贊之，革木以節之，……如是，而鑄之金，磨之石，繫之絲木，
越之匏竹，節之鼓而行之，以遂八風。〔註54〕

金石之類的樂器是用打擊振動發聲的，管弦樂器是用彈撥振動發聲的，用詩
來表達情意，用歌來詠唱曲調，笙簫則是以共鳴宣揚來發聲，瓦缶是用擊打
來贊助發聲的，鼓跟柷敔是規範節拍的，各種樂器調配得當，也可以說是樂
音適中，適中的樂音匯合一起叫聲，五聲諧調相配謂之和，輕、細、大、小
聲互不干擾叫平。像這樣的話，用金鑄成鐘，將大石磨成磬，絲弦繫在木器
制成弦樂器，匏竹穿孔制成管樂器。這些樂器都用鼓聲來調節，使用它們來
表現各地八方的「風謠」。〔註55〕

以上八音之分類法，雖然並不十分合乎現今樂器分類的要求，但已是中
國音樂史上最早的樂器科學分類法，標誌著中國古代樂器製作藝術已發展至
相當成熟的階段。依據張世彬在《中國音樂史論述稿》中所引資料，筆者將
周代文獻所記載之樂器做了以下之歸納，總計八大類，共有七十五種樂器之
多，今條列樂器之名稱如下（括號內之名稱為此樂器之異名）：

1. 金之屬：鐘、鏄（鎛）、鏞、剶、編鐘（棧）、笙鐘、頌鐘（歌鐘）、
   金錞（錞于）、鉦（鐲）（丁寧）、鐸（木鐸）、鐃。（11）
2. 石之屬：磬（離磬）、玉磬（球）、磬、笙磬、頌磬。（5）
3. 土之屬：壎（塤）、踾、缶。（3）

〔註52〕《周禮‧春官‧大師》：「大師掌六律六同，以合陰陽之聲。」賈公彥疏：「鄭
云：『以合陰陽之聲者，聲之陰陽各有合者，六律為陽，六同為陰，兩兩相合
十二律為六合。』」見《周禮‧春官‧大師》，《十三經注疏》本，頁355。

〔註53〕孔安國傳：「遏，絕；密，靜也。」八音：金、石、絲、竹、匏、土、革、木。
四夷絕音三年，則華夏可知。言盛德恩化所及者遠。《周禮‧春官》云：「播
之以八音：金、石、土、革、絲、木、匏、竹。」鄭玄云：「金，鐘鏄也；石，
磬也；土，塤也；革，鼓鼗也；絲，琴瑟也；木，柷敔也；匏，笙也；竹，
管簫也。」傳言八音與彼次不同者，隨便言耳。〈釋地〉云：「九夷八狄，七
戎六蠻，謂之四海夷狄。」見《尚書注疏‧舜典‧虞書》卷三，《十三經注疏》
本，頁42。

〔註54〕見吳韋昭注《國語‧周語下》卷三，《四庫全書》本，第406冊，頁38。

〔註55〕風謠即民歌，「八方」言四面八方，方位之多也。

4. 革之屬：土鼓、足鼓、楹鼓（建鼓）、縣鼓、鼛鼓（皋鼓）、鼖鼓
（賁鼓）、雷鼓（靁鼓）、靈鼓、路鼓、晉鼓、鼛鼓、鞉（鞞）、
應（應鼓）（應鼙）、朔鼙（田）（柝）、提、鼗（鞉）（鞀）、麻、
料、靁鼗、靈鼗、路鼗、拊（拊搏）（拊鼓）。（22）

5. 絲之屬：琴、頌琴、瑟、箏、筑。（5）

6. 木之屬：柷、敔（圄）。（2）

7. 匏之屬：簜、簧、笙、巢、和、鐘笙、竽。（7）

8. 竹之屬：簫（箾）（參差）、言、籈、管（筦）、喬、篁、篎、篪、
產（大篪）、仲、篴、篴篪、葦篪、篷、篲、沂、筊、牘、應、
雅。〔註56〕（20）

由上資料所列，可知周朝的樂器已很進步而豐富。其中打擊樂器（革之屬）
二十二件為最多。且有旋律樂器，如：編鐘、編磬。吹奏樂器有多管加上簧
片的，如：笙；有多管而直接吹出音來的，如：簫；有一管多孔而豎吹的，
如：篷；有一管多孔橫吹及一管多孔加簧豎吹的，如：篪。弦樂器有彈散音
的，如：瑟；有彈按音的，如：琴；有敲擊的樂器，如：筑。《周禮・春官
・典同》云：「凡為樂器，以十有二律為之數度，以十有二聲為之齊量。凡
和樂亦如之。」〔註57〕可見周人已有相當完善的方法來製造樂器及調準音
律，在當時就是以十二律為樂律的根據。

概略來說，這八類之分，其實是以樂器之製造材料來作區分的：

「金」是以金屬鑄造的樂器，有鈴、鐘、鎛、鐃、等；

「石」類，顧名思義就是用「玉」〔註58〕或石頭（如大理石）等製造
的樂器；

「土」是用泥土燒製而成的，有塤和缶等簡單的樂器；

「革」類是用獸皮牛或羊，也有用蛇皮製作的樂器；

「絲」則是以蠶絲繞製成的琴弦樂器，最為代表性的絲類樂器有琴和瑟；

〔註56〕見陳夢雷主纂《古今圖書集成》，台北：文星出版社，1964年。第733冊，頁
31～40。

〔註57〕《周禮・春官・典同》：「典同掌六律六同之和，以辨天地四方陰陽之聲，以
為樂器。凡聲，高聲硍、正聲緩、下聲肆、陂聲散、險聲斂、達聲贏、微聲
韽、回聲衍、侈聲筰、弇聲鬱、薄聲甄、厚聲石。凡為樂器，以十有二律為
之數度，以十有二聲為之齊量。凡和樂亦如之。」見《周禮・春官・典同》，
《十三經注疏》本，頁359～360。

〔註58〕玉與石同屬，古人視「石」質優美者為「玉」。

「木」類爲用木材製成的柷、敔等；

「匏」類是用瓜類植物的果實如葫蘆製作的簧、笙、竽等樂器；

「竹」是用竹管製成的簫、管、和篴（笛）等樂器。

在早期樂器種類沒有現在的複雜的情況下，以「八音」爲分類方法還是可行的，這說明我國在古代對樂器已有了相當的研究。現今樂器種類之繁雜，要以「八音」來涵蓋所有的樂器，似乎未盡周延，所以國內外都有各種不同的「樂器分類法」〔註59〕。用這種以「八音」的樂器製造方式來做爲基礎的分類法，在我國幾千年來，曾經產生重大的影響。從西周到清朝的三千多年中，上古時代到先秦時期的許多樂器，都具有很強的裝飾性效果，無論是在樂器的型態美，或在實用的整體設計上、或是表面的彩繪圖案，或從工藝美術的角度來講，都表現了當時最高的藝術價值，有些設計還反映出一定文化的音樂審美概念。

據考《詩經》上所記述的樂器就有二十九種：敲擊樂器有「鼓、鼗、賁鼓、懸鼓、鼉鼓、應、田、鞉、鐘、鏞、南、鉦、磬、缶、雅、柷、圉、和、鸞、鈴、簧」等廿一種；吹奏樂器有「簫、管、篪、塤、龠、笙」等六種；拉彈弦樂器有「琴、瑟」等二種。綜觀以上表述，可以很清楚的看到在上古社會時期，先民以極簡易的方式，就地取材，利用天然物品來製造樂器，直到殷商才有金屬樂器的出現；西周時期，已進步到以材質來區分樂器；春秋戰國時期，更複雜的樂器陸陸續續出現；到秦漢時期「西域的樂器」〔註60〕則悄悄入主中原。

二、春秋戰國時期

公元前 770 年至前 221 年的春秋戰國時期，周朝整個社會正處於動盪變

〔註59〕現代樂器分類法：統一按各種樂器不同的發音方式和聲學原理，把所有各類樂器總分爲：1、體鳴樂器　2、氣鳴樂器　3、膜鳴樂器　4、弦鳴樂器　5、電鳴樂器等五大類。總的來說，這種分類體系較適合科學原理。如：體鳴類是按鳴體不同的激振方式來發音；氣鳴類是按不同的聲源體結構方式發音；膜鳴類是按不同的筒體結構方式發音；弦鳴類是按樂器的不同構造；電鳴類是按不同的電子振盪方式發音。

〔註60〕西域的樂器：自西漢張騫通西域之後至魏晉南北朝，中國樂器史上有一個突出的變化，就是經由絲綢之路傳入了西域樂器，加深了中原與西域之間的音樂文化交流，不論是形式或內容方面，西域音樂都進一步豐富了中原的音樂文化，並由中原輻射到其他的區域，有很多西域樂器就沿著絲綢之路傳入中原，如胡笳、角、五弦琵琶、梨形曲項琵琶和取了一個中國名稱的圓形直項琵琶「阮咸」等樂器皆是。

革的局面，隨著王室的衰微和諸侯、王公貴族生活中盛行享樂之風，禮樂制度已不再是

必須遵從的法則。鐘磬之樂從昔日的祭禮、教化之樂，轉爲諸侯、王公貴族炫耀權力地位和滿足享樂奢華的音樂。但是從另一層面來說，我國的音樂文化已經發展到宮廷音樂的規模，從公元 1978 年湖北隨縣出土的「曾侯乙墓」（有關「曾侯乙墓」部分將在第四章第二節中再詳述，在此只簡述墓中擺設），在其墓葬的東室和中室，擺放了舉世罕見的各種樂器：「編鐘、編磬、鼓、瑟、琴、笙、排簫、篪」，總計有八種，共一百二十四件春秋戰國時期的樂器。過去雖從其他古籍中述及編制龐大的宮廷樂隊，並無實物的出現，而「曾侯乙墓」的樂器出土，毫無疑問的直接證實了流傳已久的御前宮廷樂隊。

從出土的樂器中，可以體現先秦音樂形態的思維，在公元前六百年到前三百年之間，經過三百年的醞釀之後，《管子》一書首先出現計算樂律的「三分損益法」。〔註61〕例如「五聲」〔註62〕音階及七聲音階以及十二音律觀念的確立，已展示出其成熟形態。在此同時，特別是青銅編鐘、編磬樂器的製作工藝所體現的科技水準，其冶煉、鑄造以及音律的設計、調律方面已達到規

〔註61〕明朱載堉云：「古人算律有四種法：其一、以黃鐘爲十寸，每寸十分，共計百分。其二、以黃鐘爲九寸，每寸十分，共計九十分。其三、以黃鐘爲八寸一分，不作九寸。其四、以黃鐘爲九寸，每寸九分，共計八十一分。」見明朱載堉撰《樂律全書・律呂精義內篇》卷四，《四庫全書》本，第 213 冊，頁 93。（後文再引《樂律全書》文，皆本此版本僅註明書名、篇名、卷帙及頁碼，餘不再註明。）

〔註62〕五聲，我國古代的音階名，爲：宮、商、角、徵、羽。五種聲音是以數相求的方法求出，記載此一數相求方法者，當以《管子》一書爲最早。《管子・地員》篇云：「凡將起五音，凡首，先主一而三之，四開以合九九，以是生黃鐘小素之首，以成宮。三分而益之以一，爲百有八爲徵。不無有三分而去其乘，適足以是生商。有三分而復於其所，以是成羽。有三分去其乘，適足以是成角。」見唐房玄齡注《管子》卷十九，《四庫全書》本，第 729 冊，頁 200。換言之，五個聲音之求法爲：首先用 3×1，連乘四次，以使符合九九的數目，便可求得黃鐘律，是爲宮音。它的算法爲「宮」音＝1×3×3×3×3＝9×9＝81。「徵」音爲宮音的三分益一算法爲：81×4/3＝108。「商」音爲徵音的三分損一算法爲 108×2/3＝72。羽音爲商音 72 的三分益一，其數爲 96，算法爲 72×4/3＝96。「角」音爲羽音 96 的三分損一，其數爲 64，算法爲 96×2/3＝64。五聲音階到了周朝，又再增加「變宮、變徵」二聲，自此形成七聲音階。周代以後至春秋戰國時期，我國雖有七聲，但仍以五聲爲主流，而變宮、變徵二種聲音大都用以襯托「五聲」罷了。

模化、藝術化。其製作技術及水準之高，無論在中國音樂史，還是在世界音樂史上，至今仍難以企及。

此墓之一套編鐘樂器保存完好、製作精美，其餘樂器也尚稱完整，是研究我國古代音樂史及樂器史十分寶貴的資料。竹笛、箏和筑就是這時產生的新樂器。古笛在戰國之前，已十分流行，屈原學生宋玉在其所著《笛賦》中講到當時南方的笛，已與今日之笛非常相像。按《廣雅》曰：「龠、謂之笛，有七孔。」〔註63〕《詩經》也有論及笛之處，如《詩經·簡兮》云：「簡兮簡兮，方將萬舞。日之方中，在前上處。碩人俁俁，公庭萬舞。有力如虎，執轡如組。左手執籥，右手秉翟。」〔註64〕按《廣雅》解釋籥謂之笛，則笛之為樂器久矣。春秋戰國時期，諸侯列國林立，不僅侯國間的音樂廣為交流，民間的音樂活動也相當普遍。《戰國策·齊策》云：「臨淄甚富而實，其民無不吹竽、鼓瑟、擊筑、彈琴。」〔註65〕由此顯見當時人民都熱衷於音樂活動，「竽、瑟，筑，琴」等樂器之使用，早已遍及各地矣。

參、秦漢時期樂器的演化（公元前221年至公元220年）

從秦到漢代（公元前221年至公元220年）的四百四十一年間，是中國音樂醞釀、蛻變、融合的時期。秦始皇併滅六國之後，統一了中國，其國祚雖然短暫，但所釐定之帝制、官制及郡縣制度，成為日後中國二千多年來的典範。其中央集權制度，為漢代所承襲延用。中央集權的統一，使封建制度更形鞏固。當時中國正處於封建社會的鼎盛時期，在此制度下，政治的安定及經濟的繁榮，有利於音樂文化的發展。在多民族的統一國家中間，漢族逐漸成為文化的中心，尤其是音樂交流方面，較其他民族有多方面的貢獻，逐漸豐富了中國的整體文化，使其發出燦爛的光輝。之後南朝北朝，朝代更迭頻繁，民族雜處，形成了比較開放的經濟文化環境。此時西域人大量的入關經商、從藝，甚至定居，佛教勢力也在此時進一步深入中原，這樣隨著人口遷移流動、經濟貿易往來，和佛教文化滲透，西域各民族音樂及樂器也大量傳入關內，與「中原舊曲」、「華夏正聲」齊匯，從而為隋唐各民族音樂的融合與發展，奏響了東西方樂器交流的序曲。

〔註63〕見魏張揖撰《廣雅·釋樂》卷八，《四庫全書》本，第221冊，頁458。
〔註64〕見《詩經·簡兮》，《十三經注疏》本，頁99。
〔註65〕見漢高誘注《戰國策》卷八，《四庫全書》本，第406冊，頁302。

在東西方樂器交流史上，產生了一些有趣的現象。例如在修海林和王子初合著之《樂器》一書中，有以下記載：

> 中國的琵琶和歐洲的魯特琴（Lute）。是同出一源的樂器，它們都是從伊朗的同一樂器衍生出來的。由阿拉伯地區西傳的一支，後來成為歐洲詩琴族，也就是魯特之祖。而向東傳的一支，在中國成為琵琶族樂器，並且從最初的四弦（五弦）四柱的形制，發展為十四柱或更多，並改橫彈為豎彈、改撥彈為手彈，演變為完全中國化的民族樂器。漢代先從北方邊地發展起來的鼓吹樂，最早用於儀仗軍樂，後來在宮廷、民間產生各種新的鼓吹形式，並且傳播到南方。〔註66〕

魯特琴為西洋古代的一種彈絃樂器，〔註67〕身圓像半個梨子的形狀，手指按板有七個甚至更多的音格，音箱垂直地對著琴頸，並且分開地被安置著。早期的魯特琴主要的形式共有兩種：一、為長魯特琴，琴頸較琴身長，二、為短魯特琴，琴頸比琴身稍短。前者是較古的樂器，出現在約紀元前 2000 年的美索不達米亞的繪畫中，它由巴比倫傳至埃及（時約紀元前 1500 年）及希臘。短魯特琴首次約出現於紀元前八百年的波斯黏士畫上，和約於紀元一世紀的印度浮雕上出現。稍後在中國亦曾見到，但却稱之為琵琶，俗謂之秦漢子。〔註68〕

〔註66〕見《樂器》，頁18。

〔註67〕魯特琴在日本則稱之為比瓦（Biwa）。魯特琴族發展至十六和十七世紀時，在歐亞大陸各國衍生出各種不同名稱的魯特琴，如：阿拉伯五絃琴、烏德琴、曼陀拉琴、曼陀林琴、奧伐利安琴、班多拉琴、泰奧爾波琴、西塔隆琴等，也發展出魯特音樂（Lute music），保存在十六世紀和十七世紀中魯特琴歌集（魯特琴譜）的魯特音樂，形成了早期歐洲器樂的寶藏，其重要性僅次於管風琴音樂和大鍵琴音樂而已。尤其在十六世紀，魯特琴是家庭所使用的主要樂器，正如今日的鋼琴。見康謳主編《大陸音樂辭典》台北：大陸書店出版，1980 年 4 月初版，頁 657。

〔註68〕琵琶，本作「批把」，漢劉熙云：「批把本出於胡中，馬上所鼓也。推手前曰批，引手却曰把，象其鼓時，因以為名也。」見漢劉熙撰《釋名・釋樂器》卷七，《四庫全書》本，第221冊，頁415。秦漢時代，我國已有長柄皮面圓形音箱的琵琶，當時人稱其為「弦鼗」又稱「秦漢子」，宋陳暘云：「秦漢琵琶，本出于胡人，弦鼗之制，圓體修頸如琵琶。」晉傅玄琵琶賦云：「體圓柄直，柱有十二，其他皆兑上銳下，曲項，形制稍大，俗傳疑此是漢制。兼似兩制者，謂之。」見宋陳暘撰《樂書》卷一百二十九，《四庫全書》本，第211冊，頁570。（後文再引《樂書》、《釋名》文，皆本此版本僅註明書名、篇名、卷帙及頁碼，餘不再註明。）

「秦漢」以前我國歷代樂器文獻記載概要表

年代	文　獻　記　載
上古社會時期	◆「土鼓、蕢桴、葦籥伊耆氏之樂也。」(《禮記・明堂位》) ◆「戛擊鳴球」;「擊石拊石」(《尙書・益稷》) ◆ 塤、鼓、鼙、磬、苓、管、篪、笙、瑟等(《呂氏春秋・古樂》)
夏商	◆「夏商殷紂,作爲侈樂,大鼓、磬、管、簫之音。」(《呂氏春秋・侈樂》)
西周	◆ 笙、頌磬、鐘、建鼓、鼗、應鼙、瑟等。(《禮記・大射》) ◆ 小師掌教「鼓、鼗、柷、敔、塤、簫、管、弦歌。」(《周禮・春官・小師》) ◆「凡六樂者,文之以五聲,播之以八音。」(《周禮・春官・大司樂》) ◆ 鼓、鼛、賁鼓、懸鼓、鼉鼓、應、田、鞉、鐘、鏞、南、鉦、磬、缶、雅、柷、圉、和、鸞、鈴、簧、簫、管、籥、塤、篪、笙、琴、瑟(《詩經》)
春秋戰國	◆ 大鐘、鼓、琴、瑟、竽、笙(《墨子・非樂》) ◆ 琴、瑟、鐘、磬、笙、竽、鼓、管、塤、篪、鼗(《荀子・樂論》)
秦漢	◆「相和,漢舊歌也。絲竹更相如,執節者歌。」(《晉書・樂志》) ◆「有簫、笳者爲鼓吹、用之朝會道路,亦以給賜……;有鼓、角者爲橫吹,用之軍中,馬上所奏者是也。」(《樂府詩集》記漢代鼓吹樂) ◆ 鼓、篪、鐘、磬、簫、琴、瑟、竽(《漢書・禮樂志》)

第三節　《呂氏春秋》論樂

中國文化源遠流長,早在甲骨文之中就有「樂」字的出現,而且還不止一次,可見「樂」在古代文化中占相當重要的地位。甲骨文的樂字作「」〔註 69〕,是木頭上加絲線的意思,《說文解字》寫作「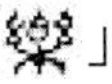」,許慎說:「五聲八音總名,象鼓鞞,木虡也。」〔註 70〕而架子應該是指「」,兩旁的「」,應該是絲線,所以「樂」照現在來說,應該是像琴瑟般的樂器。〔註 71〕我國「音樂」一詞之由來,當以《呂氏春秋・大樂篇》所提爲最早。

〔註 69〕見羅振玉撰《殷虛書契考釋》,北京:北京圖書館出版社,2000 年三月第一版,頁 21。

〔註 70〕見清段玉裁注《說文解字注》台北:藝文印書館印行,1999 年 9 月七版二刷,頁 267。(後文引《說文解字注》文,皆本此藝文印書館印行版本,故僅註明書名及其頁碼,餘不再註明。)

〔註 71〕見吳文璋著《荀子的音樂哲學》,台北:文津出版社,民 83 年,初版,頁 81。

《呂氏春秋‧大樂》云：

> 音樂之所由來者遠矣。生於度量，本於太一。太一出兩儀，兩
> 儀出陰陽。陰陽變化，一上一下，合而成章。渾渾沌沌，離則復合，
> 合則復離，是謂天常。……聲出於和，和出於適。和適生王定樂，
> 由此而生。〔註72〕

引文中值得注意的是認爲音樂之聲是來自於自然之聲，春秋末期子產、醫和
已有「天有六氣，降生五味，發爲五色，徵爲五聲。」〔註73〕之說，至戰國
時期的《老子》亦認爲「道」生萬物，又蘊含著樂生於「道」之意，但是這
些終究未說明「天有六氣」或「道」如何「徵爲五聲」而產生音樂。至《呂
氏春秋》已發展了這一思想，很明確的提出「太一」（道）生陰陽，陰陽生萬
物，萬物有形有聲，聲出於和，和出於適，和適先王定樂，由此而生。先王
之制定音樂，正是從這個原則出發。故先王據此「聲」以作爲「樂」的音樂
產生過程說，認爲音樂之聲是對自然之聲的模擬也。

　　故《呂氏春秋‧古樂》篇末即云：「故樂之所由來者尚矣，非獨爲一世之
所造也。」〔註74〕音樂的由來已相當久遠了，不是一時一刻所能醞釀出的。
天下平順，萬物平安康寧，一切都順乎正道，有助於音樂的創制完成。古人
認爲要制定音樂就必需節制嗜好與慾望，只有節慾不放縱，才能專心於從事
創作音樂。而從事創作音樂是有方法的，只有得道的人，才可以與他談論音
樂，所以，音樂與樂器的由來是歷經漫長的歲月累積而成，絕非是由哪一個
時代所能獨立創作的。

　　在《呂氏春秋‧古樂》篇，所談的是上古時代音樂的由來，它將音樂的
產生及發展都歸屬於上古時代至周公的歷代「聖王」的治國功績，茲將其所
舉之例條列於下，以做印證：

〔註72〕見秦呂不韋撰、漢高誘註《呂氏春秋‧大樂》卷五，《四庫全書》本，第848
　　　　冊，頁309。（後文再引《呂氏春秋》文，皆本此版本僅註明書名、篇名、卷
　　　　帙及頁碼，餘不再註明。）

〔註73〕據《左傳》昭公元年載，醫和曰：「天有六氣，降生五味，發爲五色，徵爲五
　　　　聲。六氣曰：陰、陽、風、雨、晦、明也。」見《左傳》，《十三經注疏》本，
　　　　頁708～709。

〔註74〕見秦呂不韋撰、漢高誘註《呂氏春秋‧古樂》卷五，《四庫全書》本，第848
　　　　冊，頁313。

聖王	治　國　功　績
朱襄氏	朱襄氏之治天下也，多風而陽氣畜積，萬物散解，果實不成，故士達作爲五弦瑟，以采陰氣，以定羣生。
葛天氏	昔葛天氏之樂，三人摻牛尾，投足以歌八闋：一曰載民，二曰玄鳥，三曰遂草木，四曰奮五穀，五曰敬天常，六曰達帝功，七曰依地德，八曰總萬物之極。
陶唐氏	昔陶唐氏之始，陰多，滯伏而湛積，……民氣鬱閼而滯著，筋骨瑟縮不達，故作爲舞以宣導之。
黃帝	昔黃帝令伶倫作爲律，……日在奎，始奏之，命之曰咸池。
顓頊	帝顓頊生自若水，實處空桑，乃登爲帝，……命之曰承雲，以祭上帝。乃令鱓先爲樂倡。鱓乃偃浸，以其尾鼓其腹，其音英。
帝嚳	帝嚳命咸黑作爲聲，歌九招、六列、六英。……因令鳳鳥、翟舞之。帝嚳大喜，乃以康帝德。
帝堯	帝堯立，乃命質爲樂。質乃效山林谿谷之音以歌，……瞽叟乃拌五弦之瑟，作以爲十五弦之瑟。命之曰大章，以祭上帝。
舜	舜立，仰延，乃拌瞽叟之所爲瑟，……帝舜乃令質修九招，六列、六英、以明帝德。
禹	禹立，勤勞天下，日夜不懈，……於是命皋陶作爲夏籥九成，以昭其功。
殷湯	殷湯即位，夏爲無道，暴虐萬民，侵削諸侯，不用軌度，天下患之。……湯乃命伊尹作爲大濩，歌晨露，修九招、六列，以見其善。
文王	周文王處岐，諸侯去殷……周公旦乃作詩曰：「文王在上，於昭于天。周雖舊邦，其命維新。」以繩文王之德。
武王	武王即位，以六師伐殷。六師未至，以銳兵克之於牧野。……乃命周公爲作大武。
成王	成王立，殷民反，王命周公踐伐之，商人服象爲虐于東夷，周公遂以師逐之至于江南。乃爲三象，以嘉其德。〔註75〕。

　　從《呂氏春秋・古樂》篇的敘述中，將音樂的由來產生及發展，都歸功於歷代之開國聖王，文中論及音樂起源發展的歷史，也敘述了許多的傳說，雖然大部份具有神話的意味，但在史料缺乏的情況下，對於我們探究音樂的產生以及我國古代樂器的發展歷史，仍然具有參考價值的。

　　《呂氏春秋》是戰國本年秦相呂不韋（約西元前 290 至西元前 235 年）門下的門客所集體創作的一部書。共分十二紀、八覽、六論三部分。這是一

<hr />

〔註75〕見秦呂不韋撰、漢高誘註《呂氏春秋・古樂》卷五，《四庫全書》本，第 848
　　　　冊，頁 313。

部「備天地萬物古今之事」〔註76〕的書。它所包含的材料之豐富爲歷代許多學者所稱道，直至今日仍保有很高的文獻價值。

《呂氏春秋》中論樂之部分計有卷五〈仲夏紀〉之大樂、侈樂、適音、古樂及卷六〈季夏紀〉音律、音初、制樂、明理等八篇。每篇約六百多字，共約五、六千字的音樂論述，仲夏與季夏兩月以樂爲教，因爲夏天氣盛發揚，宜於奏樂，教化人民。故論樂之八篇分別於仲與季夏兩紀中。書中除了對音樂作詳細探討外，有關美學美感的問題也發表了不少重要的意見與見解，在先秦是一部不可忽視的的重要著作。對後來漢代早期音樂理論與美學思想發展，有著重要的影響地位。

《呂氏春秋》歷代以來都是被歸類於「雜家」，因爲它兼取先秦諸子之說，陰陽家、農家、縱橫家、無不有所泛及。但總括來說，它並不是對各家學說都是一視同仁的。〈仲夏紀〉與〈季夏紀〉中的音樂觀部份繼承〈樂論〉，且與《樂記》的思想有許多相似之處。對其餘各家學說乃採不同的態度，取拾上也有自己的原則。〔註77〕在一定的程度上我們可以說，《呂氏春秋》一書對於先秦諸子學說思想，作了一個整理與總結，這是非常難得的。以下就〈仲夏紀〉、〈季夏紀〉中有關音樂的八段文章，逐篇作一淺近概述。

壹、仲夏紀

一、〈大樂〉篇論樂

> 二曰：「音樂之所由來者遠矣。生於度量，本於太一。太一出兩儀，兩儀出陰陽。陰陽變化，一上一下，合而成章。渾渾沌沌，離則復合，合則復離，是謂天常。……聲出於和，和出於適。和適先王定樂，由此而生。」

古人認爲「太乙」是音樂之本，音樂是由「陰陽」變化而來的。那麼，什麼是「陰陽」、「太乙」、「兩儀」呢？兩儀的含義是指天和地，陽代表天，陰代表地。古人認爲：「一陰一陽謂之道」。陰陽既對立，又互根、互生、消長、轉化和統一，萬物皆由陰陽演化而成。這裡有儒家的中和之美及修、齊、治、平的思想，也有道家的法自然重生、養生的思想。是儒道思想融合而成的新

〔註76〕見漢司馬遷撰、宋裴駰集解《史記・呂不韋列傳第二十五》（二）卷八十五，《四庫全書》本，第 244 冊，頁 543。（後文再引《史記》文，皆本此版本僅註明書名、篇名、卷帙及頁碼，餘不再註明。）

〔註77〕見李澤厚、劉綱紀主編《中國美學史》，成都：四川人民出版社，1986 年，頁 157。

的美學觀念。文中說音樂的由來相當久遠了，它產生於度量，本源於太一。太一生天地，天地生陰陽。陰陽變化，一上一下，會合而成形體。渾渾沌沌，分離了又會合，會合了又分離，這就叫做自然的永恆規律。……聲音產生於和諧，和諧源自於合度。先王制定音樂，正是從這個原則出發。

本篇關於音樂的論述與《樂記》相通，反映了儒家的音樂思想。文中提出：「世之學者有非樂者矣，安由出哉？」，顯然是針對墨家「非樂」說而發的，是對墨家「非樂」思想的否定。本篇的天道觀在《呂氏春秋》中是比較完整的。文中說：「太一出兩儀，兩儀出陰陽」認爲宇宙間的一切東西，包括天地，都是由「太一」派生出來的，而「太一」是天地萬物之本。何爲「太一」呢？文中說：「道也者，至精也，不可爲形，不可爲名，強爲之，謂之太一。」「道」就是「太一」，因此，《呂氏春秋》中的自然觀與宇宙起源說同《淮南子》中的「道始於一」是一致的。

〈大樂〉即在闡明對音樂的重視，本段旨在說明音樂的重要，並有不同於荀子〈樂論〉及《樂記》對於樂起源之見解。也是《呂氏春秋》音樂觀超出前二者的所在。認爲凡是萬物形體所在之處，沒有不發出聲響的，音響調和則生音節，先王深知聲出於和、和出於適的原則，由此而制定了音樂。此與丘者老爲「樂本人心生也」的論調是完全不同的。

先秦學者對音樂的效用向來有二派之分。儒者尊重人性，主張以禮節眾，以樂和眾。而墨家、法家重實利主義，認爲音樂非民生之必需，而有「非樂」之說。〔註78〕墨子〈公孟〉篇有墨子謂程子曰：「儒之道足以喪天下者四政焉。……又絃歌鼓舞，習爲聲樂，此足以喪天下。」〈大樂〉文中對墨子非樂亦提出辯駁，「凡樂，天地之和，陰陽之調也。始人生者，天人也。……世之學者，有非樂者矣，安由出哉？」，認爲音樂是表示天地的和，陰陽的調和，始生人的是天，人本不能有所做爲，是天使人有欲望的，天也使人有罪惡，乃是不可避免的。欲與惡昊所給與的，人自己是無法改變的。世間之學者有反對音樂的〔註79〕，他的主張是根據什麼產生的？有什麼理由呢？「大樂，君臣、父子、長少之所懽欣而說也。懽欣生於平，平生於道。」此一大樂之觀念是源於道家思想的。〔註80〕

〈大樂〉一段表達出音樂最高哲學內涵，並意味著音樂的最高境界即是

〔註78〕見李漁叔註譯《墨子今註今譯》，台北：商務印書館，1984年出版。頁363。

〔註79〕此處「世間之學者」指的是墨子。

〔註80〕見林品石譯《呂氏春秋今註今譯》，台北：商務印書館，1984年出版，頁127。

宇宙的最高境界。其中所述的音樂「本於太一」的說法，到「道也者，視之不見，聽之不聞，不可爲狀，有知不見之見，不聞之聞，無狀之狀者，則成於知之矣。道也者，至精也，不可爲形，不可爲名，彊次之，謂之太一。」〔註81〕那麼，也就是意味著「音樂即太一」，「太一即道」。那麼《呂氏春秋》的音樂哲學理論可謂是本於道家思想的音樂理論。在後世即如〈聲無哀樂論〉之豐富思想內涵，亦未能超出本段〈大樂〉的成就。

二、〈侈樂〉篇論樂

「侈」就其意義而言是指鋪張浪費、誇大不實。說文解字段注：「侈，掩脅也，从人多聲，一曰奢泰也。」〔註82〕《左傳》莊公二十四年：「儉，德之共也；侈，惡之大也。」〔註83〕，「侈樂」自然是指溢於心志，不合法度的音樂。如鄭衛之聲、亂世之音是也，這些音樂都失去音樂原本制定的意義和作用，所以應加以批評。〈侈樂〉篇就是一個音樂社會流行趨式的批評和導正，指出正確之道的論述。

> 亂世之樂與此同。爲木革之聲則若雷，爲金石之聲則若霆，爲絲竹歌舞之聲則若譟。以此駭心氣、動耳目、搖蕩生則可矣，以此爲樂則不樂。故樂愈侈，而民愈鬱，國愈亂，主愈卑，則亦失樂之情矣。

這是把君主重視之整體性、重適音，推而廣之，及於天下之治亂。假若君主一味追求外在的感官刺激，「以鉅爲美，以眾爲觀」，使金石、木革、絲竹歌舞之聲「若雷」、「若霆」、「若譟」，不僅有害於於養生，而且會使百姓煩怨，國家混亂，造成不可收拾的結局。這是把道家的養生與儒家的治世統一了起來。「侈樂」篇旨在批判體現了儒家「節樂」的思想。文中說：「凡古聖王之所爲貴樂者，爲其樂也」，指出音樂的作用在於使人快樂。然而作爲亂世產物的「侈樂」，非但不能使人快樂，反而引起人民的怨恨，傷害君主的生命，這就喪失了音樂的本來意義了。文章批評了縱慾的危害，指出「侈樂」的產生是縱慾的結果，如果「嗜欲無窮」，那麼「貪鄙浮亂之心」、「淫佚姦詐之事」就都由此產生了。

亂世的音樂就如同當世的主人，多以珠玉劍戈爲寶，寶愈多，則民愈怨，

〔註81〕見林品石譯《呂氏春秋今註今譯》，台北：商務印書館，1984 年出版，頁 127。
〔註82〕見《說文解字注》，頁 383。
〔註83〕見《左傳》，《十三經注疏》本，頁 172。

國家愈危，其身愈累，如此則失去寶的實在價值了。亂世的音樂不管使用何種樂器，所奏出來的聲音只算是一些驚駭心氣，搖蕩心性的淫樂，一點也無法產生「和」的作用。「故樂愈侈，而民愈鬱，國愈亂，主愈卑，則亦失樂之情矣。」〔註84〕

文中亦舉出許多侈樂之例；如：「夏桀、殷紂作為侈樂，人鼓、鐘、磬、管、簫之音以鉅為美，以眾為觀」〔註85〕，「宋之衰也，作為千鐘；齊之衰也，作為大呂；楚之衰也，作為巫音。」〔註86〕這些音樂都可謂侈淫之極，以合理的眼光看來，皆失去了音樂的真情。失去音樂真情而不能使人快樂的音樂，則人民必怨，其人主必傷。人主與音樂就如同冰與炎日，使用不當則必以自害，是以「此生乎不知樂之情，而以侈為務故也。」〔註87〕

〈侈樂〉段的批評更進一步地指出，音樂的正確與否，和國家的興亂與社會秩序，有著息息相關的關係。〈侈樂〉利用上古音樂與歷史的發展為例證，更是證明了音樂的發展應如〈大樂〉段所言的作用，才是音樂原本創作和產生的意義。而〈侈樂〉段中珍貴的是提出音樂的養生的關係，這是先秦音樂觀念思想中最早而且以明確地理論方式提出的文獻。

古代中國相傳有以琴音治病，或以樂聲亂體內氣血的事況是有的。〈侈樂〉是最早指出此一事實的古典文獻，也是音樂用以治療學說的首度提出，直到今日的「養生樂」、「金、木、水、火、土樂」的各種治療方式，正是由〈大樂〉和〈侈樂〉二段的理論，也就是由道→太一→兩儀→陰陽→天地日月星辰→萬物的理論而發展出來的思想。

〈大樂〉、〈侈樂〉的理論可謂歷久彌新，這也是音樂哲學理論中難以見到，應用廣泛和理論深刻的文獻。

三、〈適音〉篇論樂

《呂氏春秋》將〈適音〉作為一個重要的美學範疇，不僅有〈適音〉篇，而且在其它篇中也多所涉及。所謂「適」應含有下面的意義。從音樂的產生方面來說，它是大自然和諧循環運動的產物，即所謂「音樂之所由來者遠矣」。生於度量，本於太一。……簡言之，即大自然往而復始、循環不已的

〔註84〕見秦呂不韋撰、漢高誘註，《呂氏春秋·侈樂》卷五，《四庫全書》本，第848冊，頁309～310。
〔註85〕同上注。
〔註86〕同上注。
〔註87〕同上注。

和諧運動，產生了萬物，有了「形體」，才會有「聲」。《呂氏春秋》在論述儒家「和樂」的思想時。文章指出，「和樂」必須具備二個前提，一是「心適」，一是「音適」。怎樣才算「心適」？文中認為「四欲得，四惡除，則心適矣」。怎樣才算「音適」？文中認為，要做到「衷」，即聲音大小，清濁要適中。這樣，「以適聽適」，即以暢快的心情聽適中的樂音，就能達到「和」的境界了。文中強調了音樂的作用，指出：「凡音樂，通乎政而移風乎俗者也」，「故先王之制禮樂也，非特以歡耳目，極口腹之欲也，將教民平好惡、行理義也」。〔註88〕這反映了儒家對於音樂的特殊重視。本篇指出了「欲」與「樂」的區別，這可以說是我國最早提出的美學上的主客觀關係的理論。

「適音」就是適合人心的音樂。與〈侈樂〉所進行的討論是不相同的。本段討論及說明音樂與治身治國的道理是相通的，它們皆以平和為目標。所以凡是太大、太小、太清、太濁的樂音，都不適合人類的心理狀況，唯有大小清濁皆合折衷的音樂才能稱得上是「適音」。

就耳、目、鼻、口而言，皆有聽、看、嗅、食之欲想，然則真正快樂與否的原則則在「心」。「心」必要「平和」才能快樂，而音樂之要務就在於平和人心，而使得耳、目、鼻、口的欲想各得適當的發展。人一方面有希望長壽、平安、榮華、安逸等四種欲望；另一方面則厭惡夭折、危險、恥辱、勞苦。如這四種欲望皆如願得償，四種厭惡皆擯除消失，乃稱心如意。四種欲望的獲得，在於事事皆任理而行，如此則治國而法立，法立則天下服矣。

四、〈古樂〉篇論樂

〈古樂〉篇記載了傳說中的堯、舜、殷湯、周文王、周武王等制樂的事跡，這些都是研究我國早期藝術發展史的重要資料。本篇旨在論述音樂發展的歷史。文中保存了許多傳說，雖然大多富有神話的意味，但在史料缺乏的情況下，對於我們研究音樂的產生與發展的歷史，仍是很有價值的。文章結尾說：「故樂之所由來者尚矣，非獨為一世之所造也。」這種以發展的眼光來看待音樂的歷史的觀點，在當時是難能可貴的。

〈古樂〉段談的是中國古代音樂的源流，其中分別說明了三皇五帝及夏、商、西周三代的古樂。由說明樂的由來甚為久遠，而之所以能傳之久遠，有其存在的必要，故不可廢。古代帝王皆功成而作樂，樂與政通。這個論述是

〔註88〕見秦呂不韋撰、漢高誘註《呂氏春秋‧適音》卷五，《四庫全書》本，第848冊，頁312。

接上段〈適音〉而來的發展及說明。由「先王必託於音樂以論其教」而展開的〈古樂〉段之論調。在論證的同時,並說明各時代所使用的樂器與音律的發展歷史。其所使用的樂器、音律、或各代皆不相同,但可知中國的音樂學思想發展甚早,而且對於聲音與氣的概念關係,以及各種鐘、磬等敲擊樂器的著重音色等,特別完成一個理論上的連,音樂與氣的理論出現後,中國音樂理論也趨於成熟了。

以上所述由〈大樂〉→〈侈樂〉→〈適樂〉→〈古樂〉四段的理論來看,〈仲夏紀〉顯然是在構成一個由音樂哲學到音樂各部分基礎理論的整體建構思考。這四個段落在〈仲夏紀〉中形成一個環節,以音樂為主題,由宇宙最高原則與宗教信仰無所不包。音樂在四個段落的文字表述後,不但完成理論的說是時也以科學和歷史的方法原理說明了其理論的正確。〔註89〕

貳、季夏紀

季夏是農曆的六月,本篇所述時令,以及重要政令等,皆大致與仲夏相同。另有此時節之天象,應時之動物(羽類)應時之音律(徵音和林鐘)等,此季所需注意的各種事蹟,及農田時令所應作之事與避免之事,逐一簡述之。

一、〈音律〉篇論樂

本篇旨在論述音律相生的道理。十二律的名稱最早見於《國語・周語》伶州鳩答周景王問,但論及十二律相生的「三分損益法」當屬本篇為最早。本篇把樂律同曆法連繫起來,十二律同十二月相配,這當然是牽強附會,毫無科學根據的。閱讀本篇可參閱本書「十二紀」紀首篇。按有關十二音律體系的最早記述文章(西元前239年)。依照〈仲夏紀・古樂篇〉所述,十二律是黃帝時代伶倫所創造的。而這十二音律音域的完成,則是經過長時間的演變而來的。十二音律與鐘的歷史有非常密切的關係,且由於音樂與氣候節令的關係,十二律與十二月配合,成為十二月的名稱。〔註90〕

〈音律〉段中所記載的文字並沒有加以詳細說明天文、氣候、人、音樂四者之間的關係,唯有說明的僅是關係音律本身音階的高低、強弱、清濁之變化,是能測陰陽二氣之消長伸縮度數的,而由此測量乃以規定政府政令的

〔註89〕見黃淑基著《中西音樂美學的對話》,台北:洪葉文化事業有限公司,2002年五月初版一刷,頁145～146。

〔註90〕同上注。

措施。如果從十二月本身的陰陽二氣變化與十二律之間作一個配合,是可以理解的,但以何種方式測量呢?這是一個值得深思與研究的議題。由此與〈仲夏紀〉的〈適音〉理論配合,十二律、十二月與各月政府措施有所配合是一個必然的發展,而這個思想是科學和音律理論的高度結合。

二、〈音初〉篇論樂

> 土獘則草木不長,水煩則魚鱉不大,世濁則禮煩而樂淫。鄭衛之聲、桑間之音,此亂國之所好,衰德之所說。

《呂氏春秋》的〈音初〉篇,記載了傳說中的「東音」、「南音」、「西音」、「秦音」、「北音」的特點,及其產生的原因,本篇旨在論述我國古代音樂東西南北諸音調的始創,所以題爲「音初」。本篇保留了許多古代傳說,有的富於神話色彩,這些對於研究我國古代音樂的發生發展很有參考價值。文中提出「凡音者,產乎人心者也」,並攻擊作爲新聲的「鄭衛之聲」、「桑間之音」,這些都反映了儒家的音樂思想。本篇與〈古樂〉篇雖都是闡述我國古代音樂的發生發展史,但各有側重。〈古樂〉篇旨在闡述我國古代樂舞的由來,而本篇旨在闡述我國古代各種音調的產生,二者的區別就在於此。

〈音初〉段所說明的音樂創始原意,其作用是加強音樂創作由來與人心人世的關係,也間接證明〈大樂〉與〈適音〉的理念。

文中分述東音、南音、西音、北音,四方之音作的故事,用以證明音樂生於人心而人心感於外物激盪生音,音樂成於外而生於內。所以,聽聲即可知其人的慣性所在,察看慣性可知其志向,觀其志向則可知德行。

全文最重要的文字出現在文末四個例證之後:

> 凡音者,產乎人心者也,感於心則蕩乎音,音成於外,而化乎內。是故聞其聲而知其風,察其風而知其志,……故君子反道以修德,正德以出樂,和樂以成順,樂和而民鄉方矣。〔註91〕

因此《呂氏春秋》的音樂理論更從音以薄療說,音樂養生會,而轉入「音樂反應人心習性」及「音樂修養」的論述上了,特別是「反道以修德,正德以出樂,和樂以成順」等三句,正在說明需由音樂修養的構成背景裡,去完成音樂的創作。

〔註91〕見秦呂不韋撰、漢高誘註《呂氏春秋・音初》卷六,《四庫全書》本,第848冊,頁318〜319。

三、〈制樂〉篇論樂

想要欣賞最和諧完美的音樂，必定要有最完美的政治。國家治理美善的，它的音樂就美善，國家治理粗疏的，它的音樂就粗疏，至於亂世，音樂已經流於輕慢了。本篇提出了「欲觀至樂，必於至治」的觀點，這是值得重視的。文中歷引了成湯、文王、宋景公逢凶化吉之事，旨在說明：人事善，妖異自當化除，事在人為。這也就是〈明理〉中所要闡明的「理」。

〈制樂〉段就題意應是說明音樂之道與治國之理相通，但內容與題可不符，疑有錯簡。此篇中盡書商湯、周文王、宋景公之事，與〈制樂〉一題無涉，所以此篇敘述可能是〈明理〉篇之內文，因時代變遷流傳過程錯置於此。〔註92〕

四、〈明理〉篇論樂

〈明理〉篇開宗明義云：

> 五曰：五帝三王之於樂盡之矣。亂國之主未嘗知樂者，是常主也。夫有天賞得爲主，而未嘗得主之實，此之謂大悲。是正坐於夕室也，其所謂正乃不正矣。

五帝三王在音樂方面已經達到盡善盡美了。政治混亂的國家的君主，從來不曾懂得音樂，這是由於他們凡庸的緣故。他們獲得上天的賞賜，得以成爲君主，然而徒有君主之名，卻無君主之實，這是最可悲的。本篇與〈制樂〉篇闡述了同一個道理，即妖異的興滅全在於人事的善惡，換句話說，人事善惡是決定禍福的因素。不過，兩篇文章闡述的角度不同。〈制樂〉是從正面闡述的，旨在說明人事善即可凶化吉；本篇是從反面闡述的，文中以大量的篇幅描述了「至亂」之世產生的各種妖異現象，旨在說明人事惡，必然妖異叢生。

「欲觀至樂，必於至治。」要觀看至和的音唯有在至德之治的國家中才見得到。政治愈敦厚者，其音樂亦愈淳厚，其政治薄而無厚德者，其音樂亦薄而不仁厚，而亂世之樂則必邪惡。因爲亂世的音樂不能使人快樂，亂世之時，禮崩而樂壞，發生種種異樣不合常理的禍害，君臣上下皆不明理，而且天象怪異，民多疾苦。故曰：「故眾正之所積，其福無不及也，眾邪之所積，其禍無不逮也。」〔註93〕皆用以說明音樂的重要，勸人修德以成樂，平和之

〔註92〕見林品石譯《呂氏春秋今註今譯》，台北：商務印書館，1984年出版，頁159。
〔註93〕見秦呂不韋撰、漢高誘註《呂氏春秋·明理》卷六，《四庫全書》本，第848

樂則國順民安，而樂聲能諧和，則國治民安。

　　由以上之論述中可得知，《呂氏春秋》的音樂觀念主體在〈仲夏紀〉、〈季夏紀〉的前兩段，〈音律〉而至〈音初〉段可說已到一個完整的尾聲，〈制樂〉和〈明理〉段是可略而不論的。總體而論，《呂氏春秋》之音樂觀念確已達到音樂哲學中的最高境界。

第四節　《樂記》的禮樂論述

　　研究《樂記》，其文意浩瀚無邊，窮一生之志也未必能全然理解其文章之原意，原因是年代甚遠，無法以今人的角度完全去解讀古人之意思。然而並不代表《樂記》通篇不能理解，從古至今不知有多少的經學家、史學家、思想家、文學家試圖考據解開《樂記》成書之謎，今取其「禮」與「樂」的部分專心鑽研，或能啟余智慧於閉塞也，宋人鄭樵在〈樂府總序〉說：

> 古之達禮三：「一曰燕，二曰享，三曰祀。所謂吉、凶、軍、賓、嘉，皆主此三者以成禮。」古之達樂三：「一曰《風》，二曰《雅》，三曰《頌》。所謂金、石、絲、竹、匏、土、革、木，皆主此三者以成樂，禮樂相須以為用，禮非樂不行，樂非禮不舉。」〔註94〕

依鄭樵所言古之用禮三也，一曰燕、二曰享、三曰祀，所以古代之五禮吉、凶、軍、賓、嘉、皆以此為主，成為古代最基本的禮儀。古之達樂者三也，曰《風》、曰《雅》、曰《頌》也，包括所有的八音皆以此為本，成為音樂的基本條件。「禮」與「樂」必須相互依賴，才能發揮功能。「禮」沒有「樂」，不能推行，「樂」無「禮」制之依循，不能興辦也。

　　《樂記》中禮、樂始終並舉，二者相輔相成，共同服務於道德修養、治國安邦的重大目的。先秦儒家主張以禮樂治天下，兵刑則位居其次。其實，這是以禮樂為基礎的「仁政」理想的體現。所以〈樂論〉曰：「樂由中出，禮自外作。樂由中出，故靜，禮自外作，故文。大樂必易，大禮必簡。樂至則無怨，禮至則不爭。揖讓而治天下者，禮樂之謂也。」由此可見，以文代武，以禮樂的感化代替兵刑的專制，成為先秦儒家的政治理想。這種以感化、

〔註94〕　冊，頁 320。
　　　見宋鄭樵撰《通志・樂略第一・樂府總序》（三）卷四十九，《四庫全書》本，第 374 冊，頁 1。原文用「達」字，「達」之訛字也。（後文再引《通志》文，皆本此版本僅註明書名、篇名、卷帙及頁碼，餘不再註明。）

說服、規勸的方式來作爲治國安邦的根本手段之一，頗類似於我們今天的道德重建提昇精神建設。

據筆者多次閱讀《樂記》，深知該文皆以「禮」、「樂」貫穿通篇、據筆者研究統計、《樂記》全篇「禮」字出現共八十四次；「樂」字出現一百五十五次之多。其中有一百三十六個「樂」字應讀成「ㄩㄝ丶」，即「音樂」之意，另十九個「樂」字應唸成「ㄌㄜ丶」，爲「快樂」、「悅樂」之意。「禮樂」同時出現者，計有二十二次。〔註95〕由以上統計數字可以看出，《樂記》的確是以「禮樂」爲之經。

《樂記》是我國歷史上第一部有影響的音樂理論著作。它比先秦及孔子的樂教思想，顯然是有系統化、理論化了，比起在它之後的音樂理論著作，如嵇康的《聲無哀樂論》和徐上瀛的《溪山琴況》等，它尤顯得更全面、更博大。沒有一部著作像它那樣，對我國樂教實踐產生過如此深遠而持久的影響。《樂記》奠定了我國古代音樂美學的基石。《樂記》的「禮樂思想」就是儒學的「中庸思想」在《樂記》中的體現。《樂記》作爲儒學樂教傳承的典籍，在哲學上完全秉承了儒學的中庸學說，而且也負起了在音樂領域中宣揚儒學的任務。《樂記》的禮樂思想，主要表現爲「禮節樂和」、「禮別樂同」、「禮外樂中」、「禮理樂情」、「禮樂相節」幾個部分。而「禮樂思想」在《樂記》中包含著「禮樂相成」與「禮樂相節」兩個相對應的方面，二者共同構成了《樂記》之「禮樂思想」的全部。以下簡述《樂記》「禮樂相成」與「禮樂相節」所含上述五個部分之意義：

壹、禮節樂和

「禮節樂和」是就禮樂的功用來看的，所謂「禮節」，就是以禮來節制人的行爲，使不超出應有的規範；所謂「樂和」，就是用來調和人的情感，和諧人際間之關係。禮所體現的是一種綱紀、一種制度、一種規定、一種劃分，而樂所表現的卻是一種喜、怒、哀、樂、敬、愛之情，怎麼能以禮以樂相和呢？這就是《樂記》從整個社會的角度來觀禮察樂的結果。《樂記》認爲，一個和諧有序的社會，既來之於禮的別異，又來之於樂的統同。別異者，上、下、長、幼、尊、卑之序定；統同者，和、敬、親、愛、喜、怒之情分。

〔註95〕以上各統計數字根據台北：藝文印書館《十三經注疏》，《禮記·樂記》頁662至702統計而來。

一個社會不可能無序，無序就會亂；也不可能無樂，無樂在嚴格的意義上是一種非人社會。如此，禮樂均爲社會所必需。在此基礎上，《樂記》進一步認爲，嚴明的秩序只有得到情感的內在認同以後，才能產生實在的效應，而樂正具備了這種功能，這就是樂能輔禮的道理。禮樂相成而致中和，來自於《樂記》對禮、樂各自獨特品性的深入理解。吾人可由《樂記》以下篇章中看出其論「禮節樂和」的特性：

〈樂本〉云：

> 故禮以道其志，樂以和其聲，政以一其行，刑以防其姦。禮樂刑政，其極一也，所以同民心而出治道也。

所以用禮來引導人們的意志，用樂來和諧人們的聲音。用政令來統一人們的行爲，用刑罰來防止人們的奸邪。禮、樂、政、刑，它們的最終目的只有一個，就是齊一民眾的意志而實現國家安定太平的理想。

〈樂本〉云：

> 是故先王之制禮樂，人爲之節，衰麻哭泣，所以節喪紀也；鐘鼓干戚，所以和安樂也；昏姻冠笄，所以別男女也；射鄉食饗，所以正交接也。禮節民心，樂和民聲，政以行之，刑以防之。禮樂刑政，四達而不悖，則王道備矣。

因此古代聖王制作禮樂，就是給人們的行爲規定個節制。制定居喪穿的麻布喪服和哭泣的多少，是用來節制人們的喪事；制定鐘鼓樂器和干戚舞具，是用來諧和人們安樂的心情；制定婚姻和加冠加笄的禮節，是用來使男女有別；制定鄉射、鄉飲酒和宴享賓客的禮節，是用來端正人們的交往。禮可以調節民眾的心志，樂可以調和民眾的聲音，並用政令來推行，又用刑罰來防備；禮樂政刑四方面都暢行通達而沒有悖亂，那麼王道就完備了。

〈樂論〉云：

> 大樂與天地同和，大禮與天地同節。和故百物不失，節故祀天祭地，明則有禮樂，幽則有鬼神。如此，則四海之內，合敬同愛矣。禮者，殊事合敬者也。樂者，異文合愛者也。禮樂之情同，故明王以相沿也。

盛大之音是爲天地創作的音樂，其最高境界是，由它所產生的方式與自然音相近，並傳遞著誕生它的基礎——即天地的律動。雙方渾然成爲一體，和諧共鳴。所以盛大的音樂具有自然的和諧，盛大的典禮具有自然的秩序。有和

諧，萬物生長而不失自己的本性；有秩序，萬物成功而祭祀天地來報答。在明處用禮樂教導人，在暗處有鬼神助天地成物。像這樣，四海之內的民眾就能互相敬愛了。禮，事雖各異，但恭敬的情感相同。樂，曲調各異，但仁愛的心情相同。禮樂表達的情感相同，所以聖明的君王使禮樂沿襲不墜也。宋人張載曰：

> 聲音之道，與天地同和，與政通。蠶吐絲而商絃絕，正與天地相應。方蠶吐絲，木之氣極盛之時，商金之氣衰。如言律中大簇，律中林鍾，於此盛則彼必衰。方春木當盛，卻金氣不衰，便是不和，不與天地之氣相應。〔註96〕

張載借「鄭衛之音」予人的感官感受，進一步的說明「天地」、「自然」與聲音造成的社會效果。

〈樂論〉云：

> 樂者，天地之和也。禮者，天地之序也。和故百物皆化，序故群物皆別。樂由天作，禮以地制。過制則亂，過作則暴。明於天地，然後能興禮樂也。

樂，是表現自然的和諧；禮，是體現自然的秩序。有和諧，因此萬物得以化生；有秩序，因此萬品得以區分。樂取法天道陰陽而制作出來，禮取法地道剛柔而制作出來。禮制作得太過分就會引起混亂；樂制作得太過分就會殘暴輕慢。通過天地變化之道，然後才能制作禮樂。

〈樂論〉云：

> 樂者為同，禮者為異。同則相親，異則相敬。樂勝則流，禮勝則離。合情飾貌者，禮樂之事也。

樂的性能在於協同，禮的性能在於析異。協同就使人們互相親近，析異就使人們互相尊敬。樂過度就會使人放縱，禮過度就會使人疏離。融洽感情，體現儀表，這是禮樂的事情。

貳、禮別樂同

　　《樂記》中談到禮樂的功用，除了上述之「禮節樂同」，還談到禮樂有「禮別樂同」的功能。〈樂論〉云：「樂者為同，禮者為異。同則相親，異則相敬。樂勝則流，禮勝則離。合情飾貌者，禮樂之事也。」樂的性能在於協

〔註96〕見宋張載撰《張子全書・禮樂》卷五，《四庫全書》本，第 697 冊，頁 157。

同，禮的性能在於析異。協同就使人們互相親近，析異就使人們互相尊敬。樂過度就會使人放縱，禮過度就會使人疏離。融洽感情，體現儀表，這是禮樂的事情。我們也可以由以下各篇章中看出「禮別樂合」的情況：

〈樂禮〉云：

> 天高地下，萬物散殊，而禮制行矣。流而不息，合同而化，而樂興焉。春作夏長，仁也；秋斂冬藏，義也。仁近於樂，義近於禮。樂者敦和，率神而從天，禮者別宜，居鬼而從地。故聖人作樂以應天，制禮以配地。禮樂明備，天地官矣。

天高地下，萬物錯綜，禮根據不同的情況而施行。天地萬物，流動不息，會同化異，樂在它們的變化中產生。春生夏長，是仁的體現；秋收冬藏，是義的體現。仁近於樂，義近於禮。樂重視和同，依循施張的本性，像天一樣地流動；禮尚辨異，依循收斂本性，像地一樣地凝定。所以聖人制作樂來應助天產生萬物，又制作禮來配合地成就萬物。禮樂的制作既顯明又完備，天生地成也已是各得其職了。

〈樂禮〉云：

> 則禮者天地之別也。……則樂者天地之和也。及夫禮樂之極乎天而蟠乎地，行乎陰陽而通乎鬼神，窮高極遠而測深厚。樂著大始，而禮居成物。著不息者，天也，著不動者，地也。一動一靜者，天地之間也。故聖人曰禮樂云。

這樣，禮就是效法天地的差別而制作的。地氣上升，天氣下降，陰陽相摩，天地震盪，以雷霆震動，以風雨滋潤，以四季周流，以日月照耀，於是萬物在天地間的種種會同中化生出來。這樣，樂就是效法天地的會同而制作的。天地化養不得其時，萬物不能生成；男女沒有分辨，就會造成混亂；（因此既有和同，又有區別），這是天地的本性。至於禮樂充塞於天地間，通行於陰陽鬼神處，極高極遠極深。樂顯示原始的動機，禮辨別已成的事物。顯示出流動不息的是天，顯示出凝定不動的是地；有動有靜，是在天地之間，這也即是聖人所說的禮樂。

參、禮外樂中

「禮外樂中」是就禮樂的形式上來看，樂是從內心產生出來的，禮是外部的表現。樂從內心產生，所以可以知道其中的真情；禮是外部的表現，所以可以見其風度。

〈樂論〉云：

> 樂由中出，禮自外作。樂由中出，故靜，禮自外作，故文。大
> 樂必易，大禮必簡。樂至則無怨，禮至則不爭。揖讓而治天下者，
> 禮樂之謂也。

盛大的音樂必定是平易的，盛大的典禮必定是簡單的。樂教貫徹，民眾就沒有怨恨；禮教貫徹，民眾就不爭鬥；揖讓而治天下，說的就是這種禮樂政教。

〈樂化〉云：

> 故樂也者，動於內者也；禮也者，動於外者也。樂極和，禮極
> 順。內和而外順，則民瞻其顏色而弗與爭也，望其容貌而民不生易
> 慢焉。故德煇動於內，而民莫不承聽，理發諸外，而民莫不承順。
> 故曰：「致禮樂之道，舉而錯之，天下無難矣。」

所以，樂是從心起，感動在內；禮是從外生，發動在外。樂極其和暢，禮極其恭順，內心和暢而外貌恭敬，那麼民眾看到他的容顏神色就不會和他去抗爭，看到他的儀容外貌，民眾就不會發出輕忽怠慢的想法。所以德性的光輝是從內心先發出的，而人民沒有不承受不聽從的；情理表現在外表的行動上，而民眾沒有不承受不順從的。所以說：詳審禮對的道理，並且讓天下都能導滿、滲透禮樂，都能實行禮樂的道理，就沒有什麼難辦的事了。

肆、禮理樂情

「禮理樂情」是就禮樂的內容來看，禮的內容是「理」，合於「理」的行為就是「禮」，而樂的主要內容在表達情意，兩者之間有著極大的不同，但卻又可以相輔相成，而構成禮樂和諧的社會。

〈樂施〉云：

> 是故先王有大事，必有禮以哀之。有大福，必有禮以樂之。哀
> 樂之分，皆以禮終。樂也者，聖人之所樂也，而可以善民心，其感
> 人深，其移風易俗，故先王著其教焉。

因此古代聖王有死喪事，必定有喪禮來表示哀悼；有吉慶事，必定有禮節抒發歡樂。哀和樂的分限，都以各自的禮節為終止。樂，是聖人所喜愛的，可以使民心善良。樂又能感化人們的靈魂深處，而移風易俗，所以古代聖王使樂教顯明。

〈樂象〉云：

> 樂也者，施也，禮也者，報也。樂，樂其所自生，而禮反其所

自始。樂章德，禮報情，反始也。

樂是施與，禮是有往有來。樂，是歡娛自身的情志；而禮，卻要追溯到原先的起始。樂，表明內在的德性；禮，報答恩情，追溯起始。

〈樂情〉云：

> 樂也者，情之不可變者也。禮也者，理之不可易者也。樂統同，禮辨異，禮樂之說，管乎人情矣。窮本知變，樂之情也；著誠去偽，禮之經也。

樂，情志不可改變；禮，義理不可變移。樂統同和合，禮辨異析等。禮樂二端，管攝了人情，窮究內心本源，了解聲音的變化，就是樂的情理。顯明真誠，清除虛偽，這是禮的常態。

伍、禮樂相節

「禮樂相節」就是禮樂相互制約、節制的意思。《樂記》認為，只有在禮的節制下，樂才能「合生氣之和，道五常之行。行使之陽而不散，陰而不密，剛氣不怒，柔氣不懾。四暢交於中而發作於外，皆安其位而不相奪也。」（〈樂言〉）君子們懂得這個道理，所以「反情以和其志，比類以成其行。姦聲、亂色不留聰明，淫樂、慝禮不接心術，惰慢、邪辟之氣，不設於身體；使耳、目、鼻、口、心知、百體皆由順正以行其義」（〈樂象〉）形和，則聲和，此天地自然之理也。所以，「先王觀雷，出地奮而聲氣和，於是因人心之和，以制音樂之和。」（《禮記‧郊特牲》）謂「樂由陽來」，又謂「樂者，象天地之和，詎不信歟？」樂之和如是，則其德之盛大者，由此可見。是作樂者乃所以褒崇其德也，如《大韶》、《大武》這一類的作品，都是用來讚揚功德的。「王者之作樂，近而閨門，遠而邦國顯。」〔註97〕

在先秦時代，民智混沌未開，有機會受教育、有思想的人數有限，且又多為貴族、士大夫，在上位者要管理眾多知識未開、甚至不識字的平民百姓，是十分困難的事，因此制定了「禮樂」來使社會趨向有秩序且和諧。「音樂」在當時的社會中具有管理眾人，導之以正的重要角色。《樂記》中有「是故先王之制禮樂，人為之節」又「禮節民心，樂和民聲，政以型之，刑以防之，禮樂政刑、四達而不悖，則王道備矣。」將「禮樂」與「刑政」同視為管束人民的力量，以用來防治越軌，從這四方面去發生作用，使人民不相衝突，

〔註97〕見元梁寅撰《周易參義》卷五，《四庫全書》本，第27冊，頁341。

如此便可完成王道之治。

　　禮樂可以相輔相成，但也可相互制約、節制，也就是所謂「禮樂相節」
的意思。這個意思可分二方面來討論。從「樂」這方面來看，樂不可太超過，
「樂極則憂」（〈樂禮〉），「樂盛則流」（〈樂論〉）。這些話明顯的例證就是夏
啟、太康到夏桀，都是因爲沈溺於樂舞聲色，才導致國家破亡，所以儒家從
孔子開始就十分警惕禮樂的泛濫及僭越。孔子不僅嚴正指出要「放鄭聲」而
且在評論〈關雎〉時讚美道：「樂而不淫，哀而不傷」。樂不至淫，哀不至傷，
也就是樂不失其正，哀不傷於和。中正和美，正是孔子所要求的藝術表達情
感的標準。對此《禮記・中庸》進一步解釋道：「喜怒哀樂之未發，謂之中；
發而皆中節，謂之和」，〔註98〕所謂「中節」就是適度，就是無過與不及，
就是使情感的活動不要造成心靈的失衡和秩序的破壞。先秦儒家極重視「禮
樂」的和諧論，而反對無節制的情感流露。

　　《樂記》中的以禮節樂，已不是這種做法，也不是這樣的內容了。首先
《樂記》把樂當作一種具有獨立品格的事物加以對待，詳細論證了樂的生發
運行方式，揭示了樂的特殊規定性與獨立的社會功能，從而表明樂並不完全
依附於禮。

　　禮樂相節的另一層意思是從禮這一方面講的。禮不可盛、禮不可過、禮
不可粗。「禮盛則離」「過制則亂」（〈樂論〉）「禮粗則偏」（〈樂禮〉）。所謂「天
地之道，寒暑不時則疾，風雨不節則飢。教者，民之寒暑也，教不時則傷世。
事者，民之風雨也，事不節則無功。」（〈樂施〉）講得更爲形象。作爲一種
典章制度、等級劃分的禮，也應遵循中和的原則，過與不及同樣需要避免。
早先孔子就曾發出過「苛政猛於虎」的感嘆，強秦在十幾年之內，王教傾覆，
都與「禮盛」、「禮粗」不無關係。

　　綜上所述，禮樂中和是《樂記》全部論述所要闡明的一種最高審美理想，
它所包含的相成與相節兩個相對的內容。一是從統一的角度講，一個從對立
的角度來說，對立統一，其中貫穿著禮樂中和的辯證思想，也共同建構了禮
樂中和的完備體系。從儒學理論的角度看，禮樂中和是至高的，也是完美的，
因此在《樂記》以後，這一審美理想幾乎成了各種藝術的共同追求。

〔註98〕見《禮記・中庸》卷第五十二，《十三經注疏》本，頁879。

第三章　《樂記》論音樂的
社會教化功能

第一節　論儒家的樂教思想

　　春秋戰國是中國歷史上一個大變動的時期，由於社會的變革，政治上從封建制度變向郡縣制度；經濟的演化，從農業經濟轉向工商業的發展；社會上階級動搖，貧富階級代替了貴賤階級；同時種族的融合，領域擴大，在在和夏商周三代以前有極大的不同。因受社會環境劇變的影響，學術思想也跟著劇變，百家爭鳴，促使知識分子的思想意識，日趨複雜化與尖銳化。我們可以從各家音樂論述的紛歧中，獲得印證。春秋戰國時，有關音樂論述的主要有儒家、墨家與道家三大流派，而又以儒家所表現的態度，最為積極而饒富情趣。因為儒家的立教根基，是以禮樂作為修身治己的典範，所以凡是儒家者流，無不重視禮樂的發展，而予以大力的倡導。本節分述至聖孔子、亞聖孟子及荀子之樂教思想及言論，以一窺儒家樂教思想之梗概。

壹、孔子的樂教思想

一、孔子生平簡介

孔子名丘，字仲尼，魯平鄉陬邑人。據宋人胡仔考證：

> 庚戌魯襄公二十二年，孔子生於魯平鄉陬邑。初徵在禱於尼丘
> 之山，而生孔子，故名之曰丘。字仲尼，為兒嬉戲，常陳俎豆、設
> 禮容。及長，長九尺六寸，人皆謂之長人。……壬戌，魯哀公十六

年，年七十三。〔註1〕

故知孔子生於周靈王二十一年（西元前551年）魯平鄉陬邑，卒於「周敬王四十一年（西元前479年）。是春秋末期偉大的思想家和教育家，儒家學派的創始人。孔子為魯人，魯國為周公旦之子伯禽的封地，對周代文物典籍保存完好，素有「禮樂之邦」之稱。《左傳》魯襄公二十九年（西元前544年）記載：

> 吳公子季札來聘，……請觀於周樂。使工爲之歌《周南》、《召南》……見舞《韶箾》者，曰：「德至矣哉！大矣，如天之無不幬也，如地之無不載也，雖甚盛德，其蔑以加於此矣。觀止矣！若有他樂，吾不敢請已。」〔註2〕

這是吳公子季札在觀賞周樂後，嘆為觀止，說周樂表現出德行至高無上！簡直像天的無不覆蓋，像地的無不負載。雖然還有別的音樂，他也不再請求觀賞了。可見吳公子季札在觀賞周樂後，感嘆周樂之完備，才能造就出像孔子那樣偉大的思想家、教育家來。《左傳》昭公二年（西元前54年）也說：

> 晉侯使韓宣子來聘，且告爲政而來見禮也，觀書於大史氏，見易象與魯春秋。曰：「周禮盡在魯矣！」〔註3〕

這是一段韓宣子使魯，觀魯春秋而大感嘆服的話，說周禮的完善都在於魯國。由上所述，可證魯國深厚的文化傳統，而此優勢與當時學術下移的形勢，對孔子思想造成很大的影響。

孔子早年喪父，家境衰落，雖然生活貧苦，但卻在十五歲即「志於學」〔註4〕。他善於取法他人，曾說：「三人行，必有吾師焉。擇其善者而從之，其不善者而改之。」〔註5〕他學無常師，好學不倦，鄉人也稱讚他博學。魯國自宣公以後，政權操在以季氏為首的三桓手中。昭公初年（西元前541年），三家〔註6〕又瓜分了魯君的兵賦軍權。孔子曾對季氏「八佾舞於庭」〔註7〕的

〔註1〕 見宋胡仔撰《孔子編年》卷五，《四庫全書》本，第446冊，頁4～54。

〔註2〕 見《左傳》襄公二十九年，《十三經注疏》本，頁664～673。

〔註3〕 宣子名起，是晉大夫，適魯在昭公二年。見《春秋左傳》卷四十二，《十三經注疏》本，頁718。

〔註4〕 子曰：「吾十有五而志於學，三十而立，四十而不惑，五十而知天命，六十而耳順，七十而從心所欲，不踰矩。」見《論語・爲政第二》，《十三經注疏》本，頁16。

〔註5〕 見《論語・述而第七》，《十三經注疏》本，頁63。

〔註6〕 馬（融）曰：「三家，謂仲孫、叔孫、季孫。」見《論語注疏・八佾第三》，《十三經注疏》本，頁25。

〔註7〕 季氏，魯大夫季孫氏也。佾，舞列也，一佾八人，八佾共六十四人。周禮規

僭越行為表示憤慨，說了「是可忍也，孰不可忍也？」〔註8〕的重話。因季氏強僭擅權，其門下臣名叫陽虎（陽貨），更是作亂專政。混亂的政局，昏昧的君王，使得週遊列國後的孔子無心仕途，於是返家設帳授徒，以《詩》、《書》、《禮》、《樂》教導弟子，各地好學之士，都前來受業，弟子彌眾，桃李滿門，這是我國私人講學的濫觴。

孔子全力從事《詩》、《書》、《禮》、《樂》的整理工作，申說義理。同時也全心投注於教育事業。他以《詩》、《書》、《禮》、《樂》教學，弟子有三千人之多，而身通六藝者有七十二人。孔子非常重視「禮」與「樂」的教化功用。我們可以從孔夫子在齊國聽聞韶樂後的記載略知一二：

> 子在齊聞韶，三月不知肉味。曰：「不圖為樂之至於斯也！」
> 〔註9〕

朱子《集註》云：

> 《史記》，三月上有「學之」二字。不知肉味，蓋心一於是，
> 而不及乎他也。曰：「不意舜之作樂至於如此之美。」，則有以極其
> 情文之備，而不覺其歎息之深也，蓋非聖人不足以及此。〔註10〕

至聖先師孔子在齊國聽了韶樂，三個月來，覺得連肉的香味，都比不上音樂的令人回味無窮，使人念念不忘，連說音樂的美竟然到了這樣絕妙的境界。音樂對人的影響，可以使人忘卻美食，悠然自得，久久不已。從音樂的推廣來說，「點」可以淨化人心，「線」可以調和社會，「面」更可以促進地域國與國之間的交流，進而和諧整個國際。

在先秦時期的禮教中，詩與樂是不分的，都有教化和育人的作用，所以孔子說：「興於詩，立於禮，成於樂。」〔註11〕孔子雖然不是一個詩的創作者，卻是中國最早的詩的推廣者，從孔子對詩的觀點，可以看出他相當重視：詩、歌、樂、舞四者共存並進的關係。因為他不是一個詩的創作者，所以他自謙是「述而不作，信而好古」〔註12〕孔子認為修身當先學詩，因為詩來自

定天子用八佾，諸侯用六佾，大夫用四佾，士用二佾。同上注。

〔註8〕王者禮樂，有八佾之舞。季桓子僭於其家廟舞之，故孔子譏之。見《論語注疏・八佾第三》，《十三經注疏》本，頁25。

〔註9〕見《論語・述而第七》，《十三經注疏》本，頁61。

〔註10〕見宋朱熹撰《四書章句集注・論語集注》卷四，《四庫全書》本，第197冊，頁39。

〔註11〕見《論語・泰伯第八》，《十三經注疏》本，頁71。

〔註12〕見《論語・述而第七》，《十三經注疏》本，頁60。

於人的眞性眞情，是人性中最柔軟最容易受感動的部分；詩的聲韻和諧，適合吟詠，在聲音抑揚頓挫之間，人的情性有所感觸、有所感染，甚至於因此感奮興起，是教育的第一階段。所以，在詩歌教學與禮樂教學中，先詩而後禮，最後成就於「樂」。

孔子認爲詩篇可以激動振奮人心，禮制讓人的操守堅定，人生成長進步的教育大多是興於詩、立於禮、成於樂。音樂使人的德性更完備，用通俗的話來說，詩能啓發人的智慧，禮能使人站得住腳，樂能使人成功立業。「樂教」之所以成爲我國古代美育教育中重要的一環，主要是由於「樂」是早期中國藝術的母體，且具有很強韌的藝術包容性，能融合各種詩歌、舞蹈爲一體，這就是孔子所言之興於詩，立於禮，成於樂也。

二、孔子的樂教思想言論

孔子的樂教思想理論，正是從他利用詩和樂進行教育的實踐中產生的。他的教育實踐使狹隘的官學平民化，使民間亦能接受教育。孔子「有教無類」的思想，正反映了自由民主的要求，打破了只有貴族才有權利接受教育的局面，並且從認識上確立了國人皆可學習、皆可上進的思想。孔子認爲，由於「禮壞、樂崩」，造成了天下大亂，撥亂的途徑在於「復禮」。但是事實證明，「禮盛則離」，復禮過度也會使人離心離德。爲了消除已經發生或還會發生的禮制弊端，比較好的辦法是運用「詩教」和「樂教」，從人們的思想上、心靈上加以循循善誘。爲了使廣泛流行於社會上的「詩」和「樂」得到統一的理解，使人們知道有所選擇，有所褒貶。新的禮制要在實際生活中得以推進，要面對的阻力其實是很大的，孔子認爲要消除這種阻力，必須輔以詩和樂的教育。詩和樂既然列爲人生的必修課程，他們的社會作用、政治目的也被揭示出來了。孔子一生中在「禮」和「樂」的教育方面問題，發表過不少很有價值、深具影響力的論述。據筆者之統計，語出《論語》，關於「樂」之論述，計有三十二則之多。今將此三十二則分爲「音樂與政治、音樂與禮教、音樂與詩教、音樂與人際、音樂與人生、音樂評論」等六類，條列其中篇章文字如下：

（一）音樂與政治

1. 孔子謂季氏：「八佾舞於庭，是可忍也，孰不可忍也。」（〈八佾第三〉，頁 25）〔註13〕

〔註13〕見《論語・八佾第三》，《十三經注疏》本，頁25。

2. 三家者，以〈雍〉徹。子曰：「『相維辟公，天子穆穆。』，奚取於三家之堂。」（〈八佾第三〉，頁25）

3. 子路、曾皙、冉有、公西華侍坐。子曰：「以吾一日長乎爾，毋吾以也。居則曰：『不吾知也！』如或知爾，則何以哉？」子路率爾而對曰：「千乘之國，攝乎大國之閒，加之以師旅，因之以饑饉，由也為之，比及三年，可使有勇且知方也。」夫子哂之。「求，爾何如？」對曰：「方六七十如五六十，求也為之，比及三年，可使足民，如其禮樂，以俟君子。」「赤！爾何如？」對曰：「非曰能之，願學焉。宗廟之事，如會同端章甫，願為小相焉。」「點！爾何如？」鼓瑟希，鏗爾，舍瑟而作，對曰：「異乎三子者之撰。」子曰：「何傷乎？亦各言其志也。」曰：「莫春者，春服既成，冠者五六人，童子六七人，浴乎沂，風乎舞雩，詠而歸。」夫子喟然嘆曰：「吾與點也！」（〈先進第十一〉，頁100）

4. 顏淵問為邦。子曰：「行夏之時，乘殷之輅，服周之冕，樂則韶舞。放鄭聲，遠佞人。鄭聲淫，佞人殆。」（〈衛靈公第十五〉，頁138）

5. 孔子曰：「天下有道，則禮、樂、征、伐自天子出：天下無道，則禮、樂、征、伐自諸侯出。自諸侯出，蓋十世希不失矣；自大夫出，五世希不失矣；陪臣執國命，三世希不失矣。天下有道，則政不在大夫；天下有道，則庶人不議。」（〈季氏第十六〉，頁147）

6. 子之武城，聞弦歌之聲。夫子莞爾而笑曰：「割雞焉用牛刀？」子遊對曰：「昔者偃也，聞諸夫子曰：『君子學道則愛人，小人學道則易使也。』」子曰：「二三子！偃之言是也。前言戲之耳！」。（〈陽貨第十七〉，頁154）

（二）音樂與禮教

1. 子曰：「人而不仁，如禮何？人而不仁，如樂何。」（〈八佾第三〉，頁26）

2. 子曰：「興於詩；立於禮；成於樂。」（〈泰伯第八〉，頁71）

3. 子曰：「先進於禮樂，野人也；後進於禮樂，君子也；如用之，則吾從先進。」（〈先進第十一〉，頁96）

4. 名不正，則言不順；言不順，則事不成；事不成，則禮樂不興；禮樂不興，則刑罰不中；刑罰不中，則民無所錯手足。（〈子路第十三〉，頁115）

5. 子路問成人。子曰：「若臧武仲之知，公綽之不欲，卞莊子之勇，
冉求之藝，文之以禮樂，亦可以爲成人矣。」（〈憲問第十四〉，頁
125）

6. 師冕見，及階，子曰：「階也。」及席，子曰：「席也。」皆坐，子
告之曰：「某在斯，某在斯。」師冕出。子張問曰：「與師言之道
與？」子曰：「然，固相師之道也。」〔註14〕（〈衛靈公第十五〉，
頁141～142）

7. 子曰：「禮云禮云！玉帛云乎哉！樂云樂云！鍾鼓云乎哉！」（〈陽貨
第十七〉，頁156）

（三）音樂與詩教

1. 子曰：「〈關雎〉，樂而不淫，哀而不傷。」（〈八佾第三〉，頁30）

2. 子曰：「師摯之始，關雎之亂，洋洋乎盈耳哉！」（〈泰伯第八〉，頁
72）

3. 子曰：「吾自衛反魯，然后樂正，雅、頌各得其所。」（〈子罕第九〉，
頁79～80）

4. 子曰：「惡紫之奪朱也，惡鄭聲之亂雅樂也，惡利口之覆邦家者。」
（〈陽貨第十七〉，頁157）

5. 太師摯適齊；亞飯干適楚；三飯繚適蔡；四飯缺適秦。鼓方叔入于
河；播鞀武入於漢；少師陽、擊磬襄入於海。（〈微子第十八〉，頁
167）

（四）音樂與人際

1. 子於是日哭，則不歌。（〈述而第七〉，頁61）

2. 子與人歌而善，必使反之，而後和之。（〈述而第七〉，頁65）

3. 鄉人飲酒，杖者出，斯出矣。鄉人儺，朝服而立於阼階。〔註15〕（〈鄉
黨第十〉，頁90）

4. 子曰：「由之瑟，奚爲於丘之門」。門人不敬子路。子曰：「由也升堂

〔註14〕 本章通篇雖無論及「樂」字，然孔子與樂師冕之對話、因師冕目不能視，孔
子敬瞽者，一一告之，師冕出，子張問曰：「與師言之道與？」子曰：「然。」
誠然，這是孔子之樂教也，故以臚列之。

〔註15〕 朱子集註云：「儺雖古禮，而近於戲。亦必朝服而臨之者，無所不用其誠敬也。
或曰：恐其驚先祖、五祀之神，欲其依已而安也。」，見註10《四書章句集注
・論語集注》卷五，頁51。

矣，未入於室也。」（〈先進第十一〉，頁98）

5. 孔子曰：「益者三樂，損者三樂。樂節禮樂，樂道人之善，樂多賢友，益矣。樂驕樂，樂佚遊，樂宴樂，損矣。」（〈季氏第十六〉，頁148）

（五）音樂與人生

1. 子擊磬於衛，有荷蕢而過孔氏之門者，曰：「有心哉，擊磬乎！」既而曰：「鄙哉，硜硜乎！莫己知也，斯己而已矣，深則厲，淺則揭。」子曰：「果哉，末之難矣！」（〈憲問第十四〉，頁130）

2. 子謂伯魚曰：「女爲〈周南〉、〈召南〉矣乎？人而不爲〈周南〉、〈召南〉，其猶正牆面而立也與？」〔註16〕（〈陽貨第十七〉，頁156）

3. 孺悲欲見孔子，孔子辭以疾。將命者出戶，取瑟而歌，使之聞之。（〈陽貨第十七〉，頁157）

4. 宰我問：「三年之喪，期已久矣。君子三年不爲禮，禮必壞；三年不爲樂，樂必崩。舊穀既沒，新穀既升，鑽燧改火，期可已矣？」子曰：「食夫稻，衣夫錦，於女安乎？」曰：「安」「女安，則爲之！夫君子之居喪，食旨不甘，聞樂不樂，居處不安，故不爲也。今女安，則爲之！」宰我出。子曰：「予之不仁也！子生三年，然後免於父母之懷。夫三年之喪，天下之通喪也。予也有三年之愛於其父母乎？」（〈陽貨第十七〉，頁157～158）

5. 楚狂接輿歌而過孔子曰：「鳳兮！鳳兮！何德之衰？往者不可諫，來者猶可追。已而，已而！今之從政者殆而！」孔子下，欲與之言。趨而辟之，不得與之言（〈微子第十八〉，頁165）

（六）音樂評論

1. 子語魯大師樂。曰：「樂，其可知也。始作，翕如也！從之，純如也！皦如也！繹如也！以成。」（〈八佾第三〉，頁31）

2. 子謂〈韶〉：「盡美矣，又盡善也。」；謂〈武〉：「盡美矣，未盡善也。」（〈八佾第三〉，頁32）

3. 子在齊聞韶，三月不知肉味。曰：「不圖爲樂之至於斯也！」（〈述而第七〉，頁61）

〔註16〕周南和召商在江漢流域一帶。〈周南〉、〈召南〉是《詩經・國風》中第一、二部分的篇名。這兩部分所收的詩歌，是周南和召南兩個地區的民歌。

4. 齊人歸女樂，季桓子受之，三日不朝，孔子行。（〈微子第十八〉，頁164）

從以上所引孔子的樂教言論中，我們可以看出孔子重理，但並不毀情；只是認爲情必須以理爲依歸，以使受教育者通情達理。而理的標準在於合乎「禮」，以「禮」修身、齊家、治國、平天下。很顯然的，這是把「禮樂」應用於德育、智育、美育等方面，使之合於道義的理性要求。孔子重禮，不但重視「禮教」，也重視「樂教」。一則「樂」像「詩」一樣附屬於「禮」，再則禮樂也是衡量有成就的、有教養的、完美的人的重要標準。由此可見，禮使人民的行動合理，樂使人民的性情沖和，而詩可以進一步起通情達理的作用。孔子曰：「不知命，無以爲君子也；不知禮，無以立也；不知言，無以知人也。」〔註17〕終究孔子的樂教思想裏，要能聞「詩」，聞「禮」，而知「樂」，「不學禮，無以立。」〔註18〕「知音而不知樂者，眾庶是也。」（〈樂本〉）

貳、孟子的樂教思想

一、孟子簡介

孟子名軻，字子輿，鄒人。鄒本是春秋邾國，到了孟子的時代，改稱鄒國，在今天的山東鄒縣東南。他的生存年代大約在西元前三七二年至西元前二八九年之間。孟子具有聰穎的資質，幼年受到母親仉氏的良好教誨，受業於子思的門人。精通五經，在《詩》、《書》方面，尤其具有獨到的領會。時楊朱、墨翟的思想極爲流行，而傳統的仁義思想反而闇然不彰。於是他一面駁斥楊墨，一面極力闡揚孔子思想。

孟子主張性善學說，認爲人之性有四端，即是惻隱之心、羞惡之心、辭讓之心、是非之心。孟子認爲有了惻隱之心，才能體恤他人，仁民愛物；有了羞惡之心，才能知禮明恥、明辨是非；有了辭讓之心，才能恭敬謙讓、尊賢禮卑；有了是非之心，才能明辨正誤，去捨無誤。此四端是先天而內在的，

〔註17〕見《論語・堯曰第二十》，《十三經注疏》本，頁180。

〔註18〕陳亢問於伯魚曰：「子亦有異聞乎？」對曰：「未也。嘗獨立，鯉趨而過庭，曰：『學詩乎？』對曰：『未也。』『不學詩，無以言。』他日，又獨立，鯉趨而過庭，曰：『學禮乎？』對曰：『未也。』『不學禮，無以立。』鯉退而學禮，聞斯二者。」陳亢退而喜曰：「問一得三，聞詩，聞禮，又聞君子之遠其子也。」見《論語・季氏第十六》，《十三經注疏》本，頁150。

人當自覺地擴充這善良的天賦，使自己的生命充實而有光輝。

以孟子、荀子相比，荀子在經書之傳承方面固然功勞甚大，而孟子在儒學思想的開展上，也有不可磨滅的貢獻。他在心性論方面，有性善與四端之說、義利之辨與養氣成德工夫；在政治思想方面，「民貴君輕」、「仁政王道」以及「德治」的論見，都有很高的價值與深刻的理論意義。如果說孔子是儒家思想的創造者，那麼孟子便是建立儒家思想完整體系的哲人，在我國經學史上的地位非常重要，在儒家樂教對後世的影響也僅次於至聖先師孔子，以下簡述孟子的樂教思想。

二、孟子的樂教思想言論

（一）禮之實、樂之實

孟子繼承孔子之學，以性善作為道德的根源，肯定孔子仁義之學植基於仁義所性的「仁聲」價值，以及由仁義所引發的手舞足蹈的欣悅之樂。此見於《孟子·盡心》章句上，孟子曰：

> 仁言不如仁聲之入人深也。善政不如善教之得民也。善政民畏
> 之，善教民愛能；善政得民財，善教得民心。〔註19〕

這段話的意思是說，仁厚的言語，不如有仁厚的聲望那樣感人深切。「仁聲」，指的是雅頌樂聲。孟子的仁是言政教法度之言，意思為仁聲、樂聲、雅頌之聲也。『仁』在之於政，雖明但不如雅頌之聲感人心之深刻，善政又不如善教之得民心。所以說孟子的至善，較得民心。孟子言仁、言為政。教法度之言，不若仁聲、樂聲、雅頌之聲感人心之深也。善政使民不違上，又不若善教而得民之易也。以其善政出於法度之初，有刑威以實行之，故民心以畏之；善教本是人之德性，有仁愛恩惠以懷之，故民有以愛之。正義曰：

> 明法審令，民趨君命；崇寬務化，民愛君德。故曰：移風易俗，
> 莫善於樂者也。〔註20〕

孟子曰：

> 仁之實，事親是也。義之實，從兄是也。智之實，知斯二者弗
> 去是也。禮之實，節文斯二者是也。樂之實，樂斯二者。樂則生矣，
> 生則惡可已也，惡可已，則不知足之蹈之，手之舞之。〔註21〕

〔註19〕見《孟子注疏·盡心》卷十三上，《十三經注疏》本，頁231。
〔註20〕見《孟子注疏·盡心》卷十三上，《十三經注疏》本，頁232。
〔註21〕見《孟子注疏·離婁》卷七下，《十三經注疏》本，頁137。

仁主於愛，而愛莫切於事親。義主於敬，而敬莫先於從兄。故仁義之道，其用至廣，而其實不越於事親、從兄之間。蓋良心之發，最爲切近，而精實者，有子以孝悌爲之，爲仁之本，其意亦猶此也。故以孟子之意，仁的實際內容是孝敬父母，義的實際內容是順從兄長，而智的實際內容是懂得這兩點而不去違背它，又禮的實際內容是，使不失其節地遵循以上這兩點。音樂的實際內容是要喜歡這兩點，樂趣就會產生。樂趣一產生就不可抑止，不可抑止後，就會情不自禁地投足舉手、手舞足蹈起來。

（二）樂民之樂者，民亦樂其樂

孟子曰：「樂民之樂者，民亦樂其樂；憂民之憂者，民亦憂其憂。」〔註22〕孟子的時代，孟子提倡君民同樂，其於〈梁惠王〉篇言：「樂民之樂者，民亦樂其樂；憂民之憂者，民亦憂其憂。」其時在周朝貴族統治已分崩離析的戰國中期。當時的封建諸侯國，在相互的武力兼併中爭奪天下。面對劇烈變革的社會現實，孟子承襲了孔子「信而好古」的復古思想和天命論，在政治上，主張恢復周制，提倡法先王。與孔子不同的是，他從孔子的「仁」學出發，推演出「仁政」理論，即從維護貴族統治階級根本利益的深層動機出發，強調「民爲貴」，「社稷次之」，「君爲輕」，希望君主做到「君正君仁」，通過「得其民心」而「得天下」。他對暴政作了某些批判，對民眾表示了一定的關懷。這與他「與民同樂」的思想有直接的連繫，無一不落實在「以民爲本」的這個核心上。孟子的思想體現出無限對人類關懷的精神。他把民眾看成是仁政的根本，因此，人的生活需要、生存狀態都成爲他關注的重要方面，得民心也就成爲仁政的關鍵問題。在《梁惠王下》中記有如下對話內容：

> 孟子見於王曰：「王嘗語莊子以好樂，有諸？」
>
> 王變乎色，曰：「寡人非能好先王之樂也，直好世俗之樂耳。」
>
> 曰：「王之好樂甚，則齊其庶幾乎！今之樂猶古之樂也。」
>
> 曰：「可得聞與？」
>
> 曰：「獨樂樂，與人樂樂，孰樂？」
>
> 曰：「不若與人。」
>
> 曰：「與少樂樂，與眾樂樂，孰樂？」
>
> 曰：「不若與眾。」
>
> 臣請爲王言樂。今王鼓樂於此，百姓聞王鍾鼓之聲，管籥之音，

〔註22〕見《孟子注疏・梁惠王》卷二上，《十三經注疏》本，頁33。

舉疾首蹙頞而相告曰：「吾王之好鼓樂夫，何使我至於此極也？父子不相見，兄弟妻子離散。」今王田獵於此，百姓聞王車馬之音，見羽旄之美，舉疾首蹙頞而相告曰：「吾王之好田獵夫，何使我至於此極也？父子不相見，兄弟妻子離散。」此無他，不與民同樂也。

今王鼓樂於此，百姓聞王鍾鼓之聲，管籥之音，舉欣欣然有喜色而相告曰：「吾王庶幾無疾病與，何以能鼓樂也？」今王田獵於此，百姓聞王車馬之音，見羽旄之美，舉欣欣然有喜色而相告曰：「吾王庶幾無疾病與，何以能田獵？」此無他，與民同樂也。〔註23〕

齊宣王喜歡音樂，喜歡的雖然是一般世俗的音樂，孟子認為齊王既然非常喜歡音樂，那齊國想必治理得不錯，是人民有此福氣也。因為齊宣王所喜歡的「現在的音樂」不管是那一種音樂，它都是源自於古代音樂而來，一個人會喜歡音樂，定是其心善良，其愛能普大眾。所以孟子才會問齊宣王：「一個人單獨欣賞音樂感到快樂呢，還是與人民一起欣賞音樂比較快樂？與少數人一道欣賞音樂感到快樂呢？還是跟多數人共同欣賞音樂比較快樂？」等齊宣王回答說不如跟多數人共同欣賞更快樂後，孟子趁勢接著與齊王談論有關於音樂欣賞的問題。

因為孟子主張人性是固有的、相通的，審美能力也是先驗的，所以認為文藝審美活動應具有廣泛的社會性，應以群體鑒賞、交流的形式進行，以便發揮它的社會功能。那麼，藝術審美就不可由個人或少數人獨佔獨享，最好是「與眾樂樂」。這種「與民同樂」的思想，與墨子因藝術審美活動會勞民傷財，而要予以取締的「非樂」主張相比，顯然更為符合審美規律和歷史發展規律。同時，也應看到孟子「與民同樂」的主張，其深層意義是有著鮮明的政治旨歸的。他在具體列舉「與民同樂」的實施形式及效果時，曾不加掩飾地說：「與百姓同樂」則王矣。「樂以天下，憂以天下，然而不王者，未之有也。」〔註24〕他還論及了只顧「獨樂」或只「與少樂樂」的帝王，因其倒行逆施，與民眾為敵，致使民欲與之偕亡，「雖有臺池鳥獸，豈能獨樂哉？」〔註25〕

由此可見，孟子力倡「與眾樂樂」，是其所標榜的「施仁政」的一個組成

〔註23〕見《孟子・梁惠王》卷二上，《十三經注疏》本，頁29。
〔註24〕見《孟子・梁惠王》卷二上，《十三經注疏》本，頁33。
〔註25〕見《孟子・梁惠王》卷二上，《十三經注疏》本，頁11。

部分，是推行「仁政」的手段之一。儘管「與民同樂」在當時只能是他的虛
幻的主觀理想，但在客觀上畢竟反映了人民大眾的要求，顯示了一定的民主
思想，構成了儒家文藝美學的內涵特色之一。

　　孟子在向齊宣王說明音樂欣賞的問題的同時，趁機把王道仁政的思想，
灌輸給齊宣王，實在沒有別的原因，就希望齊王能跟百姓共同歡樂。如果齊
王能夠做到與百姓同歡樂，那就可以實行王道於全天下了。在推行王道仁政
的同時，孟子亦提醒治國的王者，藉欣賞音樂進而禮賢下士造福庶人，讓社
會有一片祥瑞和氣而不致於王者獨樂樂。孟子認為做為君主要賢能有修養，
才能憂民之憂，樂民之樂去推行仁政，如不能與百姓一齊歡樂或同甘共苦，
不能為百姓設想，那就枉談施行仁政了。孟子透過禮樂，讓治國的王者能禮
賢下士、造福庶人。

參、荀子的樂教思想

一、荀子簡介

　　荀子是先秦儒家的最後一個大師，既是儒家，其音樂思想的傾向定受孔
子之影響。儒家的音樂思想論述，當由孔子說起，孔子對音樂雖然沒有創建
一套有系統的理論，但他對於音樂所發表的主張，卻對後來儒家的音樂思想，
產生重大的影響，也牽動了整個華夏民族往後的禮樂思想及觀念。荀子自稱
受教於儒業，對於儒家學派，他尊崇孔子，並以儒家的《禮》、《樂》、《詩》、
《書》來教育學生。荀子的音樂思想及論述，除了在〈樂論〉篇有精闢的見
解外，在〈勸學〉、〈不苟〉、〈儒效〉、〈富國〉、〈臣道〉、〈天論〉、〈禮論〉篇
也都有不少的論述。關於音樂方面的論述，是荀子思想的重要一環，其思辨
之深遠、見解之精闢，不僅對當時及後來的歷史，發生了深遠的影響，就是
對現代的社會文明，精神建設也具有重要的借鑒價值和意義。

二、荀子的〈樂論〉對墨子的〈非樂〉的駁斥

　　荀子的〈樂論〉論述，主要來自於對墨子的〈非樂〉的駁斥。墨子因為
經歷春秋的戰爭，看到政治的混亂，社會風氣的敗壞，道德自律的解體，人
類幾乎像又回到原始狩獵為生的日子。文明已不復存在，現狀充滿著屠殺、
分割、貪婪、仇恨、粗暴，一切事件都趨向荒蕪。人命如草芒，人生只不過
是罪惡和不幸的受難。墨子感情的複雜，是可以想見的。他對現實的不滿、
對現行的一切反感忿恨，他開始咆哮了。墨子為了矯正時弊，樹立新風氣，

看到當時社會上生活的不平等，秩序的敗壞，為了矯正失序的社會，他以身作則，刻苦勞動，他不希望社會上的人，因為吃不飽穿不暖而受苦受累。墨子釐訂了一個生活水準，內容包含食、衣、住、行、育、樂各項，其儉約標準相當高，一般人甚難達成，墨子卻以身作則地去實踐它。墨子認為社會的動亂來自於在上位者的奢華享受，而「樂」的享樂，更為其所極力排斥，所以墨子提倡「非樂」，而處於相近時代的荀子對樂的認知，卻與其大異其趣。荀子的〈樂論〉全文不足兩千字，竟七次斥責墨子〈非樂〉。〈樂論〉雖是針對墨子的〈非樂〉而發的，但他在論述音樂的興起及其作用時，所作的理論分析卻是精深識遠，其內容之豐富、相當具有建設性，遠遠凌駕於前賢之上。

　　本節筆者將以荀子駁斥墨子〈非樂〉之不當及荀子有關「樂」的論述旨意，試為闡釋之。以下為荀子在〈樂論〉篇駁斥墨子〈非樂〉的七個理由：

（一）〈樂論〉駁斥墨子〈非樂〉的理由

1、是先王立樂之方也

荀子曰：

　　　　夫樂者，樂也，人情之所必不免也，故人不能無樂。樂則必發於聲音，形於動靜，而人之道，聲音、動靜、性術之變，盡是矣。故人不能不樂，樂則不能無形，形而不為道，則不能無亂。先王惡其亂也，故制雅、頌之聲以道之，使其聲足以樂而不流，使其文足以辨而不諰，使其曲直繁省廉肉節奏足以感動人之善心，使夫邪汙之氣無由得接焉；是先王立樂之方也，而墨子非之，奈何？〔註26〕

本段文字的大意是：「音樂就是人的快樂感情的表現。是人的感情所不能缺少的，故人不能沒有喜樂。人的喜樂，必定流露在聲音中，並表現於動靜上，而做人的道理感情的變化，全部都表現在音樂之中，所以，人不能沒有音樂，有了音樂就不能不表現於形式，表現形式而不加以引導，就會發生紊亂。先王厭惡其紊亂，所以制作了雅、頌之音樂來誘導人們，使這些樂音足以表現和樂而不淫邪，使它的節奏完全清晰而不窒塞，使它的曲折平直繁簡與剛柔節奏足以感動人們的善心，使那些邪污之氣無從接觸，這就是先王制訂定樂制的道理。而墨子偏要去非議，真是無可奈何！」這是荀子在其〈樂論〉篇中，開宗明義的就駁斥墨子「非樂」之不是。

────────────────

〔註26〕見周荀況撰、唐楊倞註《荀子·樂論》卷十四，《四庫全書》本，第695冊，頁245。

2、先王立樂之術也

荀子曰：

> 故樂在宗廟之中，君臣上下同聽之，則莫不和敬；閨門之內，
> 父子兄弟同聽之，則莫不和親；鄉里族長之中，長少同聽之，則莫
> 不和順。故樂者，審一以定和者也，比物以飾節者也，合奏以成文
> 者也，足以率一道，足以治萬變，是先王立樂之術也。而墨子非之，
> 奈何。〔註27〕

荀子說：「當音樂在宗廟中，君臣上下共同聆聽，則沒有不和敬的；在家庭中，
父子兄弟一同來聆聽，則沒有不和親的；在鄉里親族中聆聽它，長少共同聆
聽它，就沒有不諧和而溫順的。所以、音樂是審於中聲而定其和調的，配合
上樂器來調整節奏，是聯合節奏以成文飾的，這足以率行大道，足以治理萬
變的，這就是先王制定樂制的原則辦法。而墨子偏要去非議，真是無可奈何！」

3、人情之所必不免也

荀子曰：

> 故聽其雅頌之聲，而志意得廣焉；執其干戚，習其俯仰屈伸，
> 而容貌得莊焉；行其綴兆，要其節奏，而行列得正焉，進退得齊焉。
> 故樂者，出所以征誅也，入所以揖讓也，征誅揖讓，其義一也。出
> 所以征誅，則莫不聽從；入所以揖讓，則莫不從服。故樂者，天下
> 之大齊也，中和之紀也，人情之所必不免也，是先王立樂之術也。
> 而墨子非之，奈何？〔註28〕

這是荀子在〈樂論〉篇駁斥墨子非樂之第三個理由，其實是荀子第二個理由，
先王立樂之術也的補充，荀子說：「聽到雅頌的音樂，心胸可以廣大；拿起盾
斧之類的舞蹈器具，練習俯仰、屈伸的動作，容貌可以莊重，排列在適當的
位置上，會合節奏，行列就可以整齊，進退也可以齊一。所以音樂，出外可
用於征伐，入內可用於揖讓。征伐揖讓，道理都是一樣的。出外用來征伐，
天下無不聽從的；入內用來揖讓，則沒有不順從的。所以音樂是天下最大的
整齊畫一，是中和的總紀，是人情所必不能免的；這就是先王立樂的原則方
法，可是墨子卻反對音樂，真是無可奈何。」

〔註27〕 見周荀況撰、唐楊倞註《荀子‧樂論》卷十四，《四庫全書》本，第 695 冊，
頁 245。

〔註28〕 見周荀況撰、唐楊倞註《荀子‧樂論》卷十四，《四庫全書》本，第 695 冊，
頁 245～246。

4、先王之道，禮樂正其盛者也

荀子曰：

> 且樂者，先王之所以飾喜也。軍旅鈇鉞者，先王之所以飾怒也，
> 先王喜怒皆得其齊焉。是故，喜而天下和之，怒而暴亂畏之。先王
> 之道，禮樂正其盛者也。而墨子非之，故曰：「墨子之於道也，猶瞽
> 之於白黑也，猶聾之於清濁也，猶之楚而北求之也。」〔註29〕

荀子說：「音樂是先王用來文飾喜悅之情的。軍隊的行動、殺戮，是先王用來文飾憤怒之情的。先王的喜悅與憤怒，都是十分適當的，所以，先王喜悅天下人就應和他，先王憤怒，天下人就畏懼他。在先王之道中，禮和樂正是最為聖美的。而墨子卻反對音樂。」

5、先王導之以禮樂，而民和睦

> 墨子曰：「樂者，聖王之所非也，而儒者為之，過也。君子以
> 為不然。」

> 荀子曰：「樂者，聖人之所樂也，而可以善民心，其感人深，
> 其移風易俗，故先王導之以禮樂，而民和睦。夫民有好惡之情而無
> 喜怒之應，則亂。先王惡其亂也。故脩其行，正其樂，而天下順焉。
> 故齊衰之服，哭泣之聲，使人之心悲；帶甲嬰冑，歌於行伍，使人
> 之心傷；姚冶之容，鄭衛之音，使人之心淫；紳端章甫，舞韶歌武，
> 使人之心莊。故君子耳不聽淫聲，目不視女色，口不出惡言，此三
> 者，君子慎之。」〔註30〕

墨子說：「音樂是聖王所反對的，儒家卻提倡它，這是錯誤的。君子以為不是如此。」荀子在此認為，音樂是聖人所喜歡的，因為它可以改善民心，它能感動人心深處，容易移風易俗，所以先王用禮樂來誘導使人民和睦。人都有好惡的情感，如果只有好惡的感情，而沒有表達喜怒的東西來與它相應，就會發生混亂，以現代人的方式說，如遇到不如意事，要有管道讓其宣洩疏通。故脩其行，正其樂，而天下順焉。荀子在此駁斥墨子之說，音樂是聖王所喜歡，因聖王用禮和樂來引導百姓端正風俗，是故影響所及，君子耳不聽淫聲，目不視女色，口不出惡言也。

〔註29〕 見周荀況撰、唐楊倞註《荀子・樂論》卷十四，《四庫全書》本，第695冊，
頁246。
〔註30〕 同上注。

6、樂者，治人之盛者也

荀子曰：

> 樂者，樂也。君子樂得其道，小人樂得其欲。以道制欲，則樂
> 而不亂，以欲忘道，則惑而不樂。故樂者，所以導樂也；金石絲竹
> 者，所以導樂也。樂行而民嚮方矣。故樂者，治人之盛者也，而墨
> 子非之。〔註31〕

所以荀子說，音樂，是人們喜樂感情的表現，音樂是表達喜樂的。君子喜歡
音樂是爲了提高道德修養，小人喜歡音樂，是爲了滿足個人的欲望。用正道
來節制欲念，就能得到和樂而不淫亂，因爲欲念而忘記了正道，就會傷感而
不歡樂了。所以，音樂是用來引導歡樂的，金石絲竹這類的樂器演奏的音樂，
是用來引導德行的。是故「樂行而民嚮方矣」。也就是說音樂盛行，百姓就會
趨向於正確的道路。所以，音樂是治理百姓的最重要的一個方向。而墨子偏
要去非議它。

7、樂也者，和之不可變者也

荀子曰：

> 且樂也者，和之不可變者也；禮也者，理之不可易者也。樂合
> 同，禮別異，禮樂之統，管乎人心矣。窮本極變，樂之情也；著誠
> 去僞，禮之經也，墨子非之，幾遇刑也。明王已沒，莫之正也，愚
> 者學之，危其身也。君子明樂，乃其德也。亂世善惡，不此聽也。
> 於乎哀哉！不得成也！弟子免學，無所營也。〔註32〕

這是荀子駁斥墨子「非樂」的最後一個理由，他說：音樂本來就是以人的思
想性情爲依據，是和調之不可改變的原則，「禮」，是禮法不可改變的原則。
音樂要使人們和諧一致，禮則區分著人們的上下等級，禮與樂的統和，是約
束人心的。從根本上去造化人心，是音樂的本體性質，顯明眞誠，清除虛假，
這是禮的常態，而墨子卻反對。

（二）荀子與墨子對樂的認知差異

嚴格說來，墨子非樂，並不是完全反對音樂，也不是要廢除音樂。古時
之音樂與禮並重，有禮必有樂，尤其是在舉行宗教性的的大典，必須有音樂。

〔註31〕見周荀況撰、唐楊倞註《荀子·樂論》卷十四，《四庫全書》本，第695冊，
　　　　頁247。

〔註32〕同上註。

而墨子爲一宗教領袖，他又焉能完全反對音樂。他所反對者，是許多靡靡之音，及以樂的名義奢侈浪費的弊病。當時的貴族生活非常浪費，與老百姓的生活相對之下，相隔太懸殊，差距十萬八千里，故反對貴族的豪華生活。墨子親眼看到王公大人爲了挑選樂工而動員壯年男女，令其拋棄耕稼樹藝和紡織等必要工作，卻來撞鐘擊鼓，供王公大人的快樂。所以對於貴族豪華生活中的音樂自然要反對了。我們可以從這個地方到當時的社會情形，風俗敗壞，多不尚義。墨子僕僕風塵，獨自講義，其救世之精神表露無疑。

古者聖王創制節用的原則是：

> 凡天下羣百工，輪車、鞼鉋、陶、冶、梓、匠，使各從事其所能，曰：「凡足以奉給民用，諸加費不加民利則止，……諸加費不加于民利者，聖王弗爲。」〔註33〕

這個原則是建立在「民用」、「民利」的上面。墨子認爲一位古聖明的統治者，就要能「彼其愛民謹忠，利民謹厚，忠信相連，又示之以利。」〔註34〕（《墨子・節用中》）用現在的語言來說，在社會經濟政策上，就是要能增加國民所得，改善社會大眾人民的生活。所以墨子在《非樂上》說：

> 仁者之事，必務求興天下之利，除天下之害，將以爲法乎天下，利人乎即爲，不利人乎即止。〔註35〕（《墨子・非樂上》）

基於「節用」原則，墨子認爲統治者在食、衣、住、行、喪葬等方面，應屬行節約：

> 在飲食方面：能夠「增氣充虛，強體適腹」就可以。
>
> 在衣服方面：能夠「冬以禦寒，夏以禦暑」就可以。
>
> 在居住方面：能夠「避潤濕」、「禦風寒」、「別男女之禮」就可以。
>
> 在舟車方面：能夠「完固輕利」、「任重致遠」就可以。

在蓄私方面：墨子認爲男女大欲，「眞天壤之情」，「雖上世至聖必蓄私」，要在「不以傷行」，即不奪人所愛。不過，「當蓄私不可不節」。

在喪葬方面：墨子制爲葬埋之法的原則爲：「棺三寸，足以朽骨；衣三領，足以朽肉。掘地之深，下無菹漏，氣無發洩於上，壟足以期其所，則止

〔註33〕見周墨翟撰《墨子・節用中》卷六，《四庫全書》本，第848冊，頁62。
〔註34〕見周墨翟撰《墨子・節用中》卷六，《四庫全書》本，第848冊，頁62。
〔註35〕見周墨翟撰《墨子・非樂上》卷八，《四庫全書》本，第848冊，頁83。

矣。」〔註36〕（《墨子·節葬下》）其意為，棺木三寸厚、衣服三件，這樣尸骨才得以朽爛。挖掘土地的深度，以下無濕漏，腐氣不會散發到地面上為準，並可以輕易看到墳墓的所在就行了。這個法則是墨子參考古代聖王的原則而出。（棺三寸、衣三領，如此儉約在現代社會來說，環保概念深入人心，一切取之於大自然者，當節約之，是可行的，也符合現代人的觀念）

　　儒家對禮樂特別加以重視，是以禮規範人民的行動，以樂陶治人民的德行，並不如墨子所說，禮樂都是貴族階級的專利品。尤其是他對音樂採取了否定的態度。他認為音樂對於人民無益而有害，因而作「非樂」論，以宏揚他的學說。儒家適與墨家相反，孔子曾以「興於詩，立於禮，成於樂」，三者相提並論，以闡發禮樂的精神。

　　儒家重視禮樂教化，墨子是否「學儒者之業，受孔子之術」（《淮南子·要略》），我們雖不能斷定，但墨子長居於魯，在魯國受過教育。（《呂氏春秋·當染》）則是可以肯定的，墨子對禮樂教化的功能一定很清楚。但是王權式微，周文疲弊之後，行禮作樂，已徒具形式而已，所以孔子有感而發的說：「禮云禮云，玉帛云乎哉？樂云樂云，鐘鼓云乎哉？」〔註37〕到了墨子的時代，諸侯務奪侵凌，攻伐兼併，執政者「貪伐勝之名，及得之利」〔註38〕（《非攻中》），還管什麼禮樂教化。所謂禮樂制度，每下愈況，禮不成其禮，樂也只變成了王公大人恣情享樂的工具而已。樂為天地之合，禮為天地之理，樂深入人心，「窮本極變」，使由人性所發之情，在各種變化中，都能有合於理的聲容表現。禮養育人情，使人之欲有正當的滿足，內外相符，「著誠去偽」，敬畏學賢，敬天法祖，因此荀子最重禮樂。墨子以極端功利主義的觀點，謂鐘鼓琴瑟不如舟車之實用，而斷定為樂適足以勞民傷財，荒廢朝政，而不中萬民之利，為興利節用之計，故「樂之為物，不可不禁而止也。」（《墨子·非樂篇》）墨子以「樂」無益於人，因此對儒家的尚樂大肆抨擊。荀子乃作為〈樂論〉，嚴加駁斥。他基於對音樂作用的認識，主張統治者應該利用音樂來對人民進行教化，使他們移風易俗，和睦共處。所持的理由，也是以功利主義為根據的，不過他的功利思想較為客觀溫和，不似墨子的主觀偏激。〔註39〕儒家以主尚用而推重禮樂，墨家卻也主尚用而推翻禮樂。正因墨子書

〔註36〕見周墨翟撰《墨子·節葬下》卷六，《四庫全書》本，第848冊，頁67。
〔註37〕見《論語·陽貨》，《十三經注疏》本，頁156。
〔註38〕見周墨翟撰，《墨子·非攻中》卷六，《四庫全書》本，第848冊，頁56。
〔註39〕見劉大杰、王運熙等著《中國文學批評史》，上海：上海古籍出版社，1964

中有《非樂》一篇，所以荀子書中必有《樂論》一篇，以反駁之。《樂論》
篇說：

> 先王惡其亂也，故制雅頌之聲以道之，使其聲足以樂而不流，
> 使其文足以辨而不諰，使其曲直繁省廉肉節奏，足以感動人之善心。

〔註40〕

這即是雅頌之聲在政教上的作用。而所謂「樂而不流，辨而不諰」云云，也
正是「中聲之所止」的絕妙註解。我們覺得，荀子所論畢竟還是儒家觀點。
詩貴中聲，所以樂也貴中聲。荀子之重正聲而不重奸聲，即是孔子之重雅樂
而不重鄭聲。在孟子便不是如此，「今之樂猶古之樂也」，固然有些進步意義，
但也不免有些迎合時主的意思了。〔註41〕荀子與墨子對人性的見解十分類似
的地方，是由於兩人均以客觀世界之人性為研究的對象。而不像孟子是以主
觀世界之人性為研究對象的。易言之，後者著重的是「理想」的人性。前者
著重的，則是「現實」的人性。

茲將墨子、荀子兩者對「樂」的認知差異歸納如下表：

墨子《非樂》	荀子《樂論》
（1）音樂的社會功能 墨子認為「樂」是造成道德淪喪、世風日下的根源，他以極端的眼光來看待樂，因此，必須徹底全面地否定樂，乃至一切文化藝術都要禁止。	（1）音樂的社會功能 荀子說：「樂」可以善民心、可以移風易俗，音樂的社會功能在於它可以使人和睦相處，可以使人的行動整齊劃一。
（2）墨子否定「樂」的社會價值 此「樂」並不僅限於音樂，在古代「樂」還包括了歌舞頌詩，廣義的立言，墨子反對的更是一切藝術審美之活動，否定它們有任何社會價值。	（2）荀子肯定「樂」的社會價值 荀子認為音樂、舞蹈本身實際上就是人喜樂感情的外在表現，是必不可免的。
（3）其樂愈繁者，其治愈寡	

三、〈樂論〉論述的音樂本質、功用及特徵

音樂的本質是什麼？什麼是「樂」？荀子認為「樂」是以快樂為主的，

〔註40〕見周荀況撰、唐楊倞註《荀子‧樂論》卷十四，《四庫全書》本，第 695 冊，
　　　　頁 245。
〔註41〕見郭紹虞著《中國文學批評史》，台北：五南圖書出版公司，1994 年八月初版，
　　　　頁 24。

而音樂就是表現人的快樂的表徵。因為快樂是人情內心所不能免除的，但人要愉悅他的感情必先發於聲音，表現於動作。到了快樂的時候，人的情感如不以「禮」來約束節制，不以善良的方法去開導，他的情感必流於氾濫的程度。古代聖王厭惡人民的混亂妄行，是以制定了雅頌之聲，循循善誘，開導啟迪人民的善心。這是古代聖王想用禮樂來教化人民的宗旨。

（一）〈樂論〉論音樂的本質

荀子在〈樂論〉篇開宗明義的論述了甚麼是「樂」，他說：

> 夫樂者，樂也，人情之所必不免也。故人不能無樂，樂則必發
> 於聲音，形於動靜；而人之道，聲音動靜，性術之變盡是矣。〔註42〕

荀子在這一段的論述中，提出音樂可以表現人的共同感情，「夫樂者，樂也，人情之所必不免也。故人不能無樂。」闡明音樂不是自然現象的反應，是人在快樂時必發的象徵，當一個人正在快樂的時候，就會抒發情感，這就是人接受音樂後的自然反應，情感的千變萬化，都會表現在音樂之中，「故人不能不樂；樂則不能無形；形而不為道，則不能無亂。先王惡其亂也，故制雅頌之聲以道之。」〔註43〕

人若迷失理性，形影流於放縱，必將造成社會的動亂，所以聖王制定雅頌之聲來化導子民的情欲，荀子這種主張說明了「音樂」是發自人類自有的感情，而「墨子非之，奈何？」來反駁墨子之反對「音樂」是不對的。荀子在下面充分的說明了「樂」的本質，他說：「人不能不樂」，這是講音樂偏向於「樂」（ㄩㄝˋ）的發展，「樂則不能無形」，「樂」（ㄌㄜˋ）是偏於「禮」的表現。兩者經過調和之後，才能達到中正和平的高尚理想。《禮記・文王世子》說：「樂之所以脩內也；禮之所以脩外也。」所以「樂」是傾向內在的反省；「禮」則是傾向外在的規範。《樂記・樂化》篇說：「故樂也者，動於內者也；禮也者，動於外者也。」（〈樂化〉）這都說明了「樂」主內，「禮」主外的不同用途。「且樂也者，和之不可變者也；禮也者，理之不可易者也。樂合同，禮別異，禮樂之統，管乎人心矣。窮本極變，樂之情也。」〔註44〕音樂，是不可改變的調和人的原則，禮，是不可改變的「理」的原則。音樂，

〔註42〕見周荀況撰、唐楊倞註《荀子・樂論》卷十四，《四庫全書》本，第 695 冊，頁 245。
〔註43〕同上注。
〔註44〕同上注，頁 247。

使人們和諧一致；禮，區分著人們上下等級。禮與樂的總括，固定約束人心的。所以從根本上去改變人，就是音樂的本質。

（二）〈樂論〉論音樂的功用——「聽其雅頌之聲，樂而天下順焉。」

從〈樂論〉的主要內容來看，荀子主要論述了「音樂」方面的三項功用：

1、音樂能陶冶品德

音樂的影響力是十分強烈的，人們通過聽覺對這種有組織的樂音體系，進行審美觀察的時候，會悄然產生一種潛移默化的精神力量。這種潛能直接作用於人們的身心，並參與各種素質的構建，這種直沁心底的影響力，就是音樂最大的功能。導之於正道，能陶冶品行，涵養品德。

荀子曰：

> 聽其雅頌之聲而志意得廣焉；執其干戚，習其俯、仰、屈、伸、
> 而容貌得莊焉；行其綴兆，要其節奏，而行列得正焉，進退得齊焉。
> 故樂者，出所以征誅也，入所以揖讓也。征誅、揖讓，其義一也。
> 出所以征誅，則莫不聽從，入所以揖讓，則莫不從服，故樂者天下
> 之大齊也，中和之紀也。人情之所必不免也，是先王立樂之術也。

〔註45〕

〈樂論〉中提到，古者樂與舞是不分的，聽樂與習舞，不獨使每個人的感官靈敏，動作活潑，儀容端正；同時可以訓練每個人的意志與思想，使人情感相融，精神統一，足以陶冶中和樂群之情。征誅、揖讓，是人們兩種極端不同的感情，但都能用不同的音樂去啟發出來。〔註46〕有如樂的聲音節奏舒展和諧、明快清晰，就能喚起人們快樂的情感。勇敢、雄壯、激奮，就能喚起人們的強烈的奮發圖強，發向上的情緒。嚴肅、端莊、誠摯的音樂，就能喚起人們肅然起敬的情感等等，音樂以其出神入化的藝術形象、發自肺腑的美好情感，去叩擊人的心靈、陶冶人的情操、提高人的精神境界、激勵人們奮發向上，同時推動社會進步。

2、音樂能移風易俗

音樂能「移風易俗，潛移默化」，這是音樂的功能之一，所謂「移風易俗」

〔註45〕見周荀況撰、唐楊倞註《荀子・樂論》卷十四，《四庫全書》本，第695冊，頁245～246。

〔註46〕見張蕙慧著《儒家樂教思想研究》，台北，文史哲出版社，民76年6月初版，頁51。

是指音樂對社會風俗的改造功能。荀子認爲當時的社會風氣是相當敗壞的，尤其是「姚冶之容、鄭衛之音，使人之心淫。」〔註47〕再說奸聲邪音，會助長歪風邪氣（指鄭衛之聲），如果淫聲邪音氾濫，就會敗壞風俗，造成父子兄弟「不和親」，鄉里鄰里「不和順」。荀子認爲只有「脩其行，正其樂」，積極的提倡「正聲」，制止「邪聲」流竄，並且使「正聲」成爲音樂的正統，才能使音樂達到改造社會風氣的功用。荀子曰：

> 夫聲樂之入人也深，其化人也速，故先王謹爲之文。樂中平，
> 則民和而不流；樂肅莊，則民齊而不亂。〔註48〕

音樂對人的影響是非常深遠的，它感化人的速度也是十分迅捷的，所以先王十分謹慎地修飾音樂。音樂中正平和，百姓就和諧而不淫邪，音樂莊嚴端正，百姓就心齊而不混亂。

　　荀子曰：

> 樂者，聖人之所樂也，而可以善民心。其感人深，其移風易俗，
> 故先王導之以禮樂，而民和睦。〔註49〕

他在〈樂論〉篇中，曾先後兩次提到「移風易俗」。可見荀子對「樂」來導向社會風氣是有期待的。荀子又特別強調指出，音樂「可以善民心，其感人深，其移風易俗易」。正聲，即正統之聲，可以激發人心向善的音樂，會促使人民「和而不充，齊而不亂」，「移風易俗、天下皆寧」，「正其樂，而天下順焉。」荀子從他的「性惡」論出發，認爲音樂藝術就是要改變惡的本性，使人成爲善良的人。荀子說：音樂的功能不在於傳授知識，而是在於陶冶美化人們的情感，荀子曰：「樂者，樂也。君子樂得其道，小人樂得其欲。」〔註50〕樂得其道，據文義來說是：喜歡音樂是爲了提高道德修養，而樂得其欲，是爲了滿足個人的欲念。道德修養或滿於個人之欲望也都美化了人生。前已述及音樂是人的喜樂感情的表現，當內心愉悅時，快樂就會形之於外在，喜怒哀樂必定流露在聲音中，表現在動靜上。

　　3、音樂能促進社會和樂

　　荀子曰：

〔註47〕見周荀況撰、唐楊倞註《荀子・樂論》卷十四，《四庫全書》本，第 695 冊，頁 246。
〔註48〕同上注。
〔註49〕同上注。
〔註50〕同上注，頁 247。

人不能不樂；樂則不能無形；形而不爲道，則不能無亂。先王
惡其亂也，故制雅頌之聲以道之。〔註51〕

荀子以爲「樂」是以「快樂」爲出發點。人若快樂，他的感情必發之於聲音，
形之於動作。果眞如此，社會群體和樂融融，國家在人民快樂的氣氛下，努
力的生產。荀子曰：

人生而有欲，欲而不得，則不能無求。求而無度量分界，則不
能不爭。爭則亂，亂則窮。〔註52〕

人生來就有慾望，慾望得不到滿足，就不能不去求取，求取沒有標準與界限，
就不能不發生爭奪，爭奪就會混亂，混亂就會不可收拾。先王憎惡這種混亂
的局面，因此制定禮義以劃分等級，目的是調節人的慾望，滿足人的要求。
使慾望不至於因爲物質的不足而得不到滿足，使物質也不至於因爲慾望而被
用盡，慾望和物質兩者在相互制約中長久保持協調，這就是禮的起源。荀子
又曰：

貴賤明，隆殺辨，和樂而不流，弟長而無遺，安燕而不亂。此
五行者，足以正身安國矣。〔註53〕

貴賤分明，繁簡有別，和樂而不淫逸，尊敬長者而無一遺漏，休憩時飲酒而
不過分。這五種行爲，足以用來端正自身的品行，國家安定，天下也就安定
了。

（三）〈樂論〉論音樂的特徵

近人蔡仲德在《中國音樂美學史》第八章「荀子的音樂美學思想」論音
樂的特徵說：

荀子對音樂表現手段的特徵、藝術形式的特徵的認識，認爲
音樂是「聲音」的藝術，而「聲音」有諸多因素，其基本規律是「審
一定和」。」《樂論》說：「樂者，樂也，人情之所必不免也。……
人之道，聲音、動靜，性術之變盡是矣。」又說：窮本極變，樂之
情也。這裏的「本」，指人的本性；「變」，即「性術之變」，指本性

〔註51〕見周荀況撰、唐楊倞註《荀子·樂論》卷十四，《四庫全書》本，第695冊，
　　　　頁245。
〔註52〕見周荀況撰、唐楊倞註《荀子·禮論》卷十三，《四庫全書》本，第695冊，
　　　　頁233。
〔註53〕見周荀況撰、唐楊倞註《荀子·樂論》卷十四，《四庫全書》本，第695冊，
　　　　頁247。

的種種變化，表現爲思想感情；「是」，指「聲音」、「動靜」，即音樂、舞蹈。這樣，荀子就把音樂與「人之道」聯繫了起來，認爲音樂雖是聲音的藝術，卻不是爲聲音而聲音，而是通過聲音表現了人的喜樂之情，表現了人的本性及其種種變化。這是荀子對音樂表現對象的認識。從西周末到戰國末，對音樂表現手段的特徵、藝術形式的特徵的認識經歷了一個漫長的過程。西周末的史伯、春秋末的晏嬰在論述社會政治問題時，也曾觸及這一問題，認爲「聲一無聽」，「和六律」才能「聰耳」，認爲音樂是諸多因素「相成」、「相濟」所構成。〔註54〕

以上引文是蔡仲德以「中國音樂美學史」的觀點探討荀子論「音樂」的特徵，關於「審一定和」，蔡仲德也認同清孫希旦之言。孫希旦《禮記集解》說：

> 一者，謂中聲之所止也。……蓋五聲下不逾宮，高不過羽。若下逾于宮，高過於羽，皆非所謂和也。故審中聲者，所以定其和也。然五聲皆爲中聲，而宮聲乃中聲之始，其四聲者皆由此而生，而爲宮聲之用焉。則審中聲以定和者，亦審乎宮聲而已，此所以謂之一也。〔註55〕

蔡仲德說清孫希旦此說可從也〔註56〕。孫希旦言：

> 一者，謂中聲之所止也，《左傳》云：「先王之樂，所以節百事也。故有五節，遲速本末以相及，中聲以降，五降之後，不容彈矣。於是有煩手滛聲，慆堙心耳，乃忘平和。」蓋五聲下不逾宮，高不過羽。若下逾于宮，高過於羽，皆非所謂和也。〔註57〕

五聲之中，音準要高低調和，偏低過高「皆非所謂和也」。所謂「和」者，各家有很多種的解釋〔註58〕。筆者以爲「和」者，協和也。同一組音律，某音過高或過低都會造成突兀，破壞整首音樂旋律外，也紊亂了演奏者的情緒。

〔註54〕見蔡仲德著《中國音樂美學史》上冊，北京，人民音樂出版社，2004年3月1版，頁183。

〔註55〕見清孫希旦著《禮記集解‧樂記》卷三十八，台北：文史哲出版社，1990年8月文一版，頁1033。

〔註56〕見蔡仲德著《中國音樂美學史》上冊，北京，人民音樂出版社，2004年3月1版，頁184。

〔註57〕見《春秋左傳注疏》卷四十一，《十三經注疏》本，頁708。

〔註58〕見清孫希旦著《禮記集解‧樂記》卷三十八，台北：文史哲出版社，1990年8月文一版，頁1033。

近人吉聯抗對調和五音做了以下的解釋：

> 先王的樂，是用於調節各種事物的呀，所以有五聲的節制，使
> 遲緩、快速、本根、末梢互相補充。從中聲往下數，數到五次後，
> 不能再彈啦，（再彈的話）就會有煩手淫聲，擾亂人的心意和聽覺，
> 使人忘失平和的天性，所以君子不聽的呀。〔註59〕

以清人孫希旦的了解來說，可以知道「審一以定和」之意，是音樂的聲音，
必須是「中」而不「淫」，必須審查確立一個「中聲」為基礎，（也就是先確
立主音）以它為主音，用來產生其他各音。所謂「一者」，正是「審一定和」
的意思，筆者也認為音樂的特徵是「審一以定和」，認定一個基本的「音」來
確保音調（音高）〔註60〕的標準，一支曲子，一個演奏，只有先確立一個主
音、主調，其他的音調再和主音相互配合和呼應，偕同其他樂器來調整音
樂進行的旋律、節奏等，「審一以定和」在音樂中的道理，是用來調整音樂中
進行的各種各式的變化，固定合奏而形成和諧的曲調，才能使音樂優美動聽。

荀子曰：

> 凡姦聲感人而逆氣應之，逆氣成象而亂生焉；正聲感人而順氣
> 應之，順氣成象而治生焉。唱和有應，善惡相象，故君子慎其所去
> 就也。〔註61〕

就像荀子說的，凡是淫邪的音樂感染人的時候，就必定有歪風邪氣應和它，
歪風邪氣形成一種風氣時，於是乎社會混亂就此產生。所以需要適時的用雅
正的音樂來感化人，正氣就會應和它，當社會正氣形成一股風氣時，社會的
太平就出現了。唱與和相呼應，善與惡相隨，形成風氣，所以君子應該用最
審慎的心情，謹慎於音樂之取捨。在宗廟之中，在君臣上下之間，父子兄弟
之間，音樂能夠發揮「和敬」、「和親」、「和順」的功能，而達「足以率一道、

〔註59〕見吉聯抗譯注《春秋戰國秦漢音樂史料譯注》，台北：源流文化事業有限公司
　　　　出版，1982 年八月初版，頁 25。

〔註60〕音高（Pitch）在 20 世紀初，國際上流行 A435 與標準的 A440，美國另有一種
　　　　超音高 A444，看起來很少音樂家對此沒有異議，音樂協會曾對利用超音高的
　　　　會員，處以罰款，1917 年美國音樂家聯盟以 A440c/s.（以 a✓ 每秒之振盪數
　　　　440 為基準，鋼琴定在第 49 鍵）為公認的音樂稱之為"標準音高"，美國的度
　　　　量衡總局於 1920 年公認此數為合法。見黃芝秀譯《科學圖書大庫・鋼琴科學
　　　　調音與修護》臺北：臺北市徐氏基金會出版，中華民國六十六年十月二十日
　　　　初版，頁 9～12。

〔註61〕見周荀況撰、唐楊倞註《荀子・樂論》卷十四，《四庫全書》本，第 695 冊，
　　　　頁 246。

足以治萬變」的效果。所謂「審一定和」者,它的隱喻內涵在人的話,則「足以率一道,足以治萬變。」〔註62〕矣,完全能夠用來統率做人的道理,才足以應付萬般世事的變化。也只有這樣的音樂才能做到「窮本極變,樂之情也」〔註63〕,把千變萬化的複雜感情,淋漓盡致地從音樂中呈現出來。

(四)〈樂論〉與《樂記》類似文字對照表

荀子《樂論》	《樂記》
●夫樂者,樂也,人情之所【必不】免也。【故人不能無樂,樂則】必發於聲音,形於動靜。	●夫樂者,樂也,人情之所不能免也。樂必發於聲音。形於動靜。
●【而】人之道也,聲音動靜,性術之變,盡【是】矣。故人不【能不】樂。樂【則不能】無形。形而不爲道,【則不能】無亂。	●人之道也,聲音動靜,性術之變。盡於此矣。故人不耐無樂。樂不耐無形。形而不爲道,不耐無亂。
●先王【惡】其亂【也】,故製雅頌之聲以道之。使其聲足樂而不流,使其文足【以辨而不諰】。使其曲直、繁瘠、廉肉、節奏,足以感動人之善心,【使夫邪汙之】氣【無由】得接焉。是先王立樂之方也。	●先王恥其亂,故製雅頌之聲以道之。使其聲足樂而不流,使其文足論而不息,使其曲直、繁瘠、廉肉、節奏,足以感動人之善心【而已矣】。不使放心邪氣得接焉。是先王立樂之方也。
●故樂在宗廟之中,君臣上下同聽之,則莫不和敬;【閨門之內,父子兄弟同聽之,則莫不和親;鄉里族長之中,長少同聽之,則莫不和順。】故樂者,審一以定和【也】;比物以飾節【者也】;【合奏】以成文【者也】;【足以率一道,足以治萬變】;是先王立樂之【術】也。	●【是】故,樂在宗廟之中。君臣上下同聽之,則莫不和敬;在族長鄉里之中,長幼同聽之,則莫不和順;【在】閨門之內,父子兄弟同聽之,則莫不和親。故樂者,審一以定和,比物以飾節,節奏合以成文,所以合和父子君臣,附親萬民也,是先王立樂之方也。
●故聽其雅頌之聲,【而】志意得廣焉;執其干戚,習其俯仰【屈伸】,【而】容貌得莊焉;行其綴兆,要其節奏,【而】行列得正焉,進退得齊焉。	●故聽其雅頌之聲,志意得廣焉;執其干戚,習其俯仰詘信,容貌得莊焉;行其綴兆,要其節奏,行列得正焉,進退得齊焉。
●故樂者,天【下之大齊也】。中和之紀【也】,人情之所【必不】免也。	●故樂者,天地之命,中和之紀,人情之所不能免也。
●【且】樂者,先王之所以飾喜也。軍旅【鈇】鉞者,先王之所以飾怒也。先王喜怒,皆得其【齊】焉。【是故】喜【而】	●夫樂者,先王之所以飾喜也;軍旅鈇鉞者,先王之所以飾怒也。【故】先王【之】喜怒,皆得其儕焉。喜則天下和之,怒則

〔註62〕見周荀況撰、唐楊倞註《荀子‧樂論》卷十四,《四庫全書》本,第695冊,頁245。
〔註63〕同上注,頁247。

天下和之，怒【而】暴亂者畏之，先王之道，禮樂【正其】盛【者也】。	暴亂者畏之，先王之道，禮樂可謂盛矣。
●凡姦聲感人，而逆氣應之，逆氣成象，而【亂生】焉。正聲感人，而順氣應之，順氣成象，而【治生】焉。唱和有應，【善惡相象】。【故君子慎其所去就也。】	●凡姦聲感人，而逆氣應之，逆氣成象，而淫樂興焉。正聲感人，而順氣應之，順氣成象，而和樂興焉。倡和有應，回邪曲直，各歸其分，而萬物之理，各以類相動也。
●故【其】清明象天，【其】廣大象地，【其俯仰周旋有似于】四時。	●【是】故，清明象天，廣大象地，終始象四時，周還象風雨。
●故樂行而【志】清，【禮修而行成】，耳目聰明，血氣和平，移風易俗，天下皆寧，【美善相樂】。	●故樂行而倫清，耳目聰明，血氣和平，移風易俗，天下皆寧。
●故曰：樂者樂也。君子樂得其道，小人樂得其欲。以道制欲，則樂而不亂；以欲忘道，則惑而不樂。【故樂者，所以道樂也。金石絲竹，所以道德也。】樂行而民鄉方矣。	●故曰：樂者樂也。君子樂得其道，小人樂得其欲。以道制欲，則樂而不亂；以欲忘道，則惑而不樂。是故君子反情以和其志，廣樂以成其教。樂行而民鄉方可以觀德矣。
●【且】樂也者，【和】之不可變者也；禮也者，理之不可易者也。樂【合】同，禮【別】異，禮樂之【統】，管乎人【心】矣。窮本知變，樂之情也；著誠去偽，禮之經也。	●樂也者，情之不可變者也；禮也者，理之不可易者也。樂統同，禮辨異，禮樂之說，管乎人情矣。窮本知變，樂之情也；著誠去偽，禮之經也。

　　在《樂記》的研究中，加入墨子的「非樂」與荀子的《樂論》研究，乃是因為兩者都屬於先秦時期之人物，其對音樂教化之思想，足以反映當代之樂教思想，對《樂記》之成書亦有深刻之影響。故納入本論文之研究範圍。墨子以實用功利主義哲學為基楚，以行天下之義與利為目的，又以「三表」法作為論證人與審美活動間關係之方法。墨子承認音樂和文飾之美的客觀價值，但基於「上度之不中聖人之事，下度之不中萬民之利」〔註64〕，他要將此人性中最豐富的審美欲求，限制在基本的生存需要之後，使人們「必去喜去怒，去樂去悲，去愛而用仁義，手足口鼻耳，從事於義，必為聖人」〔註65〕，可見墨子不是直接從審美屬性上反對音樂，而是從其社會效用上來否定音樂，這是墨子的最大侷限性。

　　在我國美學歷史的進程中，墨子的「非樂」篇雖無舉足輕重的地位，但他明確討論了社會中「美與功利」間關係的問題，並引發了各家對此問題的

〔註64〕　見周墨翟撰，《墨子‧非樂》卷八，《四庫全書》本，第848冊，頁84。
〔註65〕　見周墨翟撰，《墨子‧貴義》卷十二，《四庫全書》本，第848冊，頁113～114。

考察與重視，其影響不可謂不大矣。

先秦諸子對墨子的評論，或有切中要害之處，只是不可否認的是，他們都一致欽敬墨子矻矻救世之理想，連斥責墨子為「無父」的孟子，也讚嘆墨子「兼愛，摩頂放踵利天下為之」（〈孟子‧盡心上〉），《史記‧太史公自序》亦云：「墨者儉而難遵……使天下法若此，則尊卑無別也。夫世異時移，事業不必同。」〔註66〕

這也正是墨子被荀子斥蔽於用文，而不知文後，還能深植人心、傳頌千古、尊為先賢典範之處了。其實我們必須承認墨子「非樂」的出發點是正確良善的，他的目的是在譴責當時的王公大人，在音樂方面的奢侈享受，破壞了社會上藝術欣賞與物質生產之間的平衡，超越了人民經濟條件所能負擔的程度，以致天下凍餒凶餓，無以自處。因此他「非樂」進一步的用意，是與「節用」、「節葬」相通的，就是要摒絕浪費，鼓勵從事生產，以求「富貧眾寡，定危治亂」（〈節葬下〉），這是我們應該予以肯定的。但如果在國家安治富強之後，亦不能以禮樂教導人民，這就值得商榷了。

總的來說，墨子尚利，即兼相愛，交相利，其雄偉的救世思想至今雖已兩千多年，仍躍然紙上，似猶見其奮發蹈勵之精神。墨子特別強調「飢者得食，寒者得衣，勞者得息，亂者得治」〔註67〕四項政治目標，可以說極盡民生之要求，處在今日的環境中「食、衣、息、治」也是為政的要務。而墨子「非樂」的理由，有的對有的錯。墨子徵引先王之書，規勸統治者不可恣意淫樂，這是令人激賞的。他舉證說明王公大人為樂是「虧奪民衣食之財」，「不中萬民之利」，墨子對於貴族的生活，只希望能適於生活則足矣，認為生活貧富之懸殊，有害於國家，為紛亂之根源。就這些理由來看，其「非樂」可說是有理的。至於把「聖王少為為樂」解釋成「聖王不為樂」，則是強詞奪理，不足為取。

荀子是先秦儒家的最後一位大師，他不僅繼承了儒家「禮」的觀念，並將之系統化，並且繼承並發展了儒家的音樂理論。荀子把音樂理論更為系統化，他從人的本性出發，主張用「禮」規範人的行為，用「樂」調理薰陶人的本性。他的目的就是要引導人們改惡向善、去爭止亂，從而維繫社會安定。

〔註66〕見漢司馬遷撰、宋裴駰集解《史記‧太史公自序》（二）卷一百三十，《四庫全書》本，第244冊，頁944～945。

〔註67〕見周墨翟撰，《墨子‧貴義》卷十二，《四庫全書》本，第848冊，頁90。

他繼承了孔子開創的儒家思想，並有所發展和改造，是先秦末期最著名的儒學大師。他對音樂的認識從孔子而來，且更系統化。他的「先王制《雅》、《頌》之聲以道之」，「使其曲……感動人之善心」〔註68〕，「樂者，聖人之所樂也，可以善民心，其感人深，其移風易俗」〔註69〕等觀點，與孔子是一脈相承，沒有二致。荀子雖然重視音樂的功能和製作、欣賞的

目的性，而且將音樂的社會作用提到很高的程度，但荀子不是唯樂主義者。他清楚地知道，單憑音樂的作用，是不能完全改變人生和國家的。「樂」必須與禮相結合，形成合力，才能發揮社會教化的作用。所以荀子論樂的時候，處處講「禮」，而在講「禮」的時候，也經常論到「樂」。荀子說「窮本極變，樂之情也；著誠去偽，禮之經也」就是以「禮」來導「樂」。

第二節　《樂記》對社會的教化功能

壹、上古社會音樂的教化功能

我國在音樂發展上有其獨到之處。上古時期所建立的音樂思想，以及正確的音樂觀，迄今仍足以傲視全世界。周朝在政、經、文、教各方面，都有輝煌的成就，自「西元前1122年西周武王姬發敗紂王於牧野起」〔註70〕，至西元前256年東周赧王延為秦所滅止之八百餘年間，雖經歷了春秋五霸（齊桓公、晉文公、宋襄公、秦穆公、楚莊王）及戰國七雄（齊、楚、燕、韓、趙、魏、秦）等一段混亂的時期，但大致說來文物鼎盛，政治修明，學術發達，形成了我國古代的黃金時期。在如此豐厚的政經文治條件下，周人在我國音樂史上，開啓了一顆燦爛的「明珠」，照出了中華民族幾千年來的輝煌。因此自古以來，我們即稱「禮樂之邦」，此稱號的由來，應與周公旦〔註71〕的

〔註68〕見周荀況撰、唐楊倞註《荀子·樂論》卷十四，《四庫全書》本，第695冊，頁245。

〔註69〕同上注，頁246。

〔註70〕按許倬雲著《西周史》統計西周年代克殷之年，各家說法十分複雜，迄無定論。今姑採西元前1122年之說，在古籍中《帝王世紀》、《通鑑外紀》、《通志》、《皇極經世》、《通考》等及近人吳其昌皆主此說。見許倬雲著《西周史》，台北：聯經出版公司，1984年十月初版，頁3。

〔註71〕西元前1115年，武王歿，子成王即位。因年幼，由武王弟周公旦攝政。迄西元前1109年，周公旦還政於成王。此前後七年間，周公旦制禮作樂，教化百姓，奠定了周朝強盛之基石。見林達禮編著《中華五千年大事記》，台南：大

制禮作樂有關。

　　中國向有「禮樂之邦」，「文化古國」的美譽，是由於中華文化經過了長時間，廣袤的地域，以及多民族的三度圓融下的自然天成。社會百姓的教化，自然與生活息息相關，生活又與音樂連結在一起，二十世紀的今天，炎黃子孫大家耳熟能詳的〈擊壤歌〉已生活口語化，其中「日出而作，日入而息」說來簡單，聽來親切，這就是先民在唐堯時代的「農家樂」。

　　文學在發展的初期，詩樂是緊密聯繫的。《尚書・堯典》云：

　　　　帝曰：「夔！命汝典樂，教胄子，直而溫，寬而栗，剛而無虐，
　　　　簡而無傲。詩言志，歌永言，聲依永，律和聲。八音克諧，無相奪
　　　　倫，神人以和。」〔註72〕

從上引文可證，上古的社會「詩和樂」是緊緊的連繫在一起。從文學起源來看，一般是伴隨著節奏而產生音樂，因音樂而產生歌辭。在先秦，樂和詩是不分的，同樣起著言志和育人的作用。《荀子・樂論》中的「君子以鐘鼓導志，以琴瑟樂心動其干戚。」〔註73〕和《周禮・大司樂》中的「以樂語教國子，興道諷誦言語。」〔註74〕都說明了樂的重要功用。孔子不但在個人教養上非常重視樂，並且在政治上繼承古代的傳承，同樣加以重視。如《論語・陽貨》篇所載：

　　　　子之武城，聞弦歌之聲。夫子莞爾而笑曰：「割雞焉用牛刀？」
　　　　子游對曰：「昔者偃也聞諸夫子曰：『君子學道則愛人，小人學道則
　　　　易使也。』」子曰：「二三子！偃之言是也。前言戲之耳。」〔註75〕

這裏的「弦歌之聲」是以樂為中心的教育，「君子、小人」是就社會上的地位來區分的。在這一段話裡，孔子以開玩笑的口氣說子游以音樂治理武城這個小地方是大材小用「割雞焉用牛刀？」。子游很正經地向孔子提出辯駁，因為他以樂教潛移默化人民的治理方式，其實是導因於孔子的教導「君子學道則愛人，小人學道則易使也」。這時孔子也不得不承認子游所說，也只得趕緊說「偃之言是也。前言戲之耳」。從這段對話中，暗示了三種意思：一是弦歌之

　　　　孚書局有限公司，2004年十月再版。頁25。
〔註72〕見《尚書・舜典》，《十三經注疏》本，頁46。
〔註73〕見周荀況撰、唐楊倞註《荀子・樂論》卷十四，《四庫全書》本，第695冊，
　　　　頁246。
〔註74〕見《周禮・春官・大司樂》，《十三經注疏》本，頁337。
〔註75〕見《論語・陽貨第十七》，《十三經注疏》本，頁154。

聲，即是「學道」；二是弦歌之聲下逮於「小人」，即下逮一般百姓；三是通過弦歌之聲，可以達到合理的政治要求。〔註76〕

《樂記》云：「聽其《雅》、《頌》之聲，志意得廣焉。」〔註77〕

周濂溪曰：

> 古者聖王制禮法，修教化，三綱正，「九疇」〔註78〕敘，百姓大和，萬物咸若。乃作樂以宣八風之氣，以平天下之情。故樂聲淡而不傷，和而不淫。入其耳，感其心，莫不淡且和焉。〔註79〕

一、制禮作樂

周公之「制禮作樂」〔註80〕，是傳統文化的進一步發展的結果。禮原於祭祀，祭祀的典章化，即成典禮。典禮繁瑣，典禮中配以樂曲，其目的是想透過禮樂的制度，來維持封建制度的宗法社會結構與秩序。故周人特別推崇敬老尊賢、慎終追遠，希冀以孝悌之道，來教導青年子弟，對於「國子」與「庶民」的子弟課程，均設有「六藝」〔註81〕，這六藝之中包含了「六樂」〔註82〕。根據《史記‧周本紀》所記載：

> 周公為師，東伐淮夷，殘奄，遷其君薄姑。成王自奄歸，在宗

〔註76〕見劉春雪、謝立峰，〈從禮記樂記篇看樂的社會作用〉，黑龍江教育學院學報，2002 年 11 月第 21 卷第 6 期，頁 97。

〔註77〕見《禮記‧樂記》，《十三經注疏》本，頁 701。

〔註78〕「九疇」，夏禹治天下的九類大法，禹治洪水，天所賜禹言大法九類也。見梁蕭統編、唐李善註《文選‧碑文下‧頭陀寺碑文》卷五十九，《四庫全書》本，第 1329 冊，頁 1008。

〔註79〕見宋不著撰人、元陳友仁增修《周禮集說‧總論》卷一，《四庫全書》本，第 95 冊，頁 297。

〔註80〕所謂「禮」，就廣義來說，就是所謂政法。周代官吏的職掌、鄉里的自治、土地的規畫、教育的設施、以及城垣道路宮室的設置，無不屬於「禮」的範圍之內。就狹義來說，則指「禮俗」。

〔註81〕見《周禮‧大司徒》：「以鄉三物教萬民而賓興之。一曰六德：『德、知、仁、聖、義、和』；二曰這行：『孝、友、睦、婣、任、恤』；三曰六藝：『禮、樂、射、御、書、數』。」，《十三經注疏本》，頁 160。

〔註82〕「養國子之道」：「乃教之六藝，一曰五禮，二曰六樂。」鄭玄對此六藝的注釋，是以大宗伯職掌中的吉、凶、賓、軍、嘉等禮，釋為「五體」以大司樂所職掌的「以樂舞教國子，舞雲門大卷、大咸、大磬、大夏、大濩、大武」之句，認為此「六樂」是黃帝的雲門（大卷），唐堯的大咸（咸池），虞舜的大韶（大磬），夏禹的（大夏），商湯的（大濩），周武王的（大武）。此六樂均配舞，用以祀天神，祭地祇，享人鬼。見《周禮‧地官‧保氏》，《十三經注疏》本，頁 212。

周，作〈多方〉。既絀殷命，襲淮夷，歸在豐，作〈周官〉，興正禮

樂，度制於是改，而民和睦，頌聲興。〔註83〕

周成王在宗周作〈多方〉，是因周朝剛剛平定了天下，擔心諸侯背叛，有感於社會道德倫理的逐漸敗壞，故作〈多方〉，說明周朝設官分職用人之法，且重新規定了禮儀，譜製了音樂，法令、制度等。《樂記·樂本》云：

故禮以道其志，樂以和其聲，政以一其行，刑以防其姦。禮、

樂、刑、政，其極一也，所以同民心而出治道也。(〈樂本〉)

先王對激發內心產生感應的外在環境特別注意，所以，使用禮儀來引導人民的志向，用音樂來調諧人民聲音，以政令來統一人們的行為，並以刑罰來遏阻人民的奸邪。這是以齊一民眾的意志，來維持宗法社會結構與秩序。周朝的禮樂制度，實際上是屬於氏族的宗法制度和等級名分的制度的綜合體。所謂「宗法制度」，就是一種宗族組織法，是以大宗和小宗來確立君統的繼承關係。殷商初期，君位繼承有時是「父死子繼」，有時是「兄終弟及」，但是到了殷商的末期，已是以父傳子了。周繼殷禮，使得這種制度更為周詳確立，所以周代的封建制度，是完全靠宗法制度來維持秩序。周天子世世代代相傳，每世的天子，都是以嫡系長子的資格繼承父位。這種「以嫡為系」〔註84〕的宗法制度，在我國其後的二千多年的封建社會裏，被認為是道統的是「禮」的重要原則，從此產生天子（王）、諸侯（公）、卿、大夫、士、庶等的階級，產生了君臣父子、上下尊卑的禮樂制度。

由以上的分析可以瞭解，周室的封建制度，其王位的繼承方式是以嫡長子為合法繼承人，並分封親屬以屏藩周室，故封土屏藩，都以同姓佔大多數。周天子在封建制度中，不僅掌握最高的政治權力，同時與諸侯之間，還具有血緣或親屬關係，所以能使政權更趨穩固，在教育上與政治及社會產生了效用。如政治上確立了階層系統，由於階級不同，其禮樂各異，在祀祖的宗廟

〔註83〕見漢司馬遷撰、宋裴駰集解，《史記·周本紀》（一）卷四，《四庫全書》本，第244冊，頁101。

〔註84〕天子是為天下的大宗，他們的眾子（包括嫡長子的諸母弟，與庶子）封為諸侯，是為小宗。每世的諸侯，也是以嫡長子的資格來繼承父位，奉始祖為大宗，他們的眾子封為卿大夫，是為小宗。每世的卿大夫也是以嫡長子的資格來繼承父位，奉始祖為大宗，他們的眾子各領有食地是為小宗。凡大宗必是始祖的嫡裔，而小宗則是宗其高祖，或宗其曾祖，或宗其祖，宗其父，而對大宗則都稱為庶。諸侯對天子為小宗，但在本國則為大宗，卿大夫對諸侯為小宗，但在本族則是大宗，以此類推。

制度上也有了差別。周代的禮儀制度規定，分階級層次等級不得以下僭上。
根據《禮記・祭法》所記：

> 王立七廟，一壇一墠。諸侯立五廟，一壇一墠。大夫立三廟，
> 二壇。適士，二廟一壇。官師一廟，庶士、庶人無廟。〔註85〕

《樂書》云：

> 《周禮・春官》推之大司樂，凡樂事大祭祀宿縣，遂以聲展之
> 小胥之職，正樂縣之位。王，宮縣；諸侯，軒縣；卿大夫，判縣；
> 士，特縣。辨其聲，凡縣鐘磬半爲堵，全爲肆，蓋縣鐘十二爲一堵，
> 如牆堵然。二堵爲一肆。春秋襄十年，鄭人賂晉侯，歌鐘二肆是也。

〔註86〕

在婚禮、喪禮、祭禮上，在樂隊的排列有一定的安排。天子懸鐘四面、諸侯
三面、卿與大夫二面、士僅一面。樂舞則天子八佾（八排）共六十四人；諸
侯則六佾（六排）共三十六人；大夫則四佾（四排）共十六人。〔註87〕《春
秋・公羊傳》亦提到：「天子八佾，諸公六，諸侯四。」〔註88〕。君王使用樂
舞每行人數限於八人，共八行；諸公限於每行六人，共六行；諸侯限於每行
四人，共四行。此外，被視爲禮樂重器的鐘、磬樂器的懸掛，也有規定。《周
禮・春官》云：「大司樂：掌凡樂事、大祭祀，宿懸，遂以聲展之。」〔註89〕
〈小胥〉云：「正樂縣之位：王，宮縣；諸侯，軒縣；卿大夫，判縣；士，
特縣，辨其聲。」〔註90〕，這是說：王使用樂舞時懸掛鐘磬等，樂器限於四

〔註85〕見《禮記・祭法》卷四十六，《十三經注疏》本，頁799。
〔註86〕見宋陳暘撰《樂書・樂縣上》卷一百十三，《四庫全書》本，第211冊，頁471。
〔註87〕蓋天子宮縣，每面鐘磬，各十六枚。則四面各六十四枚。諸侯以下降殺焉；
　　　　諸侯三面，則鐘磬各四十八枚。卿大夫兩面，則鐘磬各三十二枚。士一面，
　　　　則鐘磬各十有六枚。雖尊卑多寡不同，而每面皆各十六枚，故謂之肆。若諸
　　　　侯之卿大夫判縣，則每面鐘磬各八枚，兩面共鐘磬各十有六。士特縣，則各
　　　　八枚而已。惟其得每面之半，故謂之堵。肆，量詞。古代編懸樂器的單位。
　　　　懸鐘十六爲一肆。如，《左傳・襄十一年》曰：「歌鐘二肆。」見宋易祓撰《周
　　　　官總義》卷十四，《四庫全書》本，第92冊，頁441。
〔註88〕見《春秋公羊傳注疏・隱公》卷三，《十三經注疏》本，頁35。
〔註89〕見《周禮・春官・大司樂》，《十三經注疏》本，頁344。
〔註90〕見《周禮・春官・小胥》，《十三經注疏》本，頁353。《玉海》注云：「王，
　　　　宮縣，樂縣謂鐘磬之屬，縣於筍虡者。宮縣四面，象宮室四面有牆。諸侯軒
　　　　縣三面，其形曲如車輿。春秋傳成二年曰：『請曲縣繁纓，以朝諸侯之禮也去，
　　　　南面避王也。』卿大夫判縣，又去其一面，左右之合又空北面。士特縣，又
　　　　去其一面，縣於東方或於階間。」見宋王應麟撰《玉海・音樂》（三）卷一百

面；諸侯懸掛限於三面；卿大夫懸掛限於兩面；士懸掛限於一面。

　　周朝在宗法制度上所確立的宗族系統，使得禮樂在宗法社會中，蘊含著一種家族倫常的意義。周公之制禮作樂，原就是要以倫理關係來維繫政治制度的穩固。在宗法社會組織中，衍生出喪禮、喪服以及廟數之制度，使得禮樂從宗教祭祀的意義，延伸到習俗與長幼尊卑的倫常關係的規範上，對社會秩序產生了一種無形的力量。而最後也把祭禮變成為倫理教育，把祭禮繫於人道，而人道始於親親，由親親而泛愛眾，故言祭禮之實行，成為人倫道德的教育。《禮記・祭義》篇云：

> 天下之禮，致反始也，致鬼神也，致和用也，致義也，致讓也。
> 致反始，以厚其本也。致鬼神，以尊上也。致物用，以立民紀也。
> 致義，則上下不悖逆矣。致讓，以去爭也。合此五者以治天下之禮
> 也。雖有奇邪而不治者，則微矣。〔註91〕

由上可見，周人在禮的效用方面，講究五種實施方式。其一、是使人們回報上天而不忘根本。其二、是使人們進行祭祀而溝通鬼神。其三、是使百姓和陸、財用富足。其四、是使規範法紀得宜、治惡懲暴。其五、是使人們能夠互相謙讓。財用富足，可以確立綱紀，施行道義，就不會上下悖逆了。「合此五者以治天下之禮也」所以統合這五種方法來治理天下，就能達到「雖有奇邪而不治者，則微矣」的成效了。綜觀前述祭祀活動，是有禮樂的法則可以遵循的。因此，天子、諸侯、卿大夫等必須依照法則來祭祀，才算合宜，而這些祭祖的禮樂儀式，也就成為應行的孝道法則和禮樂教化的人文意義。

二、〈雅〉〈頌〉各得其所

（一）雅樂與鄭聲之辯

　　「雅」，是西周王畿的正聲雅樂，東漢鄭眾注《周禮・春官・笙師》時，對「雅」有所解釋：「雅狀如漆筒而弇口，大二圍，長五尺六寸，以羊韋鞔之，有兩紐，疏畫。」〔註92〕這樣說來，「雅」〔註93〕又是一種樂器，用這種樂器為主而吹奏的樂歌，就叫雅樂，簡稱為「雅」。「雅」也是廟堂燕享的樂歌，非一時一地一人之作。今本《詩經》有大、小二雅。至於大、小雅之別，朱

九，《四庫全書》本，第 945 冊，頁 840。
〔註91〕見《禮記・祭義》卷四十七，《十三經注疏》本，頁 807。
〔註92〕見《周禮・春官・笙師》，《十三經注疏》本，頁 366。
〔註93〕如【圖 4_28】雅，見本文第四章第二節，頁 129。

熹曰：「正小雅，燕饗之樂也。正大雅，朝會之樂，受釐陳戒之辭也。故或歡欣和說，以盡羣下之情，或恭敬齊莊，以發先王之德，辭氣不同，音節亦異。」〔註94〕按小雅正詩歌之樂也，以燕樂勞饗羣臣，故其詞氣歡欣和悅，以通上下之情。將以上二說串連起來，即在宴饗時，用雅樂器吹奏的音樂，即爲小雅；在會朝時，用雅樂器頌奏的樂章，即爲大雅。

頌，是宗廟祭祀的樂歌，乃集眾人之作。今本《詩經》有〈周頌〉、〈魯頌〉、〈商頌〉，合稱「三頌」。《詩大序》說：「頌者，美盛德之形容，以其成功告於神明者也。」〔註95〕根據鄭玄《周禮註》云：「頌之言誦也，容也，誦今之德，廣以美之。」所謂容，就是形容、讚美之意。因此，《詩經》中的頌，都是用來歌頌先公、先王、神靈等的詩。頌的另一個特色，就是除了歌詞之外，還兼有舞蹈搭配。〔註96〕

在先秦前的禮儀活動中，不同的場合搭配使用不同的音樂，有著嚴格的規範。其主要之目的是，使參加典禮的貴族及子弟受到倫理教育的感化，培養成一種安靜、和諧、莊嚴、肅穆的氣氛，以影響參與活動的貴族及其子弟。這些典禮儀式中，與之相匹配的雅樂，具有濃郁的生活氣息，之後才逐漸變得莊嚴肅穆神秘；一些積極的、有生命力的音樂，逐漸的從雅樂中被排斥了出去，而「雅」也漸和民間最有生活氣息及最活躍的俗樂對立了起來。《論語》所載孔子的一句褒貶「放鄭聲，鄭聲淫」，影響我國樂教數千年之久。遠溯周末，即有鄭、衛之樂，所謂鄭聲是指東門、溱洧之詩而言。上古時鄭國有溱水、洧水，一般男女經常到該處聚會歌唱跳舞，其舞蹈頗近當今之土風舞。但正人君子則視同放僻邪行，以爲亂俗淫樂，於是兼及桑中，濮上之衛聲，通稱謂之鄭聲。案鄭衛之音，自古以來認爲是邪淫之樂，何也？宋人張載曰：「蓋鄭衛之地濱大河，沙地土不厚，其間人自然氣輕浮，其地土苦，不費耕耨，物亦能生，故其人偷脫怠惰，馳慢頹靡。其人情如此，其聲音同之，故聞其樂，使人如此懈慢。」〔註97〕張載在數千年後，對於鄭衛人文氣息的評語，毫無保留的說，鄭衛其間人自然意氣柔弱怠惰。其土足以生，古所謂：「息土之民不才」者此也。以上所述，是爲我國歷史上有名的鄭聲與雅樂的大論

〔註94〕見宋朱熹撰《詩經集傳‧小雅二》卷四，《四庫全書》本，第72冊，頁810。
〔註95〕見《詩經‧國風‧周南》卷一，《十三經注疏》本，頁18。
〔註96〕見蔡信發、沈謙編著《詩詞曲賞析》上冊，台北：國立空中大學，1990年2月出版，頁17～18。
〔註97〕見宋張載撰《張子全書‧禮樂》卷五，《四庫全書》本，第697冊，頁158。

辯，這一論辯一直延續到後世若干年，仍無定論。〔註98〕

　　孔子世居於魯國的曲阜，屬周公旦之子伯禽的封地，周公配享天子之樂。孔子振興禮樂，在樂器方面極其講究，鐘磬絲弦，金石與匏革竹管之區分，甚至以尊卑的觀念來加以認定，這是儒家禮樂思想的高度發揮。所以孔子頌揚禮樂精神並力行提倡「雅頌音樂」，以社會美學的觀點來看，有其積極開發的意義。從孔子歌功頌德的《詩經》作品選粹精神來看，孔子是頌德主義者，在《論語・泰伯》說：

　　　　大哉堯之爲君也！巍巍乎！唯天爲大，唯堯則之。蕩蕩乎！民
　　　　無能名焉。巍巍乎！其有成功也。煥乎，其有文章！〔註99〕

孔子認爲像堯這樣的君主，眞的是太偉大、太崇高了！幾乎要像天一樣高大，也只有堯能以天爲準則。他的德行浩大無邊，連老百姓想要稱頌，都不知道如何來稱頌才好。他的功績眞是太廣了，尤其是他的禮樂制度，光焰四射呀！孔子連續不斷的讚賞堯之功業，一下「巍巍乎」！一下又是「蕩蕩乎」！無非是頌揚堯的禮樂精神。在〈季氏〉篇又曰：

　　　　天下有道，則禮、樂、征、伐自天子出；天下無道，則禮、樂、
　　　　征、伐自諸侯出。自諸侯出，蓋十世希不失矣；自大夫出，五世希
　　　　不失矣；陪臣執國命，三世希不失矣。〔註100〕

而《樂記》一書，可以說是周代禮樂與孔子詩教的綜合化身，書中闡揚禮樂教化之相輔相成，也透視了禮與樂的互依互動的完美理想。〈樂本〉提到：

　　　　是故審聲以知音，審音以知樂，審樂以知政，而治道備矣。是
　　　　故不知聲者，不可與言音。不知音者，不可與言樂。知樂則幾於
　　　　禮矣，禮樂皆得，謂之有德，德者，得也。……《清廟》之瑟，
　　　　朱弦而疏越，一倡而三嘆，有遺音者矣。……是故先王之制禮樂
　　　　也，非以極口腹耳目之欲也，將以教民平好惡，而反人道之正也。
　　　　〔註101〕

儒家傳承前人音樂，以中正平和的樂律爲主。哀愁的民俗鄉調，以及帶有怨

〔註98〕鄭國的音樂多淫聲，爲靡靡之音。故稱淫蕩不雅正的音樂爲「鄭聲」，雅樂又
　　　　稱爲正樂，古代郊廟朝會所用的音樂也，見《論語・陽貨》子曰：「惡紫之
　　　　奪朱也，惡鄭聲之亂雅樂也。」孔子此言一出，爲儒者揚起「鄭聲與雅樂」
　　　　大論辯的濫觴。
〔註99〕見《論語・泰伯》卷第八，《十三經注疏》本，頁72。
〔註100〕見《論語・季氏》卷第十六，《十三經注疏》本，頁147。
〔註101〕見《樂記・樂本》卷三十七，《十三經注疏》本，頁665。

懟的曲調，則排除在外。而旨在歌功頌德的宗廟音樂，其表現莊嚴肅靜，是典禮進行的主要氣氛。那些民間飄逸激情的俗調，當然不合於宗廟典禮、「不登大雅之堂」，雅俗相對的審美概念源自於此。宗廟音樂在儒家來說，是講求其理性的層次，而非原始感性的層面，所以《樂記》曰：「《清廟》之瑟，朱弦而疏越，壹倡而三嘆，有遺音者矣。」〔註102〕所謂「《清廟》之瑟，朱弦而疏越」，宋朝衛湜在《禮記集說》解釋云：

> 孔氏曰：「樂之隆盛在移風易俗，非崇鍾鼓之音，食饗之禮。謂宗廟祫祭在於孝敬，非在致美味。」《清廟》之瑟，謂歌《清廟》之詩，所彈之瑟也。朱弦，案《虞書·傳》云：「古者帝王升歌，《清廟》之樂大琴練弦。」此云朱弦明練之可知也。不練則體勁而聲清，練則絲熟而弦濁。瑟兩頭有孔疏通之，使兩頭孔相連，孔小則聲急，孔大則聲遲，弦聲既濁，瑟音又遲，是其質素初。壹倡之時但有三人贊歎之言，歎者少也。雖然有遺餘之音，以其貴在於德，所以有遺音，人念之不忘也。〔註103〕

而「遺音」指的是太古先王的遺音，是故「先王之制禮樂也，非以極口腹耳目之欲也。」（〈樂本〉）宗廟音樂，是典禮音樂，古代聖王之制作禮樂，不是用來滿足人們口腹耳目的慾望，或滿足生理官能的激情，而是用來教導民眾辨別愛憎，回歸到做人的正道上。禮與樂在周朝雖然是同等的比重，然畢竟樂因禮作，「雅」者本正，「頌」必莊重。故孔子曰：「吾自衛反魯，然後樂正，〈雅〉、〈頌〉、各得其所。」〔註104〕

《詩經》成書之後，〈雅〉與〈頌〉曾經出現過混亂的情形。孔子去魯凡十四載，周遊列國，至魯哀公十一年冬（周敬王三十六年）始返回魯國。此時，周室衰微而禮崩樂壞，詩、書更殘缺失次。孔子鑽研夏、商、周三代的禮儀制度，編輯書傳，上紀唐、虞之際，下至秦穆公，依事前事後加以整理

〔註102〕同上注。朱熹曰：「古人詩，只一兩句便衍得來長。又曰：『竊疑古樂有倡有嘆倡者，發歌句也，歎者繼其聲也，詩辭之外應更有疊字、散聲、以發其趣。』」見明朱載堉撰《樂律全書·操縵古樂譜》卷二十七，《四庫全書》本，第213冊，頁97。

〔註103〕見宋衛湜撰《禮記集說》（三）卷九十二，《四庫全書》本，第119冊，頁23。

〔註104〕朱注：「魯哀公十一年冬，孔子自衛返魯。是時周禮在魯，然詩樂亦頗殘闕失次。孔子周流四方，參互考訂，以知其說。晚知道終不行，故歸而正之。」見《論語·子罕》卷第九，《十三經注疏》本，頁79～80。

編排。曾對魯國樂官太師說：「樂其可知也：始作，翕如也；從之，純如也，皦如也，繹如也，以成。」〔註105〕孔子論樂在二千五百年前是如此，現代的音樂進行也是如此，音樂的進行除了要相互的會意，演奏時還要大家相互一致，節奏更要清晰明確，音色要和諧，繼續不斷維持到整首音樂曲終了。

（二）《樂記》古樂與正樂之辯

《樂記》中針對古樂與正樂的分辨有很清楚的說明。我們可以從《樂記·魏文侯》篇中看到：

> 魏文侯問於子夏曰：「吾端冕而聽古樂，則唯恐臥；聽鄭衛之音，則不知倦。敢問古樂之如彼何也？新樂之如此何也？」
>
> 子夏對曰：「今夫古樂，進旅退旅，和正以廣，弦匏笙簧，會守拊鼓，始奏以文，復亂以武，治亂以相，訊疾以雅。君子於是語，於是道古脩身及家，平均天下。此古樂之發也。今夫新樂，進俯退俯，姦聲以濫，溺而不止，及優侏儒，獶雜子女，不知父子。樂終不可以語，不以道古。此新樂之發也。今君之所問者，樂也，所好者，音也。夫樂者，與音相近而不同。」（〈魏文侯〉）

魏文侯請教於子夏說：「我身穿在宗廟舉行祭祀時的禮服聆聽古代正樂，就深怕打瞌睡而躺下；然而聽鄭國與衛國民間的流行音樂，就不知疲倦。請問古代正樂為什麼會使人昏昏欲睡，而民間流行音樂卻這麼吸引人呢？」子夏回答說：「今天所演奏的古代正樂，所有的人或進或退都整齊劃一，聲音舒緩且純正寬廣，所用的樂器有琴、瑟、匏、笙、簧，互相會合或停頓等待，絃樂管樂都聽從搏拊鼓聲的節拍與指揮。今天民間流行的新樂，是起舞的人進也彎腰退也屈脊，姦邪之聲氾濫無忌，使人沉溺其中卻不加禁止；至於那些俳優丑角，男女混糅，父子不分；樂舞結束也不能解說，也不可用來談今道古，這就是民間新樂的表演。」子夏又說：「古代天地四時順當昌隆，民眾有德而五穀豐收，既無疾疫災禍，也無妖怪異常。這就稱為太平順當。然後聖人透過『禮樂』的制度，設立父子君臣的名分，作為人際關係的綱紀。綱紀既正，沒有任何偏差，天下必安定。然後便可校正黃鐘、太簇、姑洗、蕤賓、夷則、無射等六律，調和宮、商、角、徵、羽五音，以琴瑟伴奏詩篇歌唱風、雅、頌，此謂之為『德音』也，德音謂之『樂』。子夏對於鄭、宋、衛、齊等鄰國之音樂做了一番的歸類，他認為鄭國音樂喜愛輕靡、輕佻流曼，

〔註105〕見《論語·八佾》篇，《十三經注疏》本，頁31。

使人情志放蕩。宋國音樂柔媚沉於妻妾私情，使人情志沈溺。衛國音樂急驟迫促而急速，使人心志煩亂。齊國音樂則高傲僻戾，使人情志嬌恣。

　　大家都認爲以上這四國的音樂貪戀情性而戕害德性，因此舉行祭祀時皆不宜用此類音樂，《詩》云：「肅雍和鳴，先祖是聽。」「誘民孔易」（〈魏文侯〉）它意謂虔敬而祥和的協奏，正是先祖要聽的音樂。作爲人民的君主〔註106〕，只要謹慎自己所好、所惡就行了。國君愛好的，臣下就會去做，上面流行的，民眾就會跟著去做。接著子夏對國君說不可溺於淫色害德之聲，而應該以崇尚正樂爲臣民表率，君子聽聲，當從「樂器共鳴」聲中提升自己的意志，這樣才能夠接受上天的福祉，並延及其子孫。

貳、《樂記》對先秦社會的教化功能

一、尚禮樂而民和睦

《樂記・樂施》云：

> 樂者所以象德也，禮者所以綴淫也。是故先王有大事，必有禮以哀之。有大福，必有禮以樂之。哀樂之分，皆以禮終。樂也者，聖人之所樂也，而可以善民心，其感人深，其移風易俗，故先王著其教焉。（〈樂施〉）

可知儒家教育思想中，以道德教育爲最重要。而道德教育中，除了重視做人的基本原則「孝悌」之外，就是「禮樂」。孔子是一位人倫至上的大宗師，至德要道的大哲人，他對於「禮樂」的功能，特別加以重視。孔子是以禮來規範人民的行動，以樂來陶冶人民的德行，也就是說人格教育中，除了「孝悌」之外，就是以禮樂來教民化俗，故《樂記・樂施》云：「樂也者，聖人之所樂也，而可以善民心，其感人深，其移風易俗，故先王著其教焉。」意在潛移默化中養成高尚的品德，達到教育的目的。儒家的音樂觀中，不但將禮樂並列爲道德教育的重心，也把道德列爲評鑑音樂的首要因素。在孔子的思想中，音樂不但要曲調優美，同時更重視製樂者的仁心善意，故而有〈韶〉：「盡美矣，又盡善也。」。於〈武〉有「盡美矣，未盡善也。」〔註107〕之嘆。孔子對「韶樂」讚美有加，對「武樂」以征伐取天下，認爲未盡善，就是以

〔註106〕鄭玄曰：「天子、諸侯及卿大夫，有地者皆曰君。」見《儀禮》疏卷第二十九，《十三經注疏》本，頁346。

〔註107〕見《論語・八佾第三》，《十三經注疏》本，頁32。

道德標準來品評藝術。

> 子曰：「人而不仁，如禮何？人而不仁，如樂何？」〔註108〕

在這裡孔子更進一步的闡明：人如果是沒有仁心，即使是有萬全的禮制，又能怎樣？人如果沒有仁心，即使有好聽的音樂，又能如何？這句話非常重要，就是所有的社會規範，都必須回歸到個人的道德自覺。仁人愛物的心，是需要音樂陶冶的。所以孔子以禮樂化民，以禮樂而使民和睦：

> 惡紫之奪朱也，惡鄭聲之亂雅樂也，惡利口之覆邦家者。〔註109〕

孟子在〈盡心篇〉補述：

> 孔子曰：「惡似而非者：惡莠，恐其亂苗也；惡佞，恐其亂義
> 也；惡利口，恐其亂信也；惡鄭聲，恐其亂樂也，惡紫，恐其亂朱
> 也；惡鄉原，恐其亂德也。」君子反經而已矣。經正，則庶民興；
> 庶民興，斯無邪慝矣。〔註110〕

孔子厭惡紫色奪去紅色的光彩，厭惡鄭國音樂擾亂了雅樂，厭惡花言巧語傾覆了國家，孟子在此加強補述；紫、鄭聲、利口有如鄉愿一樣是德之賊。凡是迎合流俗的，都是破壞道德的偽善，都應摒除。摒除靡靡之音，以提振人心的音樂杜絕邪念，民風自然淳正。

二、樂以養性齊心

《樂記》中談到樂之成因為「人心之感於物」，而不同喜怒哀樂心情時所奏出之樂亦有不同的情狀。〈樂本〉云：

> 樂者，音之所由生也，其本在人心之感於物也。是故其哀心感
> 者，其聲噍以殺；其樂心感者，其聲嘽以緩；其喜心感者，其聲發
> 以散；其怒心感者，其聲粗以厲；其敬心感者，其聲直以廉；其愛
> 心感者，其聲和以柔。六者非性也，感於物而後動，是故先王慎所
> 以感之者。故禮以道其志，樂以和其聲，政以一其行，刑以防其姦。
> 禮樂刑政，其極一也，所以同民心而出治道也。（〈樂本〉）

音樂都是發自於內心，興起由衷的感應，形成了快樂的、喜悅的、憤怒的、崇敬的、愛慕的、柔美的，六種不同的內心感應。這六種感應是有感於外物而後產生的不同感應；因此古代聖王重視那些對人們產生影響的事物，並用

〔註108〕見《論語・八佾第三》，《十三經注疏》本，頁26。
〔註109〕見《論語・陽貨第十七》，《十三經注疏》本，頁157。
〔註110〕見《孟子・盡心》，《十三經注疏》本，頁263。

禮來引導人們的意志，用音樂來和諧人們的情緒，用政策法令來統一人們的
行為，用刑罰來遏止人們的姦邪。禮儀、音樂、刑法、政令，它們的最終目
的只有一個，就是為了使民心齊固，而實現國家安定太平。

三、樂和政達

《樂記》云：

> 凡音者，生人心者也。情動於中，故形於聲。聲成文，謂之音。
> 是故治世之音安以樂，其政和；亂世之音怨以怒，其政乖；亡國之
> 音哀以思，其民困。聲音之道與政通矣。（〈樂本〉）

各種情感在內心活動，表現為各種聲音，繼而組成有節奏的曲調，這是最原
始的音，因此太平時代的音調是安祥而歡樂的，因為政治平和；亂世的音調
是怨恨而憤怒的，因為政治混亂；亡國的音調是悲哀而憂慮的，因為民眾困
苦。聲音的道理是與政治相通的。以音樂來修養品德，是可行的。周朝滅了
殷朝，文治武功盛極一時，周公制禮作樂，用宗法制度為本，用封建制度為
表，用禮來做為常軌，以樂涵養德行，建立富有崇高的德治政治體制，孔子
曰：

> 殷因於夏禮，所損益，可知也；周因於殷禮，所損益，可知也。
> 其或繼周者，雖百世，可知也。〔註111〕

> 又曰：周監於二代，鬱鬱乎文哉！吾從周。〔註112〕

> 又曰：「吾說夏禮，杞不足徵也。吾學殷禮，有宋存焉。吾學
> 周禮，今用之，吾從周。〔註113〕

其意思是「周朝的禮樂制度是依據夏、商兩朝代的禮制制定出來的，文物美
盛極了，我是主張遵從周代的禮樂制度文物的。」其實孔子會如是說，是因
為周禮的音樂教化以修德為要點，用禮來聘請有道德修養的人做老師，教導
國子音樂的德性，使他們都能本著六德作為習樂歌的基礎，以六律應和知道
習樂歌者所發的聲調。〔註114〕《周禮集說》卷首上曰：

> 案：《書》傳：「周公一年救亂；二年伐商；三年踐奄；四年建
> 侯衛；五年營成周；六年制禮作樂。」所制之禮，即此周禮也。鄭

〔註111〕見《論語・為政第二》，《十三經注疏》本，頁19。
〔註112〕見《論語・為政第二》，《十三經注疏》本，頁28。
〔註113〕見《禮記・中庸》，《十三經注疏》本，頁698。
〔註114〕見吳文璋著《荀子的音樂哲學》，台北：文津出版社，民83年，初版，頁127。

> 眾以《書》序言：「成王既黜殷命，還歸在豐，作周官。」以周官爲
> 此，周禮，失之矣。周公制禮之日，禮教興行，後至幽厲衰微已甚，
> 禮樂之書稍稍廢棄，其後復更散亂至秦大壞矣！〔註115〕

三代社會作爲整體，都具備了禮樂制度社會的特點，但相較而言，周禮最能透視禮樂文化的本質與特徵。這一方面是由於夏商之禮因時代久遠，多已湮沒無可考，武王伐紂，得重整已失序之社會，所以周公攝政後，按部就班的計劃一年救亂、二年伐商……六年制禮作樂也。另一方面，周王朝作爲三代社會發展的最高階段，爲周禮集夏商文化積累之大成，將禮樂制度推進到繁榮的完備階段提供了優越條件。周禮作爲綜合性的文化主體，具有將精神文化與制度文化合二爲一的特點，也就是既承負著社會意識形態的功能，同時也承載著社會的上層禮樂的功能。作爲上層的禮樂，禮意味著以國家政權強制力量爲後盾的一套禮樂制度規則，所以禮樂制度一旦崩解，豈止於散亂至秦大壞矣。

四、禮樂正而世治

周代的制禮作樂，不但以禮樂化民，同時更以禮樂治世，故《樂記》曾載：

> 天地之道，寒暑不時則疾，風雨不節則饑。教者，民之寒暑也，
> 教不時則傷世；事者，民之風雨也，事不節則無功。然則先王之爲
> 樂也，以法治也，善則行象德矣。（〈樂施〉）

先王之爲樂，不但用以治民，更將它用來賞賜給對國家有貢獻的臣民。周公爲了要維持周朝國祚的長久，在分封之後，配合表示天子、諸侯、卿大夫、士等階級的差異，於是制定了各種「禮」「樂」來區分身分與地位。在宗法社會組織中，以不同的禮樂作爲身份的表徵，使禮樂形成維繫政治階層的一種無形力量。《周禮・保氏篇》云：

> 養國子以道，乃教之『六藝』：一曰五禮，二曰六樂，三曰五
> 射，四曰五馭，五曰六書，六曰九數。〔註116〕

故禮樂的意義，從宗教祭祀之義，推展爲政治階層上代表身分地位之義；在社交生活上，具有倫常和習俗的規範義，最後還成爲教育的課程。在周初，

〔註115〕見宋不著撰人、元陳友仁增修，《周禮集說》卷首上，《四庫全書》本，第95
　　　　冊，頁253。
〔註116〕見《周禮・保氏》，《十三經注疏》本，頁212。

王室強盛之時，制禮作樂，征伐叛逆，都是出自天子。到了春秋時，天子威權式微，諸侯坐大，封建制度日益解體，代表封建社會秩序的禮樂，遂逐漸流於形式。《中庸》第二十八章曰：

> 非天子，不議禮、不制度、不考文。今天下，車同軌、書同文、行同倫，雖有其位，苟無其德，不敢作禮樂焉；雖有其德，苟無其位，亦不敢作禮樂焉。〔註117〕

議定禮儀、創制法度、考核文字、制禮作樂必由天子頒之天下，使人共行，蓋禮樂者，自天子以至於庶人，皆以修身為本，縱有天子地位，如果沒有天子應具備的德性，就不敢制定禮樂制度。雖有天子的德性，如果沒有天子的地位，也不要制定禮樂制度。而禮制有差別，用樂有等級，故禮樂之用不得僭越，何況是作禮樂之事呢？故禮樂必由天子頒之天下，使人共行。禮樂本乎人之性情，非聖人之盛德，則其性情不得其正。性情不得其正，而作禮樂，也是一種僭越。

　　孔子以禮樂施教為高尚的教育，且禮樂亦不是任何人可制定；近代學者勞思光認為，孔子立說，最初原以政治秩序問題為主。因此，孔子對「禮樂」之理論，亦以解決政治秩序問題為其歷史的誘因。孔子對當時政治之觀感，《論語》中有明白記述。〔註118〕孔子曰：

> 天下有道，則禮樂征伐自天子出；天下無道，則禮樂征伐自諸侯出。自諸侯出，蓋十世希不失矣；自大夫出，五世希不失矣；陪臣執國命，三世希不失矣。天下有道，則政不在大夫。天下有道，則庶人不議。〔註119〕

此即孔子所以要重建周文之理由，亦是孔子對實際政治問題之基本觀點。「禮樂征伐自天子出」，即表示政治秩序之確立；反之，即表示禮制崩壞。勞思光進而認為孔子既以「侵權」為政治秩序崩潰之主要問題所在，則欲建立政治秩序時，自必以「不侵權」為主；「不侵權」一義，在孔子學說中，即通過「正名」觀念以表示之。

> 子路曰：「衛君待子而為政，子將奚先？」
> 子曰：「必也，正名乎！」

〔註117〕見《禮記·中庸》，《十三經注疏》本，頁898。
〔註118〕見勞思光著《新編中國哲學史》，台北：三民書局，2004年一月重印三版三刷，頁119。
〔註119〕見《論語·季氏》，《十三經注疏》本，頁147。

　　子路曰：「有是哉！子之迂也。奚其正？」

　　子曰：「野哉，由也！君子於其所不知，蓋闕如也。名不正，
則言不順，言不順，則事不成；事不成，則禮樂不興；禮樂不興，
則刑罰不中；刑罰不中，則民無所措手足。故君子名之必可言，也
言之必可行也。君子於其言，無所苟而已矣。」〔註120〕

案此即儒家最早之名分理論。孔子未言「分」字，但言「名」時即明白透顯
此意。爲政以「正名」爲本，即是說以劃定「權分」爲本。蓋一切秩序制度，
基本上皆以決定權利義務爲目的。在一社群中，權分之分劃既明，即可建立
一生活秩序；如專就政治秩序說，一切政治制度之主要作用亦只是權分之劃
定。〔註121〕

第三節　結　語

　　音樂對世人的影響，有目共睹，尤其是中國具有五千年悠久的歷史文
化，音樂帶動了上自天子下至庶民的心情。古時宮廷駐有樂隊，民間商賈則
有戲班，平民在勞動時更以節奏吟唱著歌謠，所以音樂是所有的王公貴族、
下士平民共同不可或缺的。我國是一音樂古國，所謂「三代以上，家弦戶誦」，
因音樂與生活一起呼吸，一道作息，在長年的累積下，造就了許多的音樂故
事與成語，憑添了音樂的文雅氣質。如：伯牙與鍾子期的「知音」故事，子
期死伯牙「摔琴謝知音」，後來演變成「知音彈與知音聽，不是知音不要彈」
的孤獨與孤僻的心態。從投足、擊壤以來，華夏民族的生命律動，一直活在
音樂的氣韻裏，並與宇宙大地一起生生不息！諸多的生活成語來自於音樂！
許多的人生哲諺、訴諸音樂，古之盛德有鐘鼓之樂，來形容窈窕淑女，其情
性之和，上下相親、與琴瑟之音，宮商相應無異，若琴瑟爲友。古宗廟祭祀
之時，「琴瑟在堂」、「鐘鼓在庭」，故有「琴瑟友之」、「鐘鼓樂之」之句韻。
〔註122〕

　　二十世紀的今天，炎黃子孫大家耳熟能詳的生活口語「日出而作，日入

〔註120〕見《論語・子路》，《十三經注疏》本，頁115。
〔註121〕見勞思光著《新編中國哲學史》，台北：三民書局，2004 年一月重印三版三
　　　　刷，頁120。
〔註122〕見劉岠渭等著《音樂與人生》，台北：國立空中大學，1989 年二月初版，頁
　　　　203。

而息；鑿井而飲、耕田而食。帝力于我何有哉！」〔註123〕，呈現的是先民在太平盛世下和樂的情景。音樂可以給人振奮，「靡靡之音」也可能讓國家走上滅亡之道。昔殷紂使師延作「靡靡之樂」。周武王伐紂，師延自沉於濮水，後師涓夜過聞而寫之。所以《樂記》說：

> 鄭衛之音、亂世之音也，比於慢矣。桑間濮上之音，亡國之音
> 也，其政散，其民流誣，上行私而不可止也。（〈樂本〉）

即是亡國亂世之音也，又說也就是濮水之上，地有桑間者，亡國之音於此之水出也。想必鄭國和衛國政治荒散，民眾流亡，社會亂象不止，導致國家傾覆，民間的音樂呈現音律混濁，民生的不安定，國家豈能太平？故《樂記》云：

> 宮爲君、商爲臣、角爲民、徵爲事、羽爲物。五者不亂，則無
> 怗懘之音矣。宮亂則荒，其君驕。商亂則陂，其官壞。角亂則憂，
> 其民怨。徵亂則哀，其事勤。羽亂則危，其財匱。五者皆亂，迭相
> 陵；謂之慢；如此則國滅亡無日矣。（〈樂本〉）

宮、商、角、徵、羽五音有如國君、臣子、民眾、事情、物品。有順有序，五音不亂，就不會有不和諧的聲音，國家社會自然強盛。宮音亂則聲音荒散，有如國君驕奢；商音亂則聲音偏邪，有如官事敗壞；角音亂則聲音憂愁，有如民眾怨恨；徵音亂則聲音悲哀，有如繇役繁重；羽音亂則聲音危急，有如民財貧乏。以上五音都亂、互相侵犯而不和諧就稱爲「慢」；這樣國家的滅亡則無日矣。

綜上所述，音樂給予社會國家有如一劑強心針，隨時注入社會各個角落，各個階層，是故音樂是陶冶人性的最好促進劑，可以將社會黑暗的一面予與漂白，可以深入升斗小民、販夫走卒，也可進入層峰高官，影響的層面無限。音樂是社會生活的重要組成部分，它在人們的生涯中發揮著重要的作用，如生活調劑、個人興趣的培養、人際關係的協調、社會政治的批判等等。故孔子將《樂》作爲六藝之一，幾千年來，在儒家思想支配下的中華民族，受到《樂》的洗禮而煥發出蓬勃生機。

〔註123〕見宋鄭樵撰《通志・五帝紀第二》（一）卷二，《四庫全書》本，第 374 冊，頁 88。

第四章 《樂記》論傳統樂器及其象徵意義

第一節 《樂記》中的傳統樂器

壹、傳統樂器概說

所謂之傳統樂器是指，承襲自古代樂器而言，綜觀我國之樂器發展史，可溯自三皇五帝時代，歷史可謂久遠，世界上沒有幾個國家，可與我國匹敵。歷史之久遠，可從出土之各種樂器來區分其年代，其中與《樂記》年代較近之青銅樂器，在東周以後得到很大的發展，商代的青銅樂器，主要有鈴、鐃、和鼉皮木腔鼓的銅鼓。西周中期出現編鐘，數量由少到多，到戰國初期的曾侯乙墓所出土的編鐘，包括鈕鐘十九件、甬鐘四十五件及一件楚王鎛鐘，共六十五件。在鐘和鎛之鈕和舞的部位，多雕有鳥獸的形象，在其鉦和鼓的部位，則鑄出錯金銘文，使其成為具有優美的造型樣式。《樂記》所記載之樂器，同樣可溯自先民，蓋因一器一皿，非自哪一時代或那一個人可以獨立完成，都是先民共同智慧的結晶，從而慢慢演進成型。有些樂器至今仍然在使用，尤其是鐘、磬、鼓的部份，於今的宗祠、郊廟、及至每年春祭、夏祭的大典，至聖先師孔子誕辰祭孔大典所使用的《大成》樂章，承傳數千年一直延續至今，都還在使用這些樂器，雖有些樂器其形制已變，但像鐘、鼓等樂器，則仍保有其特殊的音質、音色未褪。

貳、樂器的起源

關於音樂的創作與原始樂器的發展，與文字一樣，非一人所為，在歷史古籍中有許多的傳說和記載。古時黃帝命伶倫創制音律，伶倫根據自然界鳳凰鳥的鳴叫聲，製作出十二支竹管，來區別十二樂律〔註1〕，根據這些鳳鳴聲所定出的樂律與黃鐘律的宮音相互對照，音樂旋律都適宜和諧。這個傳說在《呂氏春秋·古樂》中有詳細記載，其文曰：

> 昔黃帝令伶倫作為律，伶倫自大夏之西，乃之阮隃之陰，取竹於嶰谿之谷，以生空竅厚鈞者斷兩節間，其長三寸九分而吹之，以為黃鐘之宮。吹曰舍少次制十二筒，以之阮隃之下，聽鳳凰之鳴，以別十二律。其雄鳴為六，雌鳴亦六，以此黃鐘之宮，適合黃鐘之宮皆可以生之。故曰：黃鐘之宮，律呂之本。黃帝又命伶倫與榮將鑄十二鐘，以和五音，以施英韶。……帝嚳命咸黑作為聲，歌九招、六列、六英。有倕作為鼙、鼓、鐘、磬、吹苓、管、壎、箎、鞀、椎、……乃命質為樂。質乃效山林谿谷之音以歌，乃以麋輅置缶而鼓之，乃拊石擊石，以象上帝玉磬之音，以致舞百獸。成王立，殷民反，王命周公踐伐之，商人服象，為虐于東夷。周公遂以師逐之，至于江南。乃為三象，以嘉其德。故樂之所由來者尚矣，非獨為一世之所造也。〔註2〕

由上所述可知，先民在還沒有文字記錄的歷史時期，已經有相當頻繁的音樂活動。古人將黃鐘律的宮音，視為樂律的根源，黃帝命令伶倫與榮將鑄造十二口大鐘，是用以調適和諧五音，來藉以展示樂器華麗的聲音的。文末說明了音樂與樂器之由來久矣，故樂之所由來者尚矣，非獨為一世之所造也。

第二節　《樂記》中的各類樂器介紹

《樂記》中所出現的樂器，經筆者之統計只有二十二種，雖與之前統計

〔註1〕1978 年於湖北隨縣擂鼓墩一號墓「曾侯乙墓」東室出土戰國早期之五弦琴，參見本章第二節之【圖4_15】，頁129。此琴特別之一是其中音箱底板和尾板面上的鳳鳥，均為兩行十二隻，推測與黃帝命伶倫作律，伶倫聽鳳鳥鳴，制作十二律的古老傳說，有形象的契合，而十二鳴鳳的圖繪，是有其樂律上的真正寓意。

〔註2〕見秦呂不韋撰、漢高誘註《呂氏春秋·古樂》卷五，《四庫全書》本，第 848 冊，頁 312。

周代之樂器總共有七十五種，差距甚大，但是現存之《樂記》爲只佔佚失之一小部份而已，且記載〈樂器〉篇已佚失，無法考查《樂記》的年代到底有多少的樂器，只能從現存的篇章，來做爲敘述重點，爲便於查看《樂記》中之樂器及其在文中之出處，茲以簡單之圖表表列之，以顯示其位置。

以下爲現有《禮記‧樂記》所出現之樂器一覽表：

篇	章	樂器出現之字句	樂器名稱
樂本	第三章	（清廟）之瑟，朱弦而疏越。	瑟
樂本	第四章	鐘鼓、干戚，所以和安樂也。	鐘、鼓
樂論	第三章	故鐘、鼓、管、磬、羽、籥、干、戚，樂之器也。	鐘、鼓、管、磬、籥
樂論	第四章	若夫禮樂之施於金石，越於聲音……	金、石
樂施	第一章	昔者舜作五弦之琴以歌南風。	五弦琴
樂象	第二章	而文以琴瑟，……從以簫管。	琴、瑟、簫
樂象	第四章	金、石、絲、竹，樂之器也。	絲、竹
樂情	第三章	樂者，非謂黃鐘、大呂、弦、歌、干揚也。	大呂
魏文侯	第一章	和正以廣，弦〔註3〕、匏、笙、簧，會守拊、鼓，始奏以文，……訊疾以雅。	匏、笙、簧、拊、雅
魏文侯	第三章	然後聖人作爲鞉、鼓、椌、楬、壎、篪，此六者，德音之音也。然後鐘、磬、竽、瑟以和之，……君子聽鼓鼙之聲，則思將帥之臣。	鞉、椌、楬、壎、篪、竽、鼓、鼙

備註：樂器名稱有重複者不再複述

如上表所列，《樂記》中依序出現的樂器，有：瑟、鐘、鼓、管、磬、籥、五弦琴、琴、簫、大呂、匏、笙、簧、拊、雅、鞉、椌、楬、壎、篪、竽、鼓鼙等二十二種。其中「金石土革」類樂器共八種（鐘、大呂、磬、壎、鼓、鼓鼙、鞉、拊）；「絲竹」類樂器共八種（五弦琴、琴、瑟、簫、管、籥、篪、雅）；「木匏」類樂器共六種（匏、椌、楬、簧、笙、竽）。以下將其分爲「金石土革」類、「絲竹」類、「木匏」類等三節，分別介紹並說明各種樂器之用途。

〔註3〕「弦」在此之意思，爲八音中之絲絃類樂器之屬。

壹、金類樂器

一、鐘

所謂鐘、磬之屬，《樂記》云：「金、石、絲、竹，樂之器也。」（〈樂象〉），按「金、石」居八音之首，故言樂率稱金、石。《說文·金部》釋金：「五色金也。」段注：「凡有五色皆謂之金也，白金、青金、赤金、黑金、黃金爲五色。」〔註4〕石，山石也。「金」、「石」用在《樂記》是表示樂器之製材。

《說文·金部》，鐘：「樂鐘也，秋分之音萬物穜成，故謂之鐘。」〔註5〕《釋名》云：「鐘，空也，内空，受氣多，故聲大也。」〔註6〕鐘因懸掛部分結構的不同，分爲甬鐘和鈕鐘兩種。（如【圖4_01】）〔註7〕圖左爲甬鐘，圖右爲鈕鐘，兩者之差別，蓋因甬鐘其柄中空似甬而名之，紐鐘謂舞上呈環狀或空花狀，因用以懸掛之部位爲紐而得名。鐘體都是在橫截面的部分作合瓦形，縱剖面略像梯形，平頂而凹口。

【圖4_01】曾侯乙出土之甬鐘（圖左）及鈕鐘（圖右）

《周禮·考工記·鳧氏》曾記載甬鐘各部位的名稱，茲以圖示之（如【圖4_02】）〔註8〕鐘除了分爲甬鐘、鈕鐘之外、尚有編鐘。編鐘因能奏出歌唱一

〔註4〕見《說文解字注》，頁709。
〔註5〕見《說文解字注》，頁716。
〔註6〕見宋陳暘撰《釋名·釋樂器》卷七，《四庫全書》本，第211冊，頁415。
〔註7〕【圖4_01】曾侯乙甬鐘、鈕鐘1978年出土於湖北隨縣（今隨州市）擂鼓墩一號墓。採自《樂器》，頁78～79。
〔註8〕【圖4_02】採自陳溫菊著《詩經器物考釋》，台北：文津出版社，2001年，頁80。

樣的旋律，所以又有歌鐘之稱，《三才圖會》介紹古代編鐘圖示時，就同列歌鐘、編鐘名稱爲同一圖，見【圖4_03】）〔註9〕。編鐘是我國古代的重要打擊樂器。它依鐘的大小不同，而有次序的懸掛在木製的鐘架上（古稱鐘虡）〔註10〕，用木槌敲擊發音，音色清脆、悠揚，穿透力強。古代編鍾常用於宮庭雅樂，每逢征戰、晏饗、朝聘和祭祀，都要演奏編鐘。它可以獨奏合唱或爲歌唱、舞蹈伴奏。在奴隸社會，編鐘是統治者專用的樂器，也是反映名分、等級和權利的象徵，只有在天子、諸侯行禮作樂時，方能使用。

【圖4_02】甬鐘部位名稱圖　　　　**【圖4_03】歌鐘、編鐘圖**

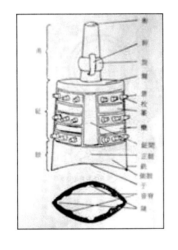　

鐘的歷史在我國相當久遠，迄今考古發現年代最早的鐘，以陝西長安普渡村長鉘墓出土的一組編甬鐘爲最早，其年代約相當於公元前十世紀中葉的西周昭王、穆王的時代。鈕鐘則以河南陝縣上村嶺虢太子墓出土的一組編鈕鐘爲先，其年代約於公元前八世紀上半葉的春秋初年或更早。西周的甬鐘形制和商時代的鐃，都是合瓦形鐘體及圓管狀柄，兩者的主要差別在於枚的有

〔註9〕　【圖4_03】採自明王圻王思義輯《三才圖會》器用卷三，上海：上海古籍出版社續修《四庫全書》本，第1234冊，頁241。（後文引《三才圖會》之圖文，皆本此上海古籍出版社續修《四庫全書》版本，故僅註明書名及頁碼，餘不再註明。）

〔註10〕　〈有瞽〉詩云：「設業設虡，崇牙樹羽，應田縣鼓。」《毛詩注疏・有瞽》釋曰：「業，大板也，所以飾栒爲縣也。捷業如鋸齒，或曰畫之。植者爲虡，衡者爲栒。崇牙上飾卷然，可以縣也。樹羽，置羽也。」見漢毛亨傳、鄭氏箋、唐陸德明音義、孔穎達疏《毛詩注疏・有瞽》卷二十七，《四庫全書》本，第69冊，頁910。

無，一般認爲它們之間有相承的關係。

二、大　呂

「大呂」是古代樂器名，相當於「鐘」，同時也是樂律名稱。以「大呂」爲樂器名稱的有以下之記載：

《史記‧樂毅列傳》：「大呂，陳於元英。」索隱：「大呂，齊鐘名。元英，燕、宮殿名也。」〔註11〕

〈樂毅報燕王書〉：「大呂，陳於元英。」注：『大呂，齊鐘名。』」〔註12〕爲周廟大鐘。

《呂氏春秋‧侈樂》：「宋之衰也，作爲千鐘；齊之衰也，作爲大呂。」〔註13〕

而以「大呂」爲樂律名稱的，則見於《史記‧平原君傳》：「使趙重於九鼎大呂。」〔註14〕大呂，陰律十二月也，故「大呂」用在「樂」的名稱，則爲十二律名，十二律名稱陰陽各六，陰六爲呂，其四日大呂。位於丑，在十二月，辰在玄枵。

《禮記‧月令》云：「季冬之月，日在婺女，⋯⋯其音羽，律中大呂，其數六。」按鄭注：「大呂者，蕤賓之所生也，三分益一，律長八寸二百四十三分寸之百，四季冬氣至，則大呂之律應。」〔註15〕

貳、石類樂器：磬

磬通常外爲特磬與編磬兩種，爲玉石或大理石製成，爲八音」中的「石」，單一個的大石磬，稱爲特磬；多枚一組音高不同的磬，稱爲編磬。迄今發現最早的磬爲1974年代，在山西省夏縣東下馮夏代遺址出土的一件特大石磬，長69公分，高55公分，上部鑿有一穿孔，擊之聲音悅耳，經測定此磬約距今4000年，據考證應屬於夏代的遺物。如【圖4_04】〔註16〕及曾侯乙石磬，

〔註11〕見漢司馬遷撰、宋裴駰集解《史記‧樂毅列傳》（二）卷八十，《四庫全書》本，第244冊，頁502。

〔註12〕見明董說撰《七國攷‧秦音樂》卷七，《四庫全書》本，第618冊，頁895。

〔註13〕見秦呂不韋撰、漢高誘註《呂氏春秋‧侈樂》卷五，《四庫全書》本，第848冊，頁310。

〔註14〕見漢司馬遷撰、宋裴駰集解《史記‧平原君列傳》（二）卷七十六，《四庫全書》本，第244冊，頁468。

〔註15〕見《禮記‧月令》，《十三經注疏》本，頁346。

〔註16〕【圖4_04】採自《中國文明史‧先秦時期》，台北：地球出版社，1991年12

如【圖 4_05】〔註17〕。

【圖 4_04】此磬 1974 年出土於山西夏縣

【圖 4_05】曾侯乙石磬

參、土類樂器：壎

《爾雅・釋樂》曰：

> 大塤謂之嘂。塤即壎也，銳上平底，形象鐘平，大者如鵝子，聲合黃鐘大呂也，小者如雞子，聲合太簇夾鐘也，皆六孔，與麗聲相諧，故曰壎麗相應。〔註18〕

按《周禮・小師》云：「小師掌教鼓鼗柷敔塤簫管弦歌。」〔註19〕大鄭云：「塤，六孔。」後鄭云：「塤，燒土爲之，大如鴈卵，壎者，喧也；周平王時，暴辛公燒土，爲之樂。」先鄭云：「塤，六孔者。」按《廣雅》云：「塤，象秤錘以土爲之六孔。」故二鄭爲此解也。

從以上引文可知「塤」爲古時屬於八音中「土類」的樂器，係以陶土燒製而成。大小鄭釋《周禮》及郭璞釋《爾雅》，其說皆然。郭璞說，銳上平底，大者如鵝子，小者如雞子。蓋因壎之大小不同，而同於六孔。（如【圖 4_06】、【圖 4_07】）〔註20〕。

從出土的現存上古樂器來看，夏、商、周以來，最具旋律化的樂器就是

月第 1 版，頁 772。

〔註17〕【圖 4_05】曾侯乙石磬，1978 年出士於湖北隨縣，採自《樂器》，頁 82。

〔註18〕見《爾雅・釋樂》，《十三經注疏》本，頁 82。

〔註19〕見《周禮・春官・小師》，《十三經注疏》本，頁 357。

〔註20〕【圖 4_06】韶塤於 1954 年由民間收購而得。此塤有六孔，於塤體左下方以陰文刻有「命作韶塤」四字。【圖 4_07】比陶塤 1976 年春出土於河南安陽，是完善的商代樂器，這三件陶塤都是泥質灰陶，頂部有一個吹孔外，另有五個音孔。【圖 4_06】、【圖 4_07】採自《樂器》，頁 42～52。

陶壎，爲應證引文與出土的實物「塤」，觀【圖4_06】及【4_07】圖兩圖之塤底均爲平底，塤的吹口均設計於頂上。塤在周朝列爲雅樂器，大如鵝卵者名爲雅塤，小如桃子者名爲松塤。塤目前仍是使用中的樂器，雖不普遍民間仍在推廣，經過歷代的改良，其形狀大小多有不同。不變者吹口在上，週圍有五個或六個音孔，用兩手捧而吹之，有嗚嗚的聲音，音域狹窄，僅能吹出八個音，會用此樂器的人並不多。

【圖4_06】周韶塤　　　　　【圖4_07】商代陶塤

肆、革類樂器

一、鼓

《說文》釋鼓：「郭也，春分之音，萬物郭皮甲而出，故曰鼓。」〔註21〕

《禮記・明堂位》：「土鼓、蕢桴、葦籥，伊耆氏之樂也。」〔註22〕

中國早期的鼓，主要發源於中原地區。相關傳說和古籍記載甚豐，關於最早的鼓，《周禮・地官》：「鼓人掌教六鼓四金之音聲，以節聲樂，以和軍旅，以正田役，教爲鼓而辨其聲用。」〔註23〕《通典》曰：「鼓，《世本》云：『夷作鼓，以桴擊之，曰鼓。以手搖之，曰鼗。』」〔註24〕夷，泛指中原以外的四方各族。鼓以槌擊之，鼗是小鼓，是一種長柄的搖鼓。《樂書》曰：

《帝王世紀》曰：「黃帝殺夔，以其皮爲鼓，聲聞五里。」然

〔註21〕見《說文解字注》，頁208。

〔註22〕見《禮記・明堂位》，《十三經注疏》本，頁582。

〔註23〕見《周禮・地官》卷十二，《十三經注疏》本，頁189。

〔註24〕見唐杜佑撰《通典・樂四》（三）卷一百四十四，《四庫全書》本，第605冊，頁42。

則古之冒鼓，亦不必牛馬之皮，雖夔皮亦用之矣。[註25]

可見黃帝殺「夔」[註26]，以其皮爲鼓的傳說由來已久。據《詩經》、《周禮》、《禮記》等古書記載，中原地區鼓的形制，在秦漢前就有二十餘種。從這些文字記載和發掘出的文物，可以看出當時鼓的發展已達到很高的水準。從製鼓材料來看，其共鳴體最早用陶土做筒。（如【圖 4_08】）[註27] 殷商時期已有木筒鼓的存在，鼓膜在原始時期就已經使用獸皮。

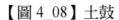

【圖 4_08】土鼓

《詩經》記載有鼉鼓，鼉也稱鱓，《陸氏詩疏廣要・釋魚》云：

> 鼉形似蜥蜴，四足，長丈餘，生卵大如鵝卵，堅如鎧，今合藥
> 鼉魚甲是也，其皮堅厚，可以冒鼓。[註28]

此外還記載有用蟒皮和礦皮等做的鼓皮。當時的鼓，一般都是雙面蒙皮，釘子成排釘在鼓筒口緣。鼓筒形狀，無論大小高矮，似乎都是粗腰筒（枇杷桶）形。《禮記・明堂位》云：「夏后氏之鼓足，殷楹鼓，周縣鼓。」[註29]《禮

[註25] 見宋陳暘撰《樂書》卷一百四十，《四庫全書》本，第 211 冊，頁 644。

[註26] 夔是一種傳說中的怪獸。外形像龍，僅有一足。山海經云：「東北中有流波山，入海七千里。其上有獸，狀如牛，蒼身而無角，一足，出入水則必風雨，其光如日月，其聲如雷，其名曰夔。黃帝得之，以其皮爲鼓，橛以雷獸之骨，聲聞五百里，以威天下。」見晉郭璞注《山海經・大荒東經》卷十四，《四庫全書》本，第 1042 冊，頁 72。又《文選・張衡東京賦》云：「殘夔魖與罔像。」薛綜注：「夔，木石之怪，如龍，有角，鱗甲光如日月，見則其邑大旱。」見梁蕭統編、唐李善註《文選》卷三，《四庫全書》本，第 1329 冊，頁 59。

[註27] 【圖 4_08】此土鼓 1986 年甘肅蘭州永登樂山坪出土，採自王永紅，陳成軍合著《古器物鑑賞》，頁 368～369。土鼓即陶鼓，鼓作爲一種打擊樂器，始出現於新石器時代，主要有土鼓和木鼓兩大類。

[註28] 見吳陸璣撰《陸氏詩疏廣要・釋魚》卷下之下，《四庫全書》本，第 70 冊，頁 146。

[註29] 見《禮記・明堂位》，《十三經注疏》本，頁 582。

記集說》云：「自伊耆氏始，夏后氏加四足，謂之足鼓。商人貫之以柱，謂
之楹鼓。周人縣而擊之，謂之縣鼓。」〔註30〕見【圖4_09】〔註31〕、【圖4_10】
〔註32〕鼓所謂加四足者，其實就是立四腳使其站立而擊，鼓足之設計有盤式
或中空。對於鼓之形制，宋陳暘在《樂書》曾有記載：

【圖4_09】足鼓　　　　　　　　【圖4_10】楹鼓

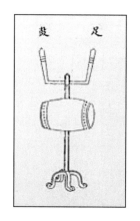

　　　鼓之制，始於伊耆氏。少昊氏、夏后氏加四足，謂之足鼓。商
人貫之以柱，謂之楹鼓。周人縣而擊之，謂之縣鼓。而周官鼓人晉
鼓鼓金奏，鎛師掌金奏之鼓，鐘師以鼓奏九夏，所謂縣鼓也。《禮》
曰：「縣鼓在西，應鼓在東」。《詩》曰：「應田縣鼓」。則縣鼓周人所
造之器，始作樂而合乎祖者也。以應鼓爲和終之樂，則縣鼓其倡始
之鼓歟。蓋宮縣設之四隅；軒縣設之三隅；判縣設之東西。李照謂：
「西北隅之鼓，合應鍾黃鍾大呂之聲。東北隅之鼓，合太簇夾鍾姑
洗之聲。東南隅之鼓，合仲呂蕤賓林鍾之聲。西南隅之鼓，合夷則
南呂無射之聲。」依月均而考，擊之於義或然議者非之疎矣。且三
代所尚之色，夏后氏以黑，商人以白，周人以赤，則鼓之色稱之，
亦可知之。〔註33〕

鼓之使用在夏、商、周乃至春秋、戰國及至今日，在樂制上是不可或缺的一

〔註30〕見宋衛湜撰《禮記集說》（二）卷八十，《四庫全書》本，第119冊，頁693。
〔註31〕【圖4_09】採自宋陳暘撰《樂書·樂圖論》卷一百十六，《四庫全書》本，頁
　　　　486。
〔註32〕【圖4_10】採自《三才圖會》，頁249。
〔註33〕見宋陳暘撰《樂書·樂圖論》卷一百十六，《四庫全書》本，頁487～488。

樣樂器，其歷史之悠久可見一斑。鼓最早以陶爲框，後以木爲框，也有用銅鑄成的，今之鼓框仍延用舊制。其面蒙以獸皮或蟒皮，其形狀不一，大小有別，在古代應用的範圍很廣泛。《周禮・地官・鼓人》：「鼓人掌教六鼓，四金之音聲，以節聲樂，以和軍旅，以正田役。」〔註34〕這裡所說的六鼓，按〈鼓人〉所說爲：雷鼓、靈鼓、路鼓、鼖鼓、鼛鼓、晉鼓等六種，其用途各有所異。四金的音聲用途爲「以金錞和鼓，以金鐲節鼓，以金鐃止鼓，以金鐸通鼓。」〔註35〕《左傳》陳書曰：「吾聞鼓而已，不聞金矣。是進軍之時擊鼓，退軍之時鳴鐃。」〔註36〕所以杜注云鼓以進軍，金以退軍者是周禮教戰之法也，其臨敵之時欲戰，則先擊鼓以動之，如欲撤退則先擊金以靜之。然而據筆者閱讀羅貫中著《三國演義》第九回又有不同的說法，其文曰：

> 請郭汜，張濟，樊稠共議，曰：「呂布雖勇，然而無謀，不足爲慮。我引軍守任谷口，每日誘他廝殺。郭將軍可領軍抄擊其後，效彭越撓楚之法，鳴金進兵，擂鼓收兵。」〔註37〕

觀以上引文，郭汜領軍仿傚彭越〔註38〕撓楚，「以鳴金進兵，擂鼓收兵。」這是在兩軍作戰中所使用的語言，以杜注，鼓以進軍，金以退軍者持相反之意，想必是顛覆傳統，以相反方向操作欺敵，此時以鳴金進兵，擂鼓收兵，反向干擾敵方之判斷也。

二、鼓　鼙

鼓、鼙皆爲樂器，（如【圖4_11】、【圖4_12】）〔註39〕軍中常用之，因此借以指軍事。《樂記》云：「鼓鼙之聲讙，讙以立動，動以進眾，君子聽鼓鼙之聲，則思將帥之臣。」（〈魏文侯〉）戰事是一種共同的行動，樂器的聲音有助人群的備戰。對敵人進行攻擊之初，常常先吹響號角和喇叭，再進以鼓聲，既可激發攻擊者的攻擊性，也可收驚嚇敵人之效。《左傳》記載曹劌論戰：

〔註34〕見《周禮・地官・鼓人》，《十三經注疏》本，頁189。
〔註35〕見《周禮・地官・鼓人》，《十三經注疏》本，頁189～190。
〔註36〕見《左傳》，《十三經注疏》本，頁1017。
〔註37〕見羅貫中著《三國演義》第九回，台北：商務印書館，1997年1月6刷，頁61。
〔註38〕彭越字仲，昌邑人，爲漢初功臣。佐高祖定天下，封梁王。後因人告他謀反而被殺，漢高祖並誅殺他的三族。
〔註39〕【圖4_11】、【圖4_12】採自楊家駱主編《中國音樂史料》第四冊《事林廣記》，頁689。

公與之乘，戰于長勺。公將鼓之。劌曰：「未可。」齊人三鼓，
劌曰：「可矣。」齊師敗績。……對曰：「夫戰，勇氣也。一鼓作氣，
再而衰，三而竭。」〔註40〕

魯莊公和曹劌坐在同一部車，於長勺應戰齊軍。魯莊公準備擂鼓進攻。曹劌
說：「還不行」，等齊軍擂過三次鼓後，曹劌說：「是適當的時候了，現在擂鼓
進攻吧！」結果齊軍大敗，潰不成軍。齊人之三鼓，曹劌解釋說，第一次擂
鼓正是軍心士氣最旺盛之時，第二次擂鼓士氣就衰退了，等到第三次擂鼓士
氣就衰竭耗盡了。以上引文是歷史上記載戰爭使用「鼓」聲，做為「擂鼓進
攻」之最佳例證。唐《錢仲文詩‧送張管記從軍》：「邊事多勞役，儒衣逐鼓
鼙。」〔註41〕由此可見鼓鼙之樂器淵源流長，皆可溯自上古時期延續於唐，
為戰事不可或缺的軍事樂器之一，現今軍隊用鼓，多加其他銅管樂器成為軍
樂隊，用之於節日慶典之頌揚，已無軍事戰火實際進退之用途。

【圖 4_11】鼓　　　　　　　　　【圖 4_12】鼙

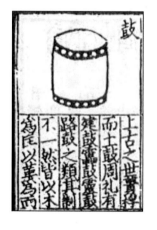

三、鞀

鞀、鞉都通「鼗」，是一種有柄的搖鼓，屬於小型的鼓。

《說文‧革部》鞉下曰：「鞉，遼也，從革召聲。鞀，鞉或從兆聲。鼗，
或從鼓兆。」〔註42〕

〔註40〕見《左傳》，《十三經注疏》本，頁147。
〔註41〕〈送張管書記〉詩云：「邊事多勞役，儒衣逐鼓鼙。日寒關樹外，峯盡塞雲
　　　　西。河廣篷難度，天遙鴈漸低。班超封定遠，之子去思齊。」見唐錢起撰《錢
　　　　仲文集‧送張管書記》卷五，《四庫全書》本，第1072冊，頁467。
〔註42〕見《說文解字注》，頁109。

《周禮・春官・小師》云：「鞉，如鼓而小，持其柄搖之，旁耳還自擊。」
〔註43〕

《詩經・商頌・那》曰：「猗與那與，置我鞉鼓。」注云：「鞉鼓，樂之所成也，夏后氏足鼓，殷人置鼓，周人縣鼓。」

以上《說文》、《周禮》與《詩經》之引文，都將鞉解釋爲小鼓也。另《釋名・釋樂器》曰：「鞉，導也，所以導樂作也。」〔註44〕則說明鞉的功能在於引導樂之進行，是樂曲進行的前導。就如打擊樂之鼓棒，在樂曲進行前，均有先導音響，如敲擊到第四拍時，所有的音樂才加進來。

四、拊

《尚書・虞書・堯典》夔曰：「於，予擊石拊石。」〔註45〕《左傳》襄二十五年：「公拊楹而歌，」注曰：「拊，方甫反，拍也。」〔註46〕《周禮・春官・大師》云：「令奏擊拊。」鄭玄謂：「拊形如鼓，以韋爲之，著之以穅。」〔註47〕

按：拊亦名「拊搏」或「搏拊」。所以節樂，故亦名「節」。

《禮記・明堂位》：「拊搏玉磬，揩擊大琴大瑟中琴小瑟，四代之樂器也。」注：「拊搏，以韋爲之，著之以穅，形如小鼓。」〔註48〕拊，依上述情況來考查，以現在的樂器來說，應屬打擊樂器之類。（如【圖4_13】）〔註49〕

【圖4_13】拊

〔註43〕見《周禮・春官・小師》，《十三經注疏》本，頁357。
〔註44〕見漢劉熙撰《釋名・釋樂器》卷七，《四庫全書》本，第221冊，頁415。
〔註45〕見《尚書・虞書》，《十三經注疏》本，頁46。
〔註46〕見《左傳》第三十六，《十三經注疏》本，頁618。
〔註47〕見《周禮・春官・大師》，《十三經注疏》本，頁356。
〔註48〕見《禮記・明堂位》，《十三經注疏》本，頁582。
〔註49〕【圖4_13】採自《古今圖書集成》，第733冊，頁65。

伍、絲類樂器

《說文·絲部》釋絲:「蠶所吐也。」〔註50〕若用於樂上,則泛指用幾種彈弦和拉弦樂器合奏的音樂。竹,《說文·竹部》釋竹:「冬生艸也。」〔註51〕若用於樂上,則指笙、笛類之管樂器。「絲竹」之稱更貼切的說法,應是絃樂器和管樂器的總名。中國傳統的器樂形式,是一種絲絃與竹管樂器協奏的音樂,而且中國古代常用「絲竹樂」概稱傳統的管絃樂。最古老之絲竹演奏,是以琴瑟與簫管樂器組成的,常為歌唱或舞蹈而伴奏,後來發展成為獨立的演奏形式,常在飲宴中用以助興。宋元時期,城市的「瓦社」〔註52〕等熱鬧場合常演奏「細樂」〔註53〕,所用樂器有簫、管、笙、蓁、嵇琴、方響等。這時拉絃樂器在絲竹樂中出現,成為當時新型的絲竹樂演奏形式。

一、(五弦)琴:

《風俗通》曰:「謹按《世本》神農作琴,《尚書》舜彈五絃之琴,歌南風之詩,而天下治。」〔註54〕(見【圖4_14】)〔註55〕《廣雅》曰:「琴長三尺六寸六分,上有五弦,曰:宮、商、角、徵、羽,文王增二,曰:少宮、商鳴。」〔註56〕)又《禮記·明堂位》記載:「拊博玉磬揩擊,大琴大瑟,中琴小瑟,四代之樂器也。」〔註57〕公元1978年在湖北省隨縣西郊擂鼓墩附近,戰國早期曾國君主乙的墓葬中,首次發現實物五弦琴。(如【圖4_15】)〔註58〕

〔註50〕見《說文解字注》,頁669。

〔註51〕見《說文解字注》,頁191。

〔註52〕瓦社為宋元時都市中的娛樂場所,亦稱瓦舍、瓦子。《東京夢華錄·東角樓街巷》云:「街南桑家瓦子……瓦中多有貨藥,賣卦。」宋孟元老撰,為北宋舊人於南渡之後追憶汴京繁盛而作。見宋孟元老撰《東京夢華錄·東角樓街巷》卷二,《四庫全書》本,第589冊,頁133～134。

〔註53〕吳自牧云:「細樂,比之大樂,則不用大鼓、杖鼓、羯鼓、頭管、琵琶等。每只以簫、笙、篳篥、嵇琴、方響,其音韻清且美也。」見宋吳自牧撰《夢粱錄·妓樂》卷二十,《四庫全書》本,第590冊,頁167。

〔註54〕見漢應劭撰《風俗通義》卷六,《四庫全書》本,第862冊,頁389。

〔註55〕【圖4_14】採自《古今圖書集成》,第733冊,頁64。

〔註56〕見魏張揖撰《廣雅·釋樂》卷八,《四庫全書》本,第221冊,頁457。

〔註57〕見《禮記·明堂位》,《十三經注疏》本,頁582。

〔註58〕【圖4_15】採自《樂器》,頁90。

【圖4_14】五弦琴　　【圖4_15】曾侯乙墓出土，首次發現之實物五弦琴

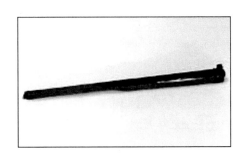

二、（七弦）琴

撥奏弦鳴樂器，亦稱瑤琴、玉琴，現稱古琴或七弦琴。琴（七絃琴）的歷史悠久，幾乎等於華夏歷史之全長。《爾雅》云：「大琴謂之離。」〔註59〕二十七絃，今無其器。」琴，《世本》云：「庖犧作五十絃，黃帝使素女鼓瑟，哀不自勝，乃破爲二十五絃，具二均聲。」〔註60〕

「琴」究竟是誰創始的？是伏羲？還是神農？已無信史可徵，《通志》曰：「又琴之始作，或云伏羲，或云神農，諸家所說，莫能詳矣。」〔註61〕然而自「黃帝鼓清角之琴」〔註62〕起，其間歷「舜作五絃之琴」（〈樂施〉）及「文王武王各加一絃，以爲少宮少商」〔註63〕（如【圖4_16】）〔註64〕，七絃琴古文化已有三千多年的歷史。它是我國古代生活中不可或缺的樂器之一，至聖先師孔子、西漢詞賦家司馬相如、東漢詞賦家蔡邕、曹魏文學家嵇康等都以彈琴著稱。琴有7根弦，外側緊挨徽的爲第一弦最粗，向內依次漸細爲第2、3、4、5、6、7弦。現在的古琴七根弦依次爲徵、羽、宮、商、角、少徵、少羽，稱爲正調。其他尚有數十種五聲音階和非五聲音階的定弦

〔註59〕見《爾雅》，《十三經注疏》本，頁81。
〔註60〕見元黃鎮成撰《尚書通考‧琴瑟》卷六，《四庫全書》本，第62冊，頁133。
〔註61〕見元黃鎮成撰《尚書通考‧琴瑟》卷六，《四庫全書》本，第62冊，頁133。
〔註62〕見宋王應麟撰《玉海‧黃帝琴》（三）卷一百十，《四庫全書》本，第945冊，頁866。
〔註63〕見宋王應麟撰《玉海‧周雲和琴瑟》（三）卷一百十，頁867。
〔註64〕【圖4_16】採自楊家駱主編《中國音樂史料》第四冊《事林廣記》，頁694。

法。琴的音域從 C～d3，有四個八度。按明朱載堉說：「琴瑟各分三等，皆以桐木爲之髹，以黑漆琴身。」〔註65〕（見【圖4_17】）〔註66〕

【圖4_16】七弦琴　　【圖4_17】大、中、小七弦；二十五弦大、中、小瑟

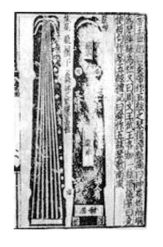 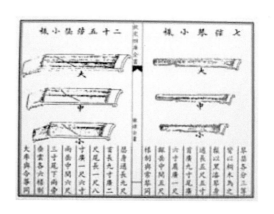

三、（十弦）琴

十弦琴於1978年出土於湖北隨縣曾侯乙墓。（如【圖4_18】）〔註67〕此琴通體塗黑漆，出土時光澤如新。此琴是實用性樂器，可視爲「房中樂」使用的絃樂器。同時音箱與琴尾相接處，陰刻圓圈中的兩道弦紋，因其所處位置恰如後世琴上的第九個「徽位」，正可以產生弦位音的上方五度音。若以此推斷，此十弦琴同樣是以曾侯乙編鐘、編磬中，具音列骨幹地位的五聲徵調音階爲其基本音列結構，則此器上已可以看到五度生律的展示，以及多種七聲音階，暗含存有律器的功能。

〔註65〕朱載堉曰：「臣謹按《禮記》曰：『大琴、大瑟、中琴、小瑟，四代之樂器也。』則琴瑟之有大小可知矣。故《爾雅》曰：『大瑟謂之灑，大琴謂之離。』郭璞謂皆二十七弦，非也。至宋陳，遂謂大琴二十弦，中琴十弦，大瑟五十弦，小瑟五弦，其謬益甚。殊不知琴瑟度數雖有大小，而其弦數則無增減，是故大琴、小琴皆止七弦。大瑟、小瑟皆止二十五弦。特律尺長短不同耳。琴瑟大者，以黃鍾正律之管爲尺，中者以太簇正律之管爲尺，小者以姑洗正律之管爲尺，是謂律度之尺。周禮所謂以十二律爲之數度是也。」見明朱載堉撰《樂律全書・律呂精義內篇》卷九，《四庫全書》本，第213冊，頁318。
〔註66〕【圖4_17】採自《樂律全書》，頁319。
〔註67〕【圖4_18】採自《樂器》，頁89。

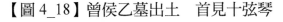

【圖4_18】曾侯乙墓出土　首見十弦琴

四、瑟

《說文解字》瑟：「庖犧所作弦樂也。」〔註68〕《釋名》云：「瑟施弦張之，瑟瑟然也。」〔註69〕瑟是中國古代的彈撥弦樂器，歷史久遠，最早見於《詩經・關雎》：「琴瑟友之，鐘鼓樂之」。根據《儀禮》之記載〈鄉飲酒禮〉、〈鄉射禮〉、〈燕禮〉、〈大射禮〉、〈既夕禮〉中，都有瑟樂伴奏唱歌之例。如【圖4_20】〔註70〕、【圖4_21】〔註71〕

> 儀禮云：「設席于堂廉東上，工四人二瑟，瑟先相者，二人皆左何瑟。」〔註72〕（如【圖4_19】）〔註73〕

陳暘《樂書》云：

> 《三禮圖》：「雅瑟長八尺一寸，廣二尺八寸二十三絃。其常用者十九絃，其餘四絃，謂之蕃。」蕃之為言贏也。古者大瑟謂之灑，長八尺一寸，廣一尺八寸二十七絃，其制與雅瑟大同而小異。豈時異異制歟？〔註74〕

瑟，按《三才圖會》曰：

> 伏羲作五十絃為大瑟，黃帝破為二十五絃為中瑟，十五絃為小瑟、五絃為次小瑟。或謂朱襄氏使士達作，或謂神農作。〔註75〕

〔註68〕見《說文解字注》，頁640。
〔註69〕見漢劉熙撰《釋名・釋樂器》卷七，《四庫全書》本，第221冊，頁415。
〔註70〕【圖4_20】採自《三才圖會》，頁245。
〔註71〕【圖4_21】採自《明集禮・樂》卷五十，《四庫全書》本，第650冊，頁418。
〔註72〕見《儀禮・鄉飲酒禮》卷九，《十三經注疏》本，頁91。〈鄉射禮〉，頁114。〈燕禮〉，頁172。〈大射禮〉，頁199。〈既夕禮〉，頁473。
〔註73〕【圖4_19】採自《樂律全書》，頁324。
〔註74〕見宋陳暘撰《樂書》卷一百四十四，《四庫全書》本，第211冊，頁659。
〔註75〕見明王圻王思義輯《三才圖會》（三）器用卷三，上海：上海古籍出版社續修《四庫全書》本，第1234冊，頁245～246。

【圖 4_19】左何瑟後首右手相工圖　【圖 4_20】中瑟、小瑟、次小瑟

【圖 4_21】次小瑟

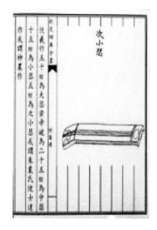

陸、竹類樂器

一、簫

《說文・竹部》釋簫：「參差管樂，象鳳之翼，從竹肅聲。」段注：「言、管樂之列管參差者，竽笙列管雖多而不參差也。」〔註76〕

《周禮・小師》注：「簫，編小竹管，如今賣飴餳所吹者。」《周頌》箋同。

〔註76〕見《說文解字注》，頁 199。

《廣雅・釋樂》云：「籟、謂之簫，大者二十四管，小者十六管有底」
〔註77〕《事林廣記・樂制》博雅云：「大者二十四管，無底，漢謂洞簫。
小者十六管，有底，狀如鳳翼，其聲鳳聲。」（如【圖4_22】）〔註78〕

【圖4_22】簫

簫是民間的吹管樂器，而所謂排簫，從出土的文物看有以竹製作的排簫
（如【圖4_23】）〔註79〕；也有採用石質材料制作的排簫（如【圖4_24】）
〔註80〕。

【圖4_23】竹製之排簫　　　　　　　　【圖4_24】石製之排簫

〔註77〕見魏張揖撰《廣雅・釋樂》卷八，《四庫全書》本，第221冊，頁458。
〔註78〕【圖4_22】採自《中國音樂史料》第四冊《事林廣記》，頁689。
〔註79〕【圖4_23】爲曾侯乙墓1978年出土竹製之排簫。採自《樂器》，頁92。
〔註80〕【圖4_24】石製之排簫1978年出土於淅川下寺一號墓。採自《樂器》，頁67。

簫的形制爲：上端封口的竹節邊緣開吹孔，管身開有指孔六個，前五孔，後一孔，下方另有二對出音孔，底端爲開管。單獨一支者爲籈，相傳此種樂器原出於羌中，漢代稱「籈」（即笛），或稱長笛。最初爲四個指孔。西漢京房加一孔，成爲五孔。常用的簫多爲 G 調，能吹 G、D、C、F、等調，音域爲 $d^1 \sim e^3$。指孔依七聲音階順序排列，每個指孔在用氣超吹時都可得到「第二泛音」〔註81〕。簫的音量較小，音色低迴沈吟、恬美而幽雅，適合於獨奏或重奏。

二、管

《爾雅・釋樂》云：「大管謂之簥。」郭璞注：「管長尺圍寸，併漆之，有底，賈氏以爲如篪，六孔，其中謂之篞，小者謂之篎。」〔註82〕《周禮・小師》鄭玄注：「管，如篴而小，併兩而吹之，今大予樂官有焉。」〔註83〕（如【圖4_25】）〔註84〕

【圖4_25】管

《說文・竹部》：「管，如篪，六孔。十二月之音，物開地牙，故謂之管。」段注：「篪有七孔，見大鄭笙師注。管之異於篪者六孔耳。」〔註85〕

《爾雅》注：「大管謂之簥，其中謂之篞，小者謂之篎。」

〔註81〕笛以氣吹孔發聲，用氣及口形大小，需隨音階之上升下降而變化，第二泛音指再高八度音階之意思。

〔註82〕見《爾雅注疏・釋樂》第七，《十三經注疏》本，頁82。

〔註83〕見《周禮・小師》，《十三經注疏》本，頁357。

〔註84〕【圖4_25】採自《中國音樂史料》第四冊《事林廣記》，頁689。

〔註85〕見《說文解字注》，頁199。

鄭樵注:「管如笛,形小,併兩管而吹之。大者曰簥,音嬌。不大不小者曰箎,乃結反。小者曰篎,音眇。」〔註86〕

《風俗通》曰:

> 管漆竹長一尺六孔,十二月之音也,物貫地而芽,故謂之管。

〔註87〕

按先儒釋管、長短粗細均無一致,其孔數有六或八孔之說。《蔡邕·章句》曰:「管者形長尺圍寸,有孔無底,其器今亡。」〔註88〕由此可見在東漢時,已無此樂器,故傳說不一。《周禮·春官·大司樂》云:「孤竹之管以祀天神,孫竹之管以祭地示,陰竹之管以享人鬼。」案鄭氏注云:「孤竹,竹特生者;孫竹,竹枝根之末生者;陰竹,生於山北者。」〔註89〕又案〈小師〉注云:「管如篴,六孔。」〔註90〕《廣雅》云:「管,象篴,長尺圍寸六,孔無底。」〔註91〕

　　管是古老吹管樂器,豎吹。現今在國樂所使用的管,爲漢代時由西域傳入中原地區,古稱「觱篥」、「篳篥」,爲龜茲語的譯音。現代流行的管,有小管、中管、大管、雙管、加鍵管等,爲北方民間吹打樂隊中不可缺少的主要樂器。

　　三、篎

　　《爾雅·釋樂》云:「大篎謂之產。」注疏:「篎如笛,三孔而短小。其中謂之仲,小者謂之篎。」〔註92〕(如【圖4_26】)〔註93〕

　　《周禮·笙師》云:「掌教吹篎。」〔註94〕笙師掌教歙篎也。鄭注云:「篎如篷,三孔。」又云:「篎師掌教國子,舞羽歙篎,祭祀則鼓羽篎之舞,賓客饗食亦如之。」〔註95〕《詩經·簡兮》云:「左手執篎,右手秉翟。」

〔註86〕見晉郭璞注、宋邢昺疏、唐陸德明音義《爾雅注疏·釋樂》卷中,《四庫全書》本,第221冊,頁256。

〔註87〕見漢應劭撰《風俗通義》卷六,《四庫全書》本,第862冊,頁387。

〔註88〕見唐杜佑撰《通典·樂四》卷一百四十四,《四庫全書》本,第605冊,頁45。

〔註89〕見《周禮·春官·大司樂》,《十三經注疏》本,頁342。

〔註90〕見《周禮·春官·小師》,《十三經注疏》本,《四庫全書》本,第221冊,頁363。

〔註91〕魏張揖撰《廣雅·釋樂》卷八,《四庫全書》本,第221冊,頁458。

〔註92〕見《爾雅·釋樂》第七,《十三經注疏》本,頁82。

〔註93〕【圖4_26】採自《三才圖會》,頁264。

〔註94〕見《周禮·春官·笙師》,《十三經注疏》本,頁366。

〔註95〕見《周禮·春官·笙師》,《十三經注疏》本,頁367。

〔註96〕籥的形制，根據〈簡兮〉毛傳注曰：「籥，六孔。」〔註97〕

【圖4_26】籥

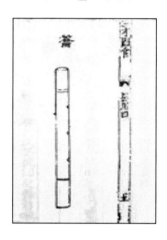

四、篪

《說文‧竹部》：「䶵，管樂也。」段玉裁注云：「管猶筩也，故龠䶵簫皆曰管樂。鄭司農注《周禮》云：『篪，七空。』《廣雅》云：『八孔。』賈公彥引《禮圖》云：『九孔。』其言多轉寫錯亂，疑不能明也。」〔註98〕按䶵即篪。

《廣雅‧釋樂》䶵：「䶵以竹為之：長四寸有八孔，前有一孔，上有三孔，後有四孔，頭有一孔。」〔註99〕

《爾雅》云：「大篪謂之沂。」注曰：「篪，以竹為之，長尺四寸，圍三寸，一孔上出，寸三分，名翹，橫吹之，小者尺二寸。」〔註100〕

《釋名卷七‧釋樂器》：「篪，啼也，聲從孔出，如嬰兒啼聲也。」〔註101〕，1978年在湖北省隨縣西郊擂鼓墩附近，戰國早期曾國君主乙的墓葬中，發現實物篪二件。（如【圖4_27】）〔註102〕篪與笛不同，其最大的特點是，兩端的

〔註96〕〈簡兮〉二章：「有力如虎，執轡如組。左手執籥，右手秉翟。赫如渥赭，公
　　　　言錫爵。」見《詩經‧簡兮》，《十三經注疏》本，頁100。
〔註97〕同上注。
〔註98〕見《說文解字注》，頁86。
〔註99〕見魏張揖撰《廣雅‧釋樂》卷八，《四庫全書》本，第221冊，頁458。
〔註100〕見《爾雅‧釋樂》，《十三經注疏》本，頁82。
〔註101〕見漢劉熙撰《釋名‧釋樂器》卷七，《四庫全書》本，第221冊，頁415。
〔註102〕【圖4_27】1978年曾侯乙墓出土，採自《中國文明史》先秦時期，地球出版
　　　　社出版，1991年，頁803。

管口是封閉的，一端以自然竹節封閉，另一端則以物填塞。

【圖4_27】十篪　曾侯乙墓出土

五、雅

《禮記‧樂記》：「訊疾以雅」鄭玄注：「雅亦樂器名也，狀如漆筩，中有椎。」〔註103〕

《周禮‧春官》笙師：「掌教雅以教祴樂。」鄭司農云：「雅，狀如漆筩而弇口，大二圍，長三尺六寸，以羊韋鞔之，有兩紐疏畫之。」〔註104〕

按《三才圖會》雅圖，與鄭司農之說相合。（如【圖4_28】）〔註105〕

【圖4_28】雅

柒、木類樂器：柷、楬

《說文‧木部》釋柷：「柷樂也，從木空聲。」〔註106〕如（【圖2_17】、

〔註103〕見《禮記‧樂記》，《十三經注疏》本，頁686。
〔註104〕見《周禮‧春官‧笙師》，《十三經注疏》本，頁366。
〔註105〕【圖4_28】採自《三才圖會》，頁265。
〔註106〕見《說文解字注》，頁267。

【圖2_18】）〔註107〕段玉裁注云：「《樂記》注曰：『椌、楬，謂柷敔也。』此釋椌爲柷，釋楬爲敔也，謂之椌者，其中空也。從木空聲。」〔註108〕

《詩經・有瞽》注云：「柷，木椌也。圉，楬也。箋云：『瞽，矇也，以爲樂官者，目無所見，於音聲審也。』」

《周禮》：『上瞽四十人，中瞽百人，下瞽百六十人，有視瞭者相之。』」

〔註109〕鄭司農注：「椌楬木也，其聲質素，故《周語・單穆公》云：『革木一聲』注云：『一聲，無宮商清濁是也。』」〔註110〕又云：「柷形如漆筩，中有椎，敔狀如伏虎，背上有二十四齟齬。」

捌、匏類樂器

一、簧

《本草綱目》云：「瓠之無柄而圓大形扁者，爲匏。」匏，《說文・包部》曰：「瓠也。」〔註111〕匏屬葫蘆科，學名與瓠同，蓋與瓠同種而微變者也。果實扁圓巨大，可供食用，果皮乾後可作容器、樂器。《論語・陽貨》篇：「子曰：『吾豈匏瓜也哉？焉能繫而不食。』」〔註112〕這裡所說的「匏瓜」即爲瓠也。以匏爲器材做爲樂器者，有簧、匏笙、竽等。

《說文・竹部》簧：「笙中簧也，從竹黃聲，古者女媧作簧。」〔註113〕「簧」本來是笙、竽這類樂器中的竹片（現代改成銅片），吹奏時鼓動其簧片才能發出聲音，《詩・小雅・鹿鳴》曰：「吹笙鼓簧」〔註114〕。《詩・小雅・巧言》曰：「巧言如簧」〔註115〕，都是說明簧片振動的形態。在〈秦風・

〔註107〕【圖2_17】、【圖2_18】見本文第二章第二節，頁34。
〔註108〕見《說文解字注》，頁267。
〔註109〕見《詩經・有瞽》，《十三經注疏》本，頁732。
〔註110〕見宋衛湜撰《禮記集說・樂記》（三）卷九十八，《四庫全書》本，第119冊，頁156。
〔註111〕見《說文解字注》，頁438。
〔註112〕見《論語・陽貨》，《十三經注疏》本，頁155。
〔註113〕見《說文解字注》，頁199。
〔註114〕《詩經・小雅・鹿鳴》首章：「呦呦鹿鳴，食野之苹，我有嘉賓，鼓瑟吹笙。吹笙鼓簧，承筐是將，人之好我，示我周行。」見《詩經・小雅・鹿鳴》卷七，《十三經注疏》本，頁315～316。
〔註115〕《詩經・小雅・巧言》五章：「荏染柔木，君子樹之。往來行言，心焉數之。蛇蛇碩言，出自口矣。巧言如簧，顏之厚矣。」見《詩經・小雅・巧言》，《十三經注疏》本，頁425。

車鄰〉一詩言：「並坐鼓簧」，這裡其實是以簧片來代表笙。笙的底座是用匏製成的，所以古代屬八音中的匏類。《樂記・魏文侯》子夏對曰：「今夫古樂，進旅退旅，和正以廣，弦、匏、笙、簧，會守拊、鼓，始奏以文，復亂以武。」（〈魏文侯〉）筆者觀此文之意，顯然子夏是把「弦、匏、笙、簧，會守拊、鼓。」視爲樂器，其文意思爲「所用的樂器有琴瑟、匏、笙、簧，互相會合或停頓等待，都聽從搏拊及鼓聲的指揮。」綜上所述，故筆者列「簧」在此應視爲樂器也、實則簧即笙即竽也，請觀下文笙、竽之解說。

二、笙

《說文・竹部》笙：「十三簧，象鳳之身也。笙，正月之音物生，故謂之笙。」[註116]《爾雅》：「大笙謂之巢，小者謂之和。」[註117]《廣雅・釋樂》云：「笙以匏爲之，宮管在左方。」[註118]《釋名》曰：「笙，生也，象物貫地而生也。」[註119] 笙是中國歷史悠久的吹管樂器。笙與竽爲同一樂器，也就是說「笙」是共名，其實它有大小之分，大笙叫「巢」，小笙叫「和」。（如【圖4_29】[註120]、【圖4_30】[註121]），區別在於音位排列及簧片之數目不同，36 簧者爲竽，13～19 簧者爲笙。

【圖4_29】笙、竽　　　　【圖4_30】曾侯乙墓出土　十八簧笙

[註116] 見《說文解字注》，頁199。
[註117] 見《爾雅・釋樂》，《十三經注疏》本，頁82。
[註118] 見魏張揖撰《廣雅・釋樂》卷八，《四庫全書》本，第221冊，頁458。
[註119] 見漢劉熙撰《釋名・釋樂》卷七，《四庫全書》本，第211冊，頁415。
[註120] 【圖4_29】採自《中國音樂史料》第四冊《事林廣記》，頁689。
[註121] 【圖4_30】採自《樂器》，頁91。

笙是周樂中常見使用的一種樂器，可以伴奏、和奏，也能獨奏。《詩經
・王風》〈君子陽陽〉曰：「君子陽陽，左執簧，右招我由房。其樂只且。」
演奏者一邊吹笙，一邊跳舞，很能表達歡樂的氣氛。1978 年曾侯乙墓出土了
六件戰國早期的吹笙，由笙斗的笙孔知其分爲十二管、十四管、十八管三種，
可惜已殘損不堪，無法完全恢復原貌。宋朝以後，竽漸漸消逝，笙流傳至今，
仍然廣泛的用於民族管絃樂團。笙的形制是由簧片、笙斗、笙苗、笙腳、笙
箍、按音孔等六大部分組成。

三、竽

《說文・竹部》釋竽：「管，三十六簧也。」〔註122〕（如【圖4_31】）
〔註123〕從春秋戰國至漢代以前，竽跟笙都被視爲重要樂器，竽更被重用。《韓
非子・內儲》云：齊宣王（在位於公元前 342 至前 324 年）「使人吹竽，必
三百人。南郭處士請爲王吹竽，宣王說之，廩食以數百人。宣王死，湣王立。
好一一聽之，處士逃。」〔註124〕這是著名的「濫竽充數」一詞的典故，可
見當時齊宣王對於竽的喜好，以及竽在當時的社會、音樂中的重要地位，《宋
書・志第九》樂一曰：「竽今亡。」〔註125〕竽跟笙都爲古代管樂之一。

【圖4_31】馬王堆漢笙

〔註122〕見《說文解字注》，頁 198。
〔註123〕【圖4_31】採自陳溫菊著《詩經器物考釋》，台北：文津出版社，2001 年，
頁 95。
〔註124〕見元何犿註《韓非子》卷九，《四庫全書》本，第 729 冊，頁 690。
〔註125〕見梁沈約撰《宋書》卷十九，《四庫全書》本，第 257 冊，頁 341。

　　以上所列之瑟、鐘、鼓、管、磬、籥、五弦琴、琴、簫、大呂、笙、簧、
柎、雅、靴、椌、楬、壎、箎、竽、鼓鞞等二十一種樂器，發展至今，在民
族樂團（或稱國樂團）中，仍在繼續使用者有：吹奏樂器如：笛、笙、簫、
管、壎；拉弦樂器如：瑟、琴；打擊樂器如：鐘、鼓等。

　　在西方對於樂器的起源，一般的敘述也多屬神話方式。在較古民族的故
事中，多傳說樂器的起源和使用，是來自神的賜與，其中最著名的當推希臘
與埃及廣為流傳的神話，傳說里拉琴（Lyra）〔註126〕是梅高利奧斯
（Mereurius）所創。有一天他在散步時，突然踩到一個會發聲的東西，於
是停足細看，竟是一個龜甲，龜殼上面有一條乾枯的筋，於是啟發了他的靈
感，他便根據這偶然得來的構想，製造成這種手琴。之後這個樂器便成為希
臘人在國家大典中所使用的樂器。同樣西方最早的管樂器之一的笛子，也是
傳說來自於社稷神，是由不同長度的管子組合而成的一種樂器。所以不論是
東方或西方對於最原始的樂器，都有一番的自我解釋。

　　中華民族傳統音樂的發展過程中成就輝煌，是有目共睹的事實。先民們
為了尋求音樂發展的音律，陸陸續續創作了各種的樂器，出現了音樂與樂器
的相關文獻。近年來，由於考古工作的進展，大批出土的文物，為我們進一
步認識我國古代音樂的面貌，提供了嶄新的依據。在這裏要特別指出的是，
湖北省隨縣曾侯乙墓出土的戰國時期的墓葬實體的樂器，它的出土改變了目
前音樂史學界對古代音樂的很多觀點和看法。另根據中國中央電視台於2001
年二月六日的報導，公元2000年初，中國大陸正式開挖山東省濟南洛莊漢
墓，已經在封土層上掘出三十二個陪葬坑，這是漢代墓葬中，陪葬坑數量最
多的一個。在這次挖掘過程中，在十四號陪葬坑中出土的大量古樂器，尤為
引人注目。將上百件不同種類的樂器集中埋放在一個陪葬坑中，這在漢代的
考古挖掘中，是絕無僅有的。這裡匯集了七大類的樂器，僅石磬就有六套，

〔註126〕里拉琴（Lyra或Cetra）是西元前3000年左右起，在美索不達米亞、埃及、
　　　　敘利亞所使用的一種撥弦樂器。曾傳入希臘，之後發展成古希臘敬神樂器。
　　　　此琴又改善成較完美的樂器，名為Cetra亦稱為Phorminx。Cetra琴的形狀較
　　　　大，類似吉他，結構也比較精密，多為演奏時使用，它的音量聲響比Lyra聲
　　　　音更為宏大，絃的數目，由四絃至十八絃不等。Lyra琴則比較大眾化，不但
　　　　教學時使用它，業餘音樂家也愛用它：Lyra的琴身使用龜殼材料製造而成，
　　　　初時只有四絃，稍後增加至七絃。兩者皆成希臘人的民族樂器，特為敬祀阿
　　　　波羅神時使用。見劉志明著《西洋音樂史與風格》台北，大陸書店出版，1988
　　　　年六月七版。頁16。

共一百零七件，這數量比以往在各地漢代墓葬出土的石磬總和還要多。在許多石磬上面，不但清楚的表示每個石磬的排列順序，而且還有當時附近諸侯國的特殊文字。這在某種程度上，反映出墓主人在當時所具有的顯赫地位。

在古樂器方面，同時出土的計十九件編鐘，包括十四個甬鐘和五個鈕鐘，這些編鐘在製作方面極其考究，每個鐘都可以發出兩種不同音階的聲音。這一發現，有利的駁斥了雙音編鐘在漢代時已經消失的論點。這一套編鐘在製作過程中，採用了特殊的化學成分，使得這些在地下埋藏了二千多年的文物，在出土後仍然閃亮如新，也為研究當時樂器的製造方式，提供了新的研究方向。

綜合以上所述，中國所陸續出土之考古文物，使得我國音樂史及樂器史原來的許多章節不得不重新的改寫，從歷年來出土之考古文物，可以拼湊出我中華民族，在音樂方面的成就斐然，雖然幾千年來的物換星移，仍遮掩不了先民們的智慧。

中華民族是一個文明古國，傳說遠在五十萬年以前，由盤古開天起、三皇五帝的傳說至伏羲、神農氏的出現，可以看出我國初民生活逐漸進步的情形，人類社會進化的階段，最初是漁獵時期，其次是畜牧時期，再次才是農業時代。有巢氏和燧人氏，正是代表漁獵時代發展居住和火食的進化時期；伏羲氏的傳說，正是代表由漁獵時代進化到畜牧的時代；神農氏的傳說，則是由畜牧時代再進化到農業的時代。在這些傳說之中，有些是神話，也有些是事實。傳說就是憑口耳相傳之舊說也，泛指無可徵信之記載，我們當然不能就認為是真正的歷史，全部予以採信。但是由盤古開天起至三皇的傳說，我們可以看出初民對於宇宙開闢的想像和對於時間久遠的觀念。

社會的進步，是由漁獵時代、畜牧時代再進化到農業的時代，這是有跡可尋的人類進化史。相傳在遠古時期，我們的先祖就已經在中原這一塊土地上生存，歷經了漫長的歷史歲月，創造出無數光輝燦爛的各色各樣的文化，音樂的藝術就是其中之一。在古代的神話傳說裏，最富於音樂藝術意味而又具體地反映出上古人民的生活願望和思想感情的，就是傳說中的音樂故事了。如黃帝命伶倫取竹製定十二音律，女媧作笙簧，伏羲氏發明琴瑟。雖然這些都只是傳說，但是在那遙遠的半神話年代裏，已經有了屬於我國的民族音樂概念和形式的肇始。

第三節 《樂記》中的樂器象徵

壹、傳統樂器原始的涵義

無論是生活在舊石器時代，或是廿一世紀科學文明的人們，都有屬於自己的獨特樂器與音樂。所謂《樂記》中的樂器，乃是就《樂記》篇章中所記載之樂器而言。上一章中，言及音樂與樂器的由來，乃歷經漫長的歲月累積而成，絕非某一個朝代所能獨立創制的。本章所謂《樂記》中的樂器象徵，所要表達的是《樂記》一文中樂器原始的涵義，以及其與禮教結合後，對中國道統文化所產生的影響。

中國音樂之發展，自古以來皆受道德規範的束縛，這種關係與風格之建立，早在周代以前，就由許多的先聖先賢們奠定了基礎，並且確立了一個相當完整的、演繹的邏輯觀念，也就是《禮記·中庸》所述：「踐其位，行其禮，奏其樂」〔註127〕的「正名」規範。每個人應站在自己的位置，行其所當行，尤其是儒家思想中「不在其位，不謀其政」的「名分」更為嚴格，任誰都不能逾越其位。〈中庸〉第二十八章章句足可印證之：

> 非天子，不議禮，不制度，不考文。今天下，車同軌，書同文，
> 行同倫，雖有其位，茍無其德，不敢作禮樂焉；雖有其德，茍無其
> 位，亦不敢作禮樂焉。〔註128〕

因為「不在其位，不謀其政」的觀念，所以孔子據此觀念延伸，進而批評季氏：「八佾舞於庭，是可忍也，孰不可忍也。」〔註129〕實在是有其道理的。古代宗廟社稷的禮儀典制，涇渭分明，《論語集注·八佾》上言：

> 季氏，魯大夫季孫氏也。佾，舞列也，天子八、諸侯六、大夫
> 四、士二。每佾人數，如其佾數……季氏以大夫而僭用天子之樂。
> 孔子言其此事尚忍為之，則何事不可忍為也。〔註130〕

在這裡「忍」字解釋為「敢去做」，也就是說，這種事都敢做了，還有什麼事做不出來的呢？身為大夫卻僭越自己所應行的舞佾規範，這是讓孔子深深以為不齒而欲加以撻伐的。舞樂自來並行，舞佾之數既不可踰越身分，樂器

〔註127〕見《禮記注疏·中庸》卷第五十二，《十三經注疏》本，頁887。
〔註128〕見《禮記注疏·中庸》卷第五十二，《十三經注疏》本，頁898。
〔註129〕見《論語注疏·八佾第三》，《十三經注疏》本，頁25。
〔註130〕見《論語集說·八佾》卷二，《四庫全書》本，第200冊，頁571。

之使用亦然。如《禮書綱目》云:「諸侯擊玉磬〔註131〕,諸侯之僭禮也。」
〔註132〕,磬與鐘在古代都是代表「禮」的象徵。玉磬乃天子專用,故言諸
侯擊玉磬乃僭禮之行為。以此觀之,孔子對於制禮作樂的要求,認為要恰如
其分,不得僭其位。古代學者亦普遍有此觀念,並進而引為「道德規範」,
影響我國的樂教達數千年之久。

　　《樂記・魏文侯》篇中,子夏對各種樂器之聲音涵義,做了以下之闡述,
也間接以各種「樂器」的形聲,說明了其意涵。子夏曰:

> 鐘聲鏗,鏗以立號,號以立橫,橫以立武。君子聽鐘聲,則思
> 武臣。石聲磬,磬以立辨,辨以致死。君子聽磬聲,則思死封疆之
> 臣。絲聲哀,哀以立廉,廉以立志。君子聽琴瑟之聲,則思志義之
> 臣。竹聲濫,濫以立會,會以聚眾。君子聽竽、笙、簫、管、之聲,
> 則思畜聚之臣。鼓鼙之聲讙,讙以立動,動以進眾。君子聽鼓鼙之
> 聲,則思將帥之臣。君子之聽音,非聽其鏗鏘而已也,彼亦有所合
> 之也。(〈魏文侯〉)

在上面這段經文中,子夏已經把《樂記》傳統樂器的形聲意涵說的很清楚了。
子夏在最後點出此段經文之重點:「君子聽鼓鼙之聲,則思將帥之臣。君子之
聽音,非聽其鏗鏘而已也,彼亦有所合之也。」以下將以《樂記・魏文侯》
為經,「金聲玉振」、「雅頌之聲」、「我歌且謠」等幾個方面為緯,來論述我國
傳統樂器形成的過程與其意涵。

貳、金聲玉振──鐘磬之聲

　　中國古代用「金聲玉振」一詞形容一個人德行全備,才學精妙。「金聲玉
振」的本義則是指奏樂的時候,以鐘發聲,以磬收韻。鐘為金類樂器,磬則
為石類樂之樂器,金聲石韻是集眾音之長的最美妙的音樂。屈原《大招》正
寫出了楚人在金聲玉振的音樂伴奏下紆長袖而翩躚起舞的情形。以下分別介
紹鐘磬二樂器在古代的形制及作用。

〔註131〕〈明堂位〉云:「玉磬,四代之樂器也。」見清孫希旦撰《禮記集解・明堂位》
　　　　台北:文史哲出版社,1990年八月一版。頁839。〈郊特牲〉曰:「諸侯宮縣
　　　　而祭以白牡、擊玉磬,朱干設錫,冕而舞大武,乘大輅,諸侯之僭禮。」見
　　　　《禮記注疏・郊特牲》卷二十五,《十三經注疏》本,頁487。
〔註132〕見清江永撰《禮書綱目・樂器・樂四》卷八十三,《四庫全書》本,第134
　　　　冊,頁549。

一、鐘

中國古代很早就能製作銅質鐘，以爲樂器。古代禮儀，在宴會或祭祀中都要使用鐘。至西周中期始成熟，其後歷代形制，略有不同。從早期商代扁圓形的鈴，到殷商時期的編鐃，以及西周中期三枚一組的編鐘、西周晚期的紐鐘、戰國時期的大型編鐘、編鎛，經歷了一千多年的演變時期。在西周中、晚期的成套編鐘上，我們發現當時已正式確立了「一鐘二音三度音程」的設計原則，及「羽、宮、角、徵」的四聲音階概念。這些原則、概念，成爲研究中國音律史的重要史料，同時提供了後代東周、春秋、戰國五聲、七聲音階觀念形成的基礎，是先秦音樂的主流。以編鐘、編磬爲主奏的音樂，素有「金石之聲」的美稱。

《樂記·魏文侯》裡面提到鐘聲的作用：

> 鐘聲鏗，鏗以立號，號以立橫，橫以立武。君子聽鐘聲，則思
> 武臣。（〈魏文侯〉）

正義曰：

> 鐘聲鏗者，言金鐘之聲鏗鏗然矣。鏗以立號者，言鏗是堅剛，
> 故可以興立號令也。號以立橫者，謂橫氣充滿也。若號令威嚴，則
> 軍士勇敢而壯氣充滿。崔氏云：「若嚴正立號，則其號必充滿於萬物
> 矣。」橫以立武者，言壯氣充滿所以武事可立也。崔氏云：「若教令
> 充徧則武矣。」君子聽鐘聲則思武臣者，君子謂識樂之情者，所以
> 聞聲達事，鐘既含號令立武，故聽之而思武臣也。〔註133〕

鐘乃自鐃、鉦衍變而來。鐃、鉦乃用手持而敲擊（鐃小而鉦大），所以柄在下方而器口朝上。而鐘則懸掛而擊，故其基本形制是在兩側尖銳的扁體共鳴箱上部的平面上，有一可供懸掛的柄。鐘是在商代鐃的基礎上發展而成，其後竟逐漸取代鐃，而成爲典禮上重要的樂器。根據鐘的形狀，可將其分爲鐘與鎛兩類。鐘因懸掛方式不同，分爲「甬鐘（如【圖4_32】）〔註134〕與紐鐘（如【圖4_33】）〔註135〕兩種。」〔註136〕甬形祇有鐘一種，不見於

〔註133〕見《樂記·魏文侯》卷三十九，《十三經注疏》本，頁693。
〔註134〕【圖4_32】引自馬承源主編《中國青銅器》，臺北：南天書局，1991年，頁285。
〔註135〕【圖4_33】此鐘爲合範鑄造，圓形，上小下大，平口。頂部有長方形穿孔，
並有分歧外侈的羊角形鈕。全器素地無紋飾。此種形制的鐘多出士於廣西
和雲南，貴州地區所見不多。羊角鈕鐘被視爲嶺南越族所特有的一種樂器。
此爲目前所見同類型鐘中最大的一件。引自王永紅，陳成軍合著《古器物

鎛。鐘是橋形口,「鐘體的枚」〔註137〕有長枚與控枚,也有無枚而素面的。鎛(如【圖 4_34】)〔註138〕是平形口,鎛體祇有短枚,長枚極少見,也有無枚而素面的。〔註139〕鐘、鎛的體上有的有銘文,銘文就是一篇記事文章,刻鑄於鐘、鎛體上,用以表功或是警惕勸戒。這些銘文在商到春秋時代,一般是鑄成的,戰國時代則大多是刻成的。所以,鑄形之鐘、鎛拓片的紋飾,都是白底黑線條,而銘文則是黑底白線條。

【圖 4_32】甬鐘　　【圖 4_33】羊角紐鐘　　【圖 4_34】鎛

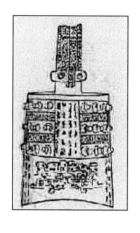  

二、磬

《樂記》云:「石聲磬,磬以立辨,辨以致死。君子聽磬聲,則思死封疆

鑑賞》,台北:文津出版社有限公司,2004 年初版,頁 374～375 頁。

〔註136〕懸掛鐘體的柄形物稱為甬;甬的頂端則稱為衡;甬的中段突出部分稱為旋;旋上用以懸鐘鉤的孔稱為幹,因此懸掛的方式是傾斜的。西周中期出現了直懸的鐘,即在舞上豎立一冂形的梁,則稱之為紐。故今稱斜掛者為甬鐘;直懸者為紐鐘。容庚始悟正圜之環所以懸鐘,即所謂「鐘縣之旋」也。半環為牛首形者,乃鐘之紐,所謂「旋蟲謂之幹」也。而旋之所居,正當甬之中央近下者,則所謂「參分其甬長」,二在上,一在下,以設其「旋」也。見容庚《商周彝器通考》,台北:文史哲出版社,1985 年,頁 493。

〔註137〕《考工記・鳧氏》:「鐘帶謂之篆,篆間謂之枚。」見《周禮・冬官考工記》卷四十,《十三經注疏》本,頁 617。見清乾隆十三年敕撰《欽定周官義疏》卷四十七,《四庫全書》本,第 99 冊,頁 581。

〔註138〕【圖 4_34】引自中華五千年文物集刊〈樂器篇〉,台北:中華五千年文物集刊編輯社,1985 年 6 月初版,頁 16。

〔註139〕陳萬鼐主編《中華五千年文物集刊・樂器篇》,中華五千年文物集刊編輯委員會出版,1985 年 6 月初版,頁 31。

之臣。」（〈魏文侯〉）正義曰：

> 此一經明石聲磬者，石磬也。磬是樂器，故讀磬音磬然矣。其
> 聲能和故次鐘也。言磬輕清響矣，叩其磬，則其聲之磬磬然也。磬
> 以立辨者，辨別也。崔云：「能清別於眾物，明分明辨別也。」辨以
> 致死者，既各有部分不可侵濫，故能使守節者致死矣。若諸侯死社
> 稷，大夫死眾，士死制之屬也。崔云：「若能明別於節義，則不愛其
> 死也。」君子聽磬聲，則思死封疆之臣者，言守分不移，即固封疆
> 之義矣。磬舍守分，故聽其聲而思其事也。（〈魏文侯〉）

《說文·石部》磬：「石樂也」〔註140〕。《初學記》引《五經要義》云：「磬，
立秋之樂也」。

　　磬是古代用玉石或金屬製成的民族樂器，它的形狀像曲尺，可懸掛在架
上如【圖4_35左圖】。〔註141〕數量不一，有單一的特磬，也有成組排列的編
磬。（如【圖4_36】）〔註142〕按照使用場所和演奏方式，磬可以分為特磬和編
磬兩種：特磬是皇帝祭祀天地和祖先時演奏的樂器；編磬是若干個磬編成一
組，掛在木架上演奏，主要用於宮廷音樂。二千多年前的戰國時期，楚地的
編磬製造工藝達到了較高水準。

【圖4_35】左編磬，右天球

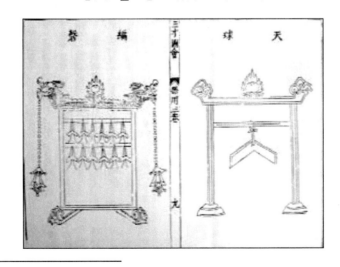

〔註140〕見《說文解字注》，頁456。
〔註141〕【圖4_35】採自《三才圖會》，頁243。
〔註142〕【圖4_36】引自東京國立博物館《特別展曾侯乙墓》，日本經濟新聞社，1992
　　　　年，頁66。

【圖 4_36】曾侯乙墓出土　編磬

磬的歷史非常悠久，在遠古母系氏族社會，曾被稱爲「石」和「鳴球」如【圖 4_35 右圖】〔註 143〕。當時人們以漁獵爲生，勞動之後，敲擊著石頭，裝扮成各種野獸的形象，跳舞娛樂。這種敲擊的石頭，就逐漸演變爲後來的打擊樂器—「磬」，磬最早主要用在先民的樂舞活動中，後來它和編鐘一樣，用於歷代上層統治者配合征戰和祭祀等各種活動的雅樂中。中國古代禮儀均須擊磬。《周禮》的《春官》稱「磬師掌教擊磬」，孟子稱「金聲玉振」，形容奏樂時以鐘始，以磬終。

由《樂記》正義所言，吾人可知鐘及磬之功用及影響甚大，善爲軍者不可不察。因爲堅強的軍隊，聽到鐘聲鏘鏘，而心有所警，故以鐘鏘之聲來確立號令，聽到號令就可以振奮軍心，軍心振奮就可以建立武功。君子也因聽到鐘聲而思念其武臣。石磬敲出罄罄聲，這種罄罄聲可以用來分辨節義，能分辨節義就能以身殉職。君子聽到石磬聲，就會思念爲保衛疆土而犧牲的部下。

「鐘磬之聲，禮樂之邦」的說法，體現出人們對中國古代文明社會宮廷音樂生活的讚頌。這些受讚頌的音樂中，凝聚了眾多樂工的智慧和血汗。有關鐘磬的發展，自是中國音樂文化的一大異彩，其歷程得以與舉世聞名之鼎器相媲美，亦足以證明中國古代的造形工藝已達爐火純青之境，否則無法生產質地俱屬上乘之樂器，如鐘磬者。這種金屬工藝除了光輝燦爛外，亦必須精確的奏出十二音律。《詩經》以「琴瑟友之……鐘鼓樂之」〔註 144〕來形容

〔註 143〕〈郊特牲〉言：「擊玉磬」。〈明堂位〉言：「四代樂器而搏拊玉磬，先王因天球以爲磬，以爲堂上首樂之器。」《書》言：「戛擊鳴球」。鳴球即天球。

〔註 144〕《關雎》:「關關雎鳩，在河之洲。……參差荇菜，左右采之。窈窕淑女，琴瑟友之。參差荇菜，左右芼之。窈窕淑女，鐘鼓樂之。」見《詩經・周南・

早年貴族之精神生活，那種雍容自在，寬容有度之鐘磬世家生涯，令人羨慕。即以今日的之科技進步，恐亦不易製作出如是精緻之器材矣。所以無論是表演技藝、服裝道具；還是鐘、磬等樂器的設計和鑄造工藝，在在體現出先民驚人的創造力。即使是抽象藝術美和表演風格，也仍然保持著與民間音樂舞蹈休戚相關的特點。從夏商周三代經典樂舞作品《大夏》、《大濩》、《大武》〔註145〕到戰國曾侯乙墓建造的地下音樂殿堂，這些輝煌的鐘磬之聲、竽瑟之樂，都閃耀著古代早期文明社會先民智慧的光芒。〔註146〕

　　禮樂的制度是維繫周朝政權的兩大支柱，二者之間關係非常密切。周朝建立後，統治者嚴格規定了王公諸侯有關生活禮儀上的區別和限制，以有效地維持社會秩序，鞏固王朝統治。禮樂制度的運用，配合周禮的施行，嚴格規範樂舞使用級別。即使到了後世，也還保留這種精神，以孔廟樂器言，陳列的有雅樂編磬，此磬不同於一般佛寺所用之鐘磬，雅樂編磬掛在軒架上（古稱篞虡）。周鐘之制度，製作及使用有其一定傳統，「銑、于、鼓、鉦、舞、甬、衡、旋、幹、篆、枚」〔註147〕等皆需依古制製作，枅器之制作以及象虎之敔，均須上架，雅樂登歌軒架，所以有堂上庭下之稱，階上階下之分，確有「分寸」隆重之義！孔子一生主張一個「正」字道理，是故孔廟享樂不可不正也。

三、曾侯乙編鐘

　　曾侯乙是戰國早期曾國君主乙，其墓葬位於湖北省隨州市西郊擂鼓墩附近。自 1977 年發現以來，引起廣大注意。因其墓葬中殉藏品物眾多，是一

〔註145〕《關雎》，《十三經注疏》本，頁20〜22。
〔註145〕《周禮·大司樂》云：「以樂舞教國子，舞雲門，大卷，大咸，大磬，大夏，大濩，大武。」鄭玄注：「此周所存，六代之樂。……《大夏》，禹樂也。……《大濩》，湯樂也。……《大武》，武王樂也。」見《周禮·春官·大司樂》卷二十二，《十三經注疏》本，頁337〜338。
〔註146〕見伍國棟著《中國古代音樂》，台北：商務出版，1993年12月初版，頁19〜21。
〔註147〕《樂書》云：「《考工記》曰：『六分其金而錫居一，謂之鍾鼎之齊。鳧氏爲鍾，兩欒謂之銑，銑間謂之于，于上謂之鼓，鼓上謂之鉦，鉦上謂之舞，舞上謂之甬，甬上謂之衡，鍾懸謂之旋，旋蟲謂之幹，鍾帶謂之篆，篆間謂之枚，枚謂之景，于上之攠謂之隧，十分其銑，去二以爲鉦，以其鉦謂之，銑間，去二分以爲鼓間，以其鼓間謂之舞修。去二分以爲舞廣，以其鉦之長，爲之甬長，以其甬長，爲之圍。三分其圍，去一以爲衡圍。大鐘，十分其鼓間，以其一爲之厚，爲隧六分其厚，以其一爲之深而圓之。』」見宋陳暘撰《樂書》，卷一百九，《四庫全書》本，第211冊，頁447。

豐富的考古寶庫，其間實物資料，有助於吾人對古器物之了解與疑點的澄清。大陸方面在 1978 年時，由湖北省博物館譚維四主持進行發掘，出土了大批精美的隨葬品。從出土的鑄鐘銘文可知，曾侯乙下葬的年代爲公元前 433 年或稍後。該墓的年代和墓主身份都很明確，爲東周考古的分期斷代研究提供了可靠的標尺。在我國已出土之樂器文物中，鐘、石磬類樂器當屬「曾侯乙墓」下葬時所陪葬的一套青銅編鐘，和三十二件一套的石質編磬爲最完整。此青銅編鐘以其無與倫比的精美造型、優美發音和科學律制，震撼了全世界。現稱爲「曾侯乙編鐘」。（如下【圖 4_37】）〔註 148〕

【圖 4_37】曾侯乙墓出土　編鐘

「曾侯乙編鐘」包括鈕鐘 19 件，甬鐘 45 件，外加楚王贈送的一件鎛鐘，共六十五件，總重量高達兩千五百多公斤。最大的一件通高 153.4 厘米，重 203.6 公斤；最小的一件通高 20.4 厘米，重 2.4 公斤。整套編鐘總重達 2500 多公斤。鐘架長 7.48 公尺，寬 3.35 公尺，高 2.73 公尺，是目前出土中國古樂器中規模最大、數量最多、性能最佳、鑄造最精美、保存最完好的一套。

「曾侯乙編鐘」的樂音，是古代青銅鑄造技術與音樂發展的結晶，以銅、錫、鉛青銅合金鑄造的合瓦形鐘體，能從正面與側面的撞擊，產生不同的振動模式，因此每個鐘都有形成三度音程的兩個樂音，能分別敲擊互不干擾，也能同時敲擊產生悅耳的和聲。整組編鐘的音階體系，音域自 C2 至 D7，中心音域內 12 半音齊備，稱謂是：宮（do）、羽角（#do）、商（re）、徵曾（bmi）、宮角（mi）、羽曾（fa）、商角（#fa）、徵（sol）、宮曾（bla）、羽（la）、商曾（bsi）、徵角（si），是目前僅存全世界最古老的 12 個半音樂器。〔註 149〕

〔註 148〕【圖 4_37】採自國立傳統藝術中心與臺北市立國樂團合製 DM。
〔註 149〕「曾侯乙編鐘」按形制之不同，全部編鐘以大小和音高爲序組成 8 組，懸掛在

　　編鐘和鼎一樣，是權位和階級的象徵，《周禮》中有明確的等級使用規定。西周時，它是天子分封和賜予的重要物品；東周時，無論是君主間餽贈、或是諸侯賞賜下臣，都可見到編鐘一物。「曾侯乙編鐘」就是楚惠王熊章繼位五十六年（西元前 433 年）時，鑄造送給曾侯乙的。〔註150〕

　　周公制禮作樂，目的在於別尊卑，定萬物，調和氣性，合德化育。編鐘、編磬，並不只是先秦時期所盛行的樂器，而是承載著當時的禮制規範與教化功能的重要器物。《周禮》中記載編鐘的製作和使用的分工情形，並設官職負責：例如，「鳧氏」掌管鐘的設計及鑄造；「伶」負責調定鐘律；「梓人」設計及製作鐘架；「磬師」掌教擊磬、擊編鐘；「鐘師」負責演奏編鐘。此外，古人對於鐘的合金比例〔註151〕、形制規範、裝飾原則、鐘律，以及鐘體與音質的相互影響，均有研究。

　　「曾侯乙編鐘」現存放於大陸湖北省博物館，行政院文化建設委員會「民族音樂中心籌備小組」曾研商民族音樂中心購置重要館藏品有（樂器、曲本、文物等）項目，決議爭取購置「曾侯乙編鐘」。委由大陸湖北省博物館由出土原件翻模複製之複製品乙套，以充實民族音樂中心未來館藏。1998 年三月，由前文建會副主委劉萬航，率鴻禧美術館廖桂英副館長、民族音樂專家林谷芳教授，及國立故宮博物院器物處張光遠處長等人，前往大陸湖北省博物館

　　　銅木結構的三層鐘架上。鐘架近旁有 6 個「T」字形髹漆彩繪木錘和兩根彩繪髹漆長木棒。鐘架橫樑上髹漆，並有彩繪花紋和刻文，橫樑兩端有浮雕及透雕龍紋或花瓣形紋飾的青銅套。中下層橫樑各有 3 個佩劍銅人分別用頭、手頂托，並通過橫樑的方孔以子母榫牢固銜接。中部還各有一銅柱承托橫樑以加固。全套鐘架由 245 個構件組成，可以拆卸，設計精巧，歷經 2000 多年，出土時仍矗立如故。鐘上均有篆體銘文，絕大多數為錯金文字，共 2800 餘字，內容除「曾侯乙乍（作）甬（持）」外，都是關於音樂方面的，可以分為標音銘文與樂律銘文兩大類。樂律銘文中記樂律名稱 53 個，其中有 35 個是過去所不知道的。將標音銘文與實際測音對照證明，編鐘音律準確，每個鐘都能敲出兩個樂音，整套編鐘的音階結構與現今國際通用的 C 大調七聲音階同一音列，總音域包括 5 個八度，中心音域 12 個半音齊備，可以旋宮轉調。見譚維四、郭德維〈湖北省隨縣曾侯乙墓發掘簡報〉，收錄於《文物》，1979 年 7 期。
〔註150〕同上注。
〔註151〕合金比例《周禮注疏》云：「金有六齊，六分其金而錫居一，謂之鐘鼎之齊。」《前漢書・食貨志》按班氏固曰：「金有三等，黃金為上，白金為中、赤銅為下。」，赤銅即丹陽銅也，樂器器自當用銅，譬如鐘的銅質配方，用「銅六分」，「錫一分」，這種分量調劑的青銅，敲擊發音，的確比純銅美聽，古時稱這滲合比數，謂之「齊量」，所謂「六齊之法」即指此事，見《周禮注疏》卷第四十，《十三經注疏》本，頁 615。

及武漢精密鑄造公司，進行實地實物勘驗，於同年 8 月 14 日運抵台北，由國立傳統藝術中心接收，目前由台北市立國樂團「以演代管」的方式，存放於台北市中山堂中正廳。如【圖 4_38】〔註 152〕。

【圖 4_38】複製的曾侯乙編鐘

目前放置於台北市中山堂中正廳

四、曾侯乙編鐘、編磬中的樂設

此謂曾侯乙編鐘、編磬中的樂設，其實就是懸掛編鐘、編磬的鐘架、磬架，古時稱爲鐘虡及磬虡【圖 4_39】〔註 153〕，架上有些樂設在此提出說明。

【圖 4_39】虡

〔註 152〕【圖 4_38】筆者 2007 年 4 月攝於台北市中山堂中正廳。
〔註 153〕【圖 4_39】採自《三才圖會》，頁 254。

（一）虡、業

《周禮・冬官考工記下》中記載一段有關〈梓人〉司職的一段話：

> 梓人為筍虡。天下之大獸五：脂者、膏者、臝者、羽者、鱗者。
> 宗廟之事，脂者、膏者以為牲，臝者、羽者、鱗者以為筍虡。〔註154〕

《禮記・明堂位》云：「夏后氏之龍簨虡，殷之崇牙，周之璧翣。」〔註155〕鄭玄注：「簨虡，所以懸鐘磬也。橫曰簨，飾之以鱗屬，植曰虡，飾之以臝屬、羽屬。」〔註156〕前述《周禮》所說的「梓人為筍虡」與《禮記》所說的「夏后氏之龍簨虡」，兩者為同一物品。以此解釋「虡」就是懸掛鐘、磬等木架上直的木柱，而橫設的木條叫「筍」用以懸掛編鐘、編磬（或寫作「栒」、「簨」），通稱「簨虡」或簡稱「虡」。筍與虡都是演奏鐘、磬時必備之樂設，沒有這些樂設懸掛，鐘磬根本無法演奏。〔註157〕

鄭氏曰：「簨以大版為之，謂之業。殷又於龍上刻畫之為重牙，以挂縣紘也。周又畫繒為翣，載以璧垂五采羽於其下，樹於簨之角上，飾彌多也。」〔註158〕

《詩經・周頌・有瞽》云：

> 有瞽有瞽，在周之庭。設業設虡，崇牙樹羽。應田縣鼓，鞉磬
> 祝圉。既備乃奏，簫管備舉。〔註159〕

詩中很清楚的介紹瞽者（盲樂師），聚集於周天子朝庭。眾多的樂器一齊合奏祭祀周祖先所奏的樂歌。據筆者推敲「設業設虡，崇牙樹羽」的意思，實為在演奏前之準備樂器、架設舞台的情形，按「設」字，說文解為施陳也。就是陳設、擺設、設置的意思，「業」用現在的話解釋，是為古代安放樂器架子上的橫樑大板【圖4_40】〔註160〕孔穎達疏：「業，大板也，所以飾栒為縣也。捷業如鋸齒，或曰畫之。植者為虡，衡者為栒。」〔註161〕意為「業」是放置樂器的木板，裝置有卡筍可以懸掛樂器。曾侯乙墓編鐘設有造型獨特

〔註154〕見《周禮注疏・考工記》卷四十一，《十三經注疏》本，頁637。
〔註155〕見《禮記・明堂位》，《十三經注疏》本，頁583。
〔註156〕同上注。
〔註157〕同上注。
〔註158〕同上注。
〔註159〕見《詩經・周頌・有瞽》卷十九，《十三經注疏》本，頁731。
〔註160〕【圖4_40】採自《三才圖會》，頁254。
〔註161〕見《詩經・周頌・有瞽》卷十九，《十三經注疏》本，頁731。

的爬虎套環，將編鐘懸起。

【圖4_40】業、璧翣

（二）崇牙、樹羽

《詩經‧周頌‧有瞽》：「崇牙上飾卷然，可以縣也，樹羽，置羽也。」
〔註162〕朱文瑋、呂琪昌合著《先秦樂鐘之研究》說：「按崇牙之說不甚詳，
璧翣者，今未見之，或已朽而不存。」〔註163〕，崇牙實為「業」上置放樂
器架子上所刻成的鋸齒狀，用以懸掛一排大小不等鐘磬的筍。（如【圖4_41】）
〔註164〕長樂陳氏曰：

> 鍾磬之筍，皆飾以鱗屬，其文若竹筍然，文同同筍故也。筍則
> 橫之，設以崇牙，則其形高以峻；虡則植之，故以業，則其形直以
> 舉，是筍之上有崇牙，崇牙之上有業，業之兩端又有璧翣。鄭氏謂
> 「戴璧垂羽」是也。蓋筍虡所以縣鍾磬，崇牙璧翣所以飾筍虡。夏
> 后氏飾以龍，而無崇牙。殷飾以崇牙，而無璧翣。至周則極文而三
> 者具矣。設業設虡，崇牙樹羽是也。〔註165〕

〔註162〕見《詩經‧周頌‧有瞽》卷十九，《十三經注疏》本，頁731。
〔註163〕見朱文瑋、呂琪昌合著《先秦樂鐘之研究》，台北：南天書局有限公司出版，
　　　　1994年4月初版，頁136。
〔註164〕【圖5_41】採自《三才圖會》，頁254。
〔註165〕見宋陳暘撰《樂書》卷七，《四庫全書》本，第211冊，頁59。

【圖 4_41】崇牙

又按《禮記·明堂位》所云：「夏后氏之龍簨虡，殷之崇牙，周之璧翣。」崇牙與璧翣，應為殷周前期之產物，崇牙與璧翣在周以前之出土墓葬，並無實物出土，可能之原因為，在周以前之陪葬品均為明器之故，或是崇牙與璧翣易於腐爛之故。又從近幾十年出土之淅川下寺二號墓鐘架、固始侯古堆一號墓鎛鐘架、鈕鐘架，及信陽長台關二號墓木編鐘架，亦無崇牙之芳蹤，按自周起傳世之鐘，多側弦，而甬旁有正圓之旋者僅一紀侯鐘。其餘懸鐘之具，大抵為鐘鉤，其狀或作龍形（如【圖 4_42】）〔註 166〕，或作獸形（如【圖 4_43】）〔註 167〕，上為環，下為鉤。銘稱為鉤。〔註 168〕時至曾侯乙墓出土之編鐘、編磬架所用來懸掛之物，已改成獨特的爬虎套環，（如【圖 4_44】、【圖 4_45】）〔註 169〕此物是否代替崇牙，值得更進一步研究。

〔註 166〕見容希白編著《商周彝器通考及圖錄》，台北：文史哲出版社，1985 年元月出版，頁 512。

〔註 167〕見容希白編著《商周彝器通考及圖錄》，台北：文史哲出版社，1985 年元月出版，頁 512。

〔註 168〕見容希白編著《商周彝器通考及圖錄》，台北：文史哲出版社，1985 年元月出版，頁 510。

〔註 169〕【圖 4_44】、【圖 4_45】筆者 2007 年 4 月攝於台北市中山堂中正廳。

【圖 4_42】龍形銅鉤　　　　【圖 4_43】獸形銅鉤

【圖 4_44】爬虎套環　　　　【圖 4_45】爬虎套環之鐵鉤

五、《樂記》中的樂器與曾侯乙墓出土樂器對照表

　　「曾侯乙墓」中，陪葬樂器有編鐘、編磬、鼓、瑟、琴、笙、排簫、篪等八種，共 124 件。既有管絃樂器，也有打擊樂器，其中尤以保存完好的整套編鐘最為珍貴。竹管排簫、銅座建鼓、十弦琴、五弦琴等也都是首次發現。篪在中國已出土的同類樂器中，則是年代最早的。

　　在本章第一節已述及《樂記》中使用的樂器，經對照後發現大部份樂器都在「曾侯乙墓」中出現，可見當時樂器之發展情形已相當成熟。以下樂器，是經與「曾侯乙墓」出土樂器比對後，舉《樂記》中經文以證實《樂記》中使用的樂器，是與時代相符的。如：

〈樂本〉云：〈清廟〉之瑟，朱弦而疏越。

〈樂論〉云：故鐘、鼓、管、磬、羽、籥、干、戚、樂之器也。

〈樂本〉云：鐘鼓、干戚，所以和安樂也。

〈樂論〉云：故鐘、鼓、管、磬、羽、籥、干、戚、樂之器也。

〈樂施〉云：昔者舜作五弦之琴以歌南風。

〈樂象〉云：而文以琴瑟，動以干戚，飾以羽旄，從以簫管。

〈樂象〉云：金、石、絲、竹，樂之器也。

〈魏文侯〉子夏曰：然後聖人作爲鞉、鼓、椌、楬、壎、箎……

　　　　　　然後鐘、磬、竽、瑟以和之。

　　　　　　君子聽鐘聲……

　　　　　　君子聽磬聲……

　　　　　　君子聽琴瑟之聲……

　　　　　　君子聽竽、笙、簫、管之聲……

　　　　　　君子聽鼓鼙之聲……

　　　　　　然後聖人作爲鞉、鼓、椌、楬、壎、箎，此六者，德音之音也。

　　　　　　然後鐘、磬、竽、瑟以和之。

以上方框內之樂器是曾在「曾侯乙墓」中出現者，茲再以下表表列之，以收相互對照之效。

《樂記》之樂器與曾侯乙墓出土樂器名稱對照一覽表

篇	章	《樂記》經文	曾侯乙墓	備註
樂本	第三章	〈清廟〉之瑟，朱弦而疏越。	瑟	
樂本	第四章	鐘鼓、干戚，所以和安樂也。	鐘、鼓	
樂論	第三章	故鐘、鼓、管、磬、羽、籥、干、戚、樂之器也。	鐘、鼓、管、磬、籥	
樂施	第一章	昔者舜作五弦之琴以歌南風。	五弦琴	
樂象	第二章	而文以琴瑟，動以干戚，飾以羽旄，從以簫管。	琴、瑟、簫、管	
樂象	第四章	金、石、絲、竹，樂之器也。	注：本章所言，金、石、絲、竹，爲古人樂器分類之八音名稱。	

魏文侯	第一章	和正以廣，弦、匏、笙、簧，會守拊、鼓，始奏以文，……訊疾以雅。	匏、笙、簧、拊、雅	
魏文侯	第三章	然後聖人作爲靴、鼓、椌、楬、壎、箎……然後鐘、磬、竽、瑟以和之	鄭注：「六者爲本，以其聲質也，椌楬謂柷敔也，壎箎或爲簨虡。」	
魏文侯	第三章	君子聽鐘聲…… 君子聽磬聲…… 君子聽琴瑟之聲…… 君子聽竽笙簫管之聲…… 君子聽鼓鼙之聲……	鐘、磬、琴、瑟、鼓、鼙。	
魏文侯	第三章	然後聖人作爲靴、鼓、椌、楬、壎、箎，此六者，德音之音也。然後鐘、磬、竽、瑟以和之，……君子聽鼓鼙之聲，則思將帥臣。	靴、椌、楬、壎、箎、竽、鼓、鼙	

第四節 結 語

　　本章就樂器原始的涵義作一概括性質的敘述。講述樂器原始的涵義，就必須包涵音樂美學，而音樂美學將在第五章第一節說明，暫此按下不談。音樂是人類精神的產物，並非只是單純偶然或隨意而發的聲音。人類起初爲了表達自己的情感，因而產生樂音及樂器，但當樂音、樂器產生以後，慢慢地也就進入了純藝術性的範圍。至於樂音及樂器的產生先後，是否聲樂在前，樂器在後？抑是樂器產生在先？吾人已無法知悉。總之，筆者認爲音樂與樂器起源史無法像歷史一樣，可以從文獻中找到一個確切的答案。早期中國人樂器的分類就是「八音」，這是一個簡便的名稱。通以八種不同的材料來製造各種不同式樣之樂器，最早記述這八種材料的書，就是《周禮·考工記》，此八種材料爲：「金、石、土、革、絲、木、匏、竹。」此八音在樂器音色上，的確具有高度的靈性，一座鐘被敲擊後，甚至敲擊在不同的部位上，會聽到它發出的各種不同音質、音量與音色。有人曾將這些音色用相當適合的形容詞，記錄下來。按陳萬鼐先生據古文整理出來之「鐘聲」形容詞就有十二種之多，茲列舉如下：

　　　　「硍」聲發之於鐘的上部，相當於「隆隆聲」。

　　　　「緩」聲發之於鐘的垂直部「鉦」的地方。

「肆」聲發之於鐘的下部。

「散」聲發之於鐘的弧形向外部。

「斂」聲發之於鐘的弧形向內部。

「贏」聲發之於鐘的過巨部。

「齰」聲發之於鐘鍾的過細部。

「衍」聲發之於橢圓形的鐘。

「筰」聲發之於鐘的口緣開者。

「鬱」聲發之於鐘的口緣閉者。

「甄」聲發之於鐘的薄墻的部分。即「斷續聲」。

「石」聲發之於鐘的厚墻的部分。〔註170〕

據陳萬鼐表示,這十二種發音的「專業名詞」,乃經過專家參照各家釋義而擬定的,它在古音樂書籍中,常常見到。漢人鄭玄說,這些都是鐘的發音。但後來的學者不同意此說,認為任何樂器的發音,都可以用這些名詞去概括,只看用得是否適宜。

然而筆者對上述所言持質疑的態度,舉例而言,筆者對「硍」聲發之於鐘的上部,相當於「隆隆聲」,有不同的意見。依鐘的形制構造來說,鐘的結構分為體跟柄兩大部分,上部即為柄的部分,按柄無共鳴的空間,以發聲原理來說,無此環境讓其敲擊後發出「隆隆聲」,如「隆隆聲」是發之於鐘的下部,其可信度當可提高,因鐘的下部為體,鐘體含鉦跟鼓有共鳴的空間,可讓敲擊後的鐘鼓身產生「隆隆聲」。

筆者認為,中國古代音樂美學思想的發源,皆可以追溯到史前時期。在古代文獻資料中,看到先民們不僅早已具有音樂的審美意識,對樂器的發聲,以及對樂器本身的涵義及其功能的種種表現,均賦予極豐富的想像。他們認為樂器起源於對自然、風、氣的模仿。音樂的功效,小可抒解心情,大可幫助人類克服對自然的恐懼,甚至戰勝敵人,可見音樂之功效之大。故子夏曰:「鐘聲鏗,鏗以立號,號以立橫,橫以立武」又曰:「鼓鼙之聲讙,讙以立動,動以進眾。」就是以樂聲的涵義來激發軍事行動,並鼓舞三軍將士,在古經文中有涉及樂器演奏之意象者,不勝枚舉,如《呂氏春秋‧侈樂》云:

〔註170〕見陳萬鼐著《中國古代音樂研究》,台北:文史哲出版社,2000年2月初版,頁8～9。

　　　　爲木革之聲則若雷，爲金石之聲則若霆，爲絲竹歌舞之聲則若

　　譟。以此駭心氣、動耳目、搖蕩生則可矣，以此爲樂則不樂。〔註171〕

音樂如果像以上〈侈樂〉所說，演奏木製、革製的樂器聲音，就像打雷一樣；

演奏金石、銅製樂器的聲音就像霹靂；演奏絲竹樂器的聲音、歌舞的聲音就

像喧嘩。如果用這樣的聲音驚擾人別人的精神，震動旁人的耳目，搖蕩他人

的性情，是可以的；但是如果把這樣的聲音作爲音樂，那就不能使人快樂了。

〈侈樂〉有如是之想法，未免太獨斷了，演奏樂器產生各種音樂聲，本就是

天經地義的事，如果嫌棄樂聲聒噪，那不是通例，可能是演奏者音準拿捏或

樂聲控制出了問題。我國文化意蘊溫柔敦厚，每以譬喻成章，這些音樂聲音

象徵，只不過是表示其原始的涵義而已。

〔註171〕見秦呂不韋撰、漢高誘註《呂氏春秋・侈樂》卷五，《四庫全書》本，第848
　　　　冊，頁310。

第五章　《樂記》論音樂、歌謠與舞蹈

第一節　中國音樂美學略說

　　《樂記》是中國美學史上第一部系統地闡明藝術規律和藝術特點的美學專著，它的出現代表著儒家美學思想，在理論形態上，已經發展到比較完備和成熟的新階段。中國美學有數千年歷史，有無數珍貴的寶藏。《樂記》於音樂美學中體現我國先哲獨創的智慧、富藏高深的音樂美學意涵，因此我們應當珍視它、細心地研究它。這對於提高我們民族的自尊心和自信心，為促進健全高尚的審美意識發展，創造中國人所喜歡樂見的，具有中國傳統風格的音樂作品，有著重要的意義。

　　《樂記》也是我國古代最早的音樂美學和文藝理論專著，其中對音樂歌舞藝術的起源、性質、特點、功能等方面，有比較系統性的論述，是研究古代音樂文藝美學思想史的一部珍貴文獻。中國古代音樂，或描述自然景物，或反映人類生活，且依其不同感覺的微差顯示出多彩多姿。它的審美歷程，也隨著朝代的遞嬗，為民族的生命活力，帶來無限朝氣，這是我國音樂給人樂此不疲感受的原因。

　　中國音樂美，自有一套審美變化理論系統。從樂器的分類來說，可分成祭祀音樂、宗廟音樂、宮廷音樂、文學音樂與民間音樂等。就音樂的風格來論審美趣味，祭祀音樂帶有敬畏的神秘主義色彩，宗廟音樂含有莊敬主義的肅穆氣氛，宮廷音樂是聲勢主義的大排場，文學音樂則有溫文主義的和煦，民間音樂則是通俗主義的同歡，而歌謠音樂是俚俗主義的純樸。有關中國音樂審美觀念，在審美名詞及文字方面特別豐富。我國是文化古國、禮樂之邦，

早在新石器時代，先民的口語旋律與音樂旋律之間，已有高度的一致性。單詞及成語的口語精神，也最爲直接，諸如：「氣、和、清、微、淡、遠、樂而不淫、哀而不傷、和而不同、曲而不屈」等等的生活用語，都表現在音樂的評論之中，可見中國音樂美學的平易特色。

壹、中國音樂美學理論

中國的美學思想，最早表現於先民的神話傳說和書法、繪畫、舞蹈、建築、音樂、詩歌等藝術形式美的萌芽之中。中國的考古學、民族學和藝術史學的成就，爲我們提供了研究中國美學史的豐富材科。這些豐富的民族文化遺產和審美思想的珍品，是我們進行美育的生動教材。美是一個表現自然、社會、藝術形象的流動範疇。中國美學思想，就是從中國的自然風景、社會生活和藝術創造的表現裏，總結和概括出來的理論。〔註1〕蔡仲德先生在《中國音樂美學史》的緒論上說：

> 美學是哲學的一個分支，是研究人對現實審美關係的一門理論學科。因此，中國音樂美學史的對象不是中國古代音樂作品、音樂生活中表現爲感性形態的一般音樂審美意識，而是中國古代見於文獻記載，表現爲理論形態的音樂審美意識，即中國古代的音樂美學理論，中國古代的音樂美學範疇、命題、思想體系。〔註2〕

換言之，蔡仲德認爲《樂記》是我國古代早期美學思想系統總結性的經典文獻，在中國美學史上佔有相當重要的地位，也是儒家美學思想的代表。此書乃是總結秦以前的音樂美學思想，尤其是在中國音樂思想的歷史長河裡，《樂記》思想對後世文學藝術論述有最爲深遠的影響。筆者在前人研究的文章基礎上，對《樂記》的美學思想內涵作了梳理。《樂記》一書是對春秋戰國以來第一部綜合性的中國藝術哲學、文藝理論專著。李澤厚、劉綱紀在其所主編的《中國美學史》指出：

> 正如西方美學不可不研究亞里斯多德《詩學》一樣，瞭解中國美學不可不研究《樂記》。〔註3〕

〔註1〕見林同華著《中國美學史論集》，台北：丹青圖書有限公司出版，頁13。本書未載出版年月日。

〔註2〕見蔡仲德著《中國音樂美學史》上冊，北京，人民音樂出版社，2004年3月1版，頁3。

〔註3〕見李澤厚、劉綱紀主編《中國美學史》第一卷，台北：漢京出版社，1986年，頁362。

宗白華也在其著作《美學散步》關於《樂記》中說：

> 中國古代思想家對於音樂，特別是音樂的社會作用、政治作
> 用，向來是十分重視的。早在先秦，就產生了一部在音樂美學方面
> 帶有總結性的著作，就是有名的《樂記》。《樂記》提供了一個相當
> 完整的體系，對後代影響極大。〔註4〕

筆者綜觀前述三位近代學者所言，有關中國音樂的美學發軔於《樂記》，所以
《樂記》的「樂」，不僅僅是指「音樂」，而包含了詩、樂、舞。因為中國在
上古時代的文藝實踐中，詩、樂、舞三者是緊緊地密切結合，而不可分割的。
《尚書‧舜典》中說的「詩言志，歌永言，聲依永，律和聲。八音克諧，無
相奪倫，神人以和。夔曰：於！予擊石拊石，百獸率舞。」〔註5〕及「昔葛天
氏之樂，三人摻牛尾，投足以歌八闋。」（《呂氏春秋‧古樂》）就可以很明顯
的看出，在上古時代的詩、樂、舞三者是一體的，也是對原始藝術詩、樂、
舞三位一體，最明顯的特徵描述。又《周禮‧春官‧大司樂》云：「以樂舞
教國子舞《雲門大卷》唐孔穎達《詩譜序》正義指出，雲門樂舞實際也是與
詩相配的：

> 大庭有鼓簧之器，黃帝有《雲門》之樂，至周尚有《雲門》明
> 其音聲和集。既能和集，必不空絃，絃之所歌，即是詩也。〔註6〕

本研究將以西方音樂美學的理論觀點來論說《禮記》中的〈樂記〉，一一從音
樂的構成去探討樂象——音樂的現象、理論。

貳、中國音樂美學的基本方法

要探討中國音樂之美及傳統中國音樂的審美方法，不外乎國人常用的：
直觀法、玄想法、默照法等。直觀法乃是承傳上古時代，伏羲氏以來之觀察
法，所謂「仰觀天象，俯察地法。」〔註7〕是也。直觀法取諸於直感，是感
性論的審美方法。玄想法是採思辯方法，是知性論的美學系統。默照法是採
靜觀方式，是悟性論的審美觀照。其中直觀方法，顯然較為普遍受到運用。

〔註4〕見宗白華著《美學散步》，上海：上海人民出版社，1981年六月第1版，頁57。
〔註5〕見《尚書注疏‧虞書‧舜典》卷第三，《十三經注疏》本，頁46。
〔註6〕見漢鄭氏撰、唐孔穎達疏《詩譜序》卷首，《四庫全書》本，第69冊，頁48。
〔註7〕《周易‧繫辭傳》：「古者包犧氏之王天下也，仰則觀象于天，俯則觀法于地，
觀鳥獸之文與地之宜，近取諸身，遠取諸物，于是始作八卦，以通神明之德，
以類萬物之情。」見《周易‧繫辭傳》，《十三經注疏》本，頁13。

所以直觀方法，又有：宏觀、通觀、大觀、小觀、近觀、遠觀、旁觀、參觀等不一而足。周朝之「采詩觀風」；陸機之「觀古今於須臾，撫四海於一瞬」；沈括之「以大觀小」；董其昌之「小中觀大」；李贄之「小中見大、大中見小」等，都是直觀法下的演繹美學方法。中國人一向愛好直觀的無礙美學，所以鍾嶸說：「觀古今勝語，多非補假，皆由直尋。」〔註8〕玄想法之訴諸知性，屬於理性主義的觀念論美學，儒家、法家、墨家屬之；默照法之訴諸悟性（感性結合知性），近於道、佛二系的玄觀美學。〔註9〕

參、中國音樂美學的審美觀念

　　我國音樂審美的傳統觀念，在先秦以前，是以儒、道為主。漢魏之後，佛教進入中國，慢慢的融入儒、道二家的思想，形成了三位一體的合流美學。這種「和而不同」的思想，早在春秋時期的晏子就有「和與同異」的理論。《左傳·昭公二十年》中，對於「和而不同」，晏子有很好的說明：

> 齊侯至自田，晏子侍于遄臺，子猶馳而造焉。公曰：「唯據與我和夫！」晏子對曰：「據亦同也，焉得為和？」公曰：「和與同異乎？」對曰：「異。和如羹焉，水、火、醯、醢、鹽、梅，以烹魚肉，燀之以薪，宰夫和之，齊之以味，濟其不及，以洩其過。〔註10〕

宋人李杞解曰：

> 君子和而不同，故於同人象見以類族辨物也，又「和與同異」者，晏子論和與同異，以為以可濟可，以否濟否，謂之同。獻可以替其否，獻否以成其可，謂之和。則是和者以有所不說而為說者也。以有所不說為說，則人必有疑之者矣，惟其行之以貞，是以吉而无疑也。初九：「以說居下而不失其剛」，是豈苟說者乎？〔註11〕

從「和與同異」到「和而不同」的觀念形成，可知我國文化之包容性。與儒、道、佛三家的思想匯流與主導，卻為中國音樂美學共同孕育了幾項命題的基礎觀念，諸如：法天觀、陰陽觀、五行觀、和平觀、中正觀、功德觀、養性觀等。「和」是大自然的本質，同時也是樂的最高審美境界。阮籍「天地之

〔註8〕見梁鍾嶸撰《詩品》卷二，《四庫全書》本，第1478冊，頁194。
〔註9〕見姜一涵等編著《中國美學》，台北：國立空中大學出版，1992年12月2版，頁488。
〔註10〕見《左傳》，《十三經注疏》本，頁858。
〔註11〕見宋李杞撰《用易詳解》卷十一，《四庫全書》本，第19冊，頁509。

體，萬物之性」〔註12〕的說法，體現了樂是自然界的本質這一屬性，也意味
著和諧，意味著它與自然界秩序之間的統一關係。這種思想在《樂記》中也
曾體現過。《樂記》云：

>　　大樂與天地同和，大禮與天地同節。和故百物不失；節故祀天
> 祭地。（〈樂論〉）

>　　樂者，天地之和也。禮者，天地之序也。和故百物皆化；序故
> 群物皆別。（〈樂論〉）

由《樂記》這些論述可見，天和地是宇宙整體的基本組織，受陰陽二氣的作
用後，按照一定的規律可出現風雨等天氣變化。春夏秋冬四季按照一定的節
奏，周而復始地交替，日月星辰等天象遵循一定的秩序而運行，從而有萬物
的化生流衍。因此，以天地萬物為內容的自然界，本質上是個和諧的整體。
同樣，樂也包含著各種要素，這些要素依據於某種特定的原則，而樂作為一
個整體所具有的和諧性，恰恰映現了宇宙整體的和諧性。〔註13〕

肆、中國音樂美學的審美特性

　　中國音樂在藝術領域裡，由於我國歷史悠久、民族眾多、文化各異、幅
員廣大的錯綜複雜性，音樂美學所呈現的特色，十分繁複。深究之，仍不出：
道事性、文藝性、線型性、直觀性、與默照性等諸項大要。我國的音樂美學
自成一個道的系統，美其名為「道統美學」。道統美學，即是華夏美學。道
主天地人，三才合一：道合真善美，三位一體。所以道統體系下的美學觀，
是完整而非支離的宇宙審美觀。有陰陽論的天道觀，而後有剛柔論的地道
觀，如《周易集解》引崔憬說：「在天雖剛亦有柔德，在地雖柔亦有剛德。」
〔註14〕；有剛柔論的地道觀，而後有男女論的人道觀。所謂「立天之道，
曰：『陰與陽』。立地之道曰：『柔與剛』。立人之道，曰：『仁與義』。兼三
才而兩之。故《易》六劃而成掛。分陰分陽，迭用柔剛，故《易》六位而成
章」〔註15〕韓注曰：

〔註12〕　見明張溥輯《漢魏六朝百三家集‧魏阮籍集‧樂論》卷三十四，《四庫全書》
　　　　本，第1413冊，頁12。
〔註13〕　見韓南錫憲〈阮籍、嵇康對《樂記》美學思想的繼承和發展〉，收錄於理論學
　　　　刊1998年第4期，頁100。
〔註14〕　見唐李鼎祚撰《周易集解》卷十七，《四庫全書》本，第7冊，頁868。
〔註15〕　見魏王弼撰《周易註‧周易說卦》卷九，《四庫全書》本，第7冊，頁269。

在天成象，在地成形。陰陽者，言其氣；剛柔者，言其形，變
化始於氣象而後成形。萬物資始乎天，成形乎地，故天曰陰陽，地
曰柔剛也。或有在形而言陰陽者，本其始也；在氣而言柔剛者，要
其終也。〔註16〕

再者，從伏羲畫卦的觀察法，及後人通俗所用的直觀本能，即是國人一貫所
接受通用美學。直觀法最為便民，所以直觀性的藝術表象，是雅俗共賞的大
眾美學。直觀在於直接眼觀：直觀者一人靜觀，便能得趣，所謂「萬物靜觀
皆自得」〔註17〕的命題，都是影響中國文藝的主力。莊子早有「無聽之以心，
而聽之以氣。」〔註18〕的論調，劉勰也強調「內聽之難」〔註19〕的說法。靜
聽音樂的靜界論，與後來佛主境界論調遂成合流。從此大音希聲的希夷美
學，更有長足的進展！靜聽在於審美時默照觀賞，默照性的視聽藝術，遂成
為我國的藝術審美強烈的特性之一。

第二節 《樂記》的音樂美學思想

《樂記》完整且有系統地薈萃了先秦以來儒家，以及其他各學派音樂理
論的學術成果。總結了禮樂時代的文藝實踐經驗，所以較之於荀子的《樂
論》，在內容上有所增加，觀點上有系統的有所發揮，審美視角上有所擴大。
《樂記》涵納的美學思想是相當豐富和精闢的，對我國古代美學理論貢獻卓
著。它所論述的不僅是音樂問題，實際上是整個文藝問題。從歷史與現實的
交匯點上來看，它有不少論點和見解至今仍有審美價值和借鑒作用。茲參酌

〔註16〕見晉韓伯注、唐陸德明音義、孔穎達疏《周易註疏・說卦疏》卷十三，《四庫
　　　　全書》本，第 7 冊，頁 572。案《周易集解》與《周易註》、《周易注疏》同列
　　　　《四庫全書》本第 7 冊。
〔註17〕原詩名為〈秋日偶成二首〉：「閒來無事不從容，睡覺東窗日已紅。萬物靜
　　　　觀皆自得，四時佳興與人同。道通天地有形外，思入風雲變態中。富貴不淫
　　　　貧賤樂，男兒到此是豪雄。」見宋程顥撰《二程文集・明道文集》卷一，《四
　　　　庫全書》本，第 1345 冊，頁 593。
〔註18〕見晉郭象注《莊子注・人間世》卷二，《四庫全書》本，第 1056 冊，頁 24。
〔註19〕節錄片段原文：「今操琴不調，必知改張；摘文乖張，而不識所調。響在
　　　　彼絃，乃得克諧；聲萌我心，更失和律，其故何哉？良由內聽難為聰也。
　　　　故外聽之易，絃以手定；內聽之難，聲與心紛，可以數求，難以辭逐。」
　　　　見梁劉勰撰《文心雕龍・聲律第三十三》卷七，《四庫全書》本，第 1478
　　　　冊，頁 47。

蔡德予《樂記》美學思想五題中的幾個問題加以探析。〔註20〕

壹、《樂記》論音樂的心理基礎

一、感物說——音樂審美感知的起點與基礎

在荀子的《樂論》中並未提及感物說，而在《樂記》中則明確地提了出來。在當時社會條件下，這一新的內容和明晰的觀點的提出，是很不容易的，也可說是超前的。關於這個問題，我們可以從以下三個層次來理解。

第一、感物說揭示了音樂的本源，即是內心感物而動的結果。

《樂記》開宗明義地寫道：「凡音之起，由人心生也。人心之動，物使之然也。」（〈樂本〉）這兩句話就是《樂記》一系列觀點的根本出發點，它像軸心貫串全書的始終。「感於物而動，故形於聲。聲相應，故生變，變成方，謂之音。比音而樂之，及干戚羽旄，謂之樂。」（〈樂本〉）這一段話區分了聲、音、樂三者的概念，把音樂生成的過程說得清清楚楚，即它不是神明的降附或上界的語言，而是感受了外界事物，外因通過內因，內心活動起來作出的反應，然後表現為一種相互應和，有組織的聲音（樂音）。這種認為人心感于物而形於聲，再根據美的規律使之「成文」，自然之聲就成了藝術之音的對音樂本質的解釋，具有相當的深度，對後世影響也很大。所以《樂記》反覆強調「樂者」，音之所由生也；其本在人心之感於物也。這個「其本」就是感物說這一著名學說，在美學思想中的本質表現。它不僅對樂論的研究有開拓性意義，而且對後世文論的發展，產生了深遠的影響。

第二、音樂審美活動是以審美主體對審美客體（物件）的感知為起始。

感知是客觀事物在人腦中的反映，它是一種心理現象。《樂記》提出的「感物說」並不是心對物的簡單複製或相加，而是強調人的感知、想像、情感或思維活動離不開外物的刺激或引發，離開物它們就會成為無源之水，無本之木。心與物，由「心」溝通，加以製作，便成了「樂」，這便達到「本於心」與「感於物」，即審美主體與客體的相互融洽。什麼是「物」呢？在《樂記》作者看來，心之外皆為物。如按入世哲學的儒家學說來看，大凡禮樂刑政、修身齊家、治國平天下均為「物」的內容，所以他認為聲音之道與政通矣。在論述音樂的性質時，把主要視線投射在禮和樂上，這個看法是符合當時歷史的實際情況的。在上層建築範疇中，政治較之其它意識形態給社

〔註20〕見蔡德予〈樂記美學思想五題〉收錄於中國音樂學（季刊）1998年第2期。

會生活的影響更強大，國家的興衰成敗，人們的喜怒哀樂，無不反映在音樂藝術之中，而音樂必須受到政治、倫理的制約，所以音樂「與政通矣」是社會發展的必然趨勢。

第三、指出對聲、音、樂以及對知聲、知音、知樂的區分

「是故知聲而不知音者，禽獸是也；知音而不知樂者，眾庶是也。唯君子為能知樂。」（〈樂本〉）感知是人與一般動物的區別，而人有否音樂文化素養，對音樂的感知也是不同的，要提高感知能力，首先必須認識到它的重要性，「是故不知聲者不可與言音，不知音者不可與言樂。」（〈樂本〉）由「聲」「到」「音」到「樂」到「政」，就是由審到知的認識過程，這裏既有感性因素，又有理性認識。這一論點的提出，是以審美感知共同性為前提，也可說是審美實踐經驗的總結，是《樂記》在美學思想領域中的獨特貢獻。

劉勰在他的評論巨著《文心雕龍》中，論述具體創作過程時，也認為作家在進行創作前，必須受到客觀事物的感染，他提出「情以物遷，辭以情發」〔註21〕的文學主張，後人陳暘於《樂書‧詩上》提出，「人稟七情，應物斯感」、「感物吟志，莫非自然。」亦然是從這個樸素觀點出發的，承前啓後，一脈相因，顯示出感物說潛在的美學價值。

二、禮樂說──音樂審美教育的內容與功能

我國的音樂美學思想產生甚早，可追溯到二千八百年前的西周。由於周天子制禮作樂帶來的影響，致使中國自古以來就有「禮儀之國」和「禮樂之邦」之稱。先秦時代即是禮樂時代。以孔子為代表的儒家美學思想，主要體現在以禮、樂、射、禦、書、數為「六藝」科目，以「興於詩，立於禮，成於樂」為教育宗旨的教化論述中，其中樂教具有重要地位。集儒家論樂之大成的《樂記》以一半以上的篇幅論述禮樂的社會本質、功能與相互關係，它是社會教化，特別是音樂教化審美實踐的理論概括。在《樂記》中，禮、樂作為一對範疇，在概念上有其不同的內涵，而最終目的卻是一致的。「禮樂刑政，其極一也，所以同民心而出治道也。」（〈樂本〉）它概括了客觀事物對立統一的普遍規律。「禮」是社會處理人與人之間關係的各種行為準則的總和。它的作用在於「辨異」。「樂統同，禮辨異」（〈樂情〉），「禮者，天地之序也。」、「序，故群物皆別。」（《荀子‧樂論》）。所謂「禮者為異」就是

〔註21〕見梁劉勰撰《文心雕龍‧物色第四十六》卷十，《四庫全書》本，第1478冊，頁177。

「禮義立」，則貴賤等矣。樂影響人的情感以導向「禮」的規範，這就從節制人欲、加強政治統治的需要，從為禮服務、加強倫理道德教育的角度出發，把用來「治心」的樂配合「治身」的禮的教育，當成「德治」的重要工具和手段。這也印證了儒家音樂美學思想的著眼點，更多的不是音樂的本質——美的本質，而是音樂的社會功能，體現出來的，首先是認識功能，通過樂教而認識社會，樂觀其深矣。

三、真情說——音樂審美評價的前提與準則

《樂記》在發揮儒家中和之美、美善相樂的觀點的同時，還提出了文藝的真實性問題。它在《樂象篇》中提出了一個重要論點：「是故情深而文明，氣盛而化神，和順積中，而英華發外，唯樂不可以為偽。」這段話揭示了音樂極為豐富而又高尚的境界，它無疑是一種特有的文化內涵及人的生命力的表現，昭示著人類靈魂之真。「情深而文明，氣盛而化神」說明感情愈深刻而強烈，藝術的表現也愈鮮明動人。當然，這種表現是以真實為前提的。「音樂不傳心情，而示心運」〔註22〕（錢鍾書《管錐編》）將音樂藝術帶出一般情緒發洩，上升到與人類本體同樣的高度，而成為人類生命存在和運動的形式。可見，「樂的表現人生不可以為偽，就像數學能夠表現自然規律裏的真的那樣，音樂表現生活裏的真。」〔註23〕「唯樂不可以為偽」概括了一切真正的文藝作品的一個根本共同點，即它所表達的感情必須是真實的自然流露。「凡音之起，由人心生也。」音樂是感情的藝術，應該說作者內心有什麼感情，必然表現在作品之中。什麼樹開什麼花，音樂是內心開出的感情之花。情真、心誠、意摯，這是絲毫不能作假，不能瞞和騙的。「為偽」弄虛作假絕難成真，矯揉造作、裝腔作勢總顯得不自然，真實是文藝的生命。

《樂記》反映了儒家美學思想中的真實觀，它具有鮮明的社會功利性特點。表現在：其一，在論述制禮作樂的關係時，寫道：「窮本知變，樂之情也；著誠去偽，禮之經也。」（〈樂情〉）這裏特別強調確立誠敬，去掉虛偽是禮的綱紀，這是制禮作樂首先必須遵循的準則。其二，在抨擊鄭衛之音時，認為這種音樂會給社會帶來「誣上行私而不可止」（〈樂本〉）的不良風氣，所以提出人要經得住外物的引誘，否則就會有「悖逆詐偽之心」（〈樂本〉），

〔註22〕見錢鍾書《管錐編》下，香港：太平圖書公司，1980 年二月初版，頁 1087。
〔註23〕見宗白華著《美學散步》，上海：上海人民出版社，1981 年六月第 1 版，頁 198。

就會產生犯上作亂，欺詐虛偽的念頭。不難看出，這種真實觀是為統治思想服務的。

貳、《樂記》論音樂的準則

《樂記》書中談論到音樂準則有三：一為以德為本，二為以和為貴，三為以道為尚，以下分就此三項予以闡述：

一、以德為本

《樂記》中談到樂與德之間的關係的文字如下：

> 禮樂皆得，謂之有德，德者，得也。（〈樂本〉）

> 樂者，所以象德也。（〈樂施〉）

> 故天子之為樂也，以賞諸侯之有德者也。德盛而教尊，五穀時熟，然後賞之以樂。（〈樂施〉）

> 然則先王之為樂也，以法治也，善則行象德矣。（〈樂施〉）

> 是故，君子反情以和其志，廣樂以成其教，樂行，而民鄉方，可以觀德矣。（〈樂象〉）

> 德者，性之端也；樂者，德之華也；金石絲竹，樂之器也。詩，言其志也；歌，詠其聲也；舞，動其容也。三者本於心，然後樂器從之。是故情深而文明，氣盛而化神。和順積中而英華發外，唯樂不可以為偽。（〈樂象〉）

> 是故情見而義立，樂終而德尊。（〈樂象〉）

> 樂，樂其所自生，而禮反其所自始。樂章德，禮報情，反始也。（〈樂象〉）

> 然後聖人作為父子君臣，以為紀綱，紀綱既正，天下大定。天下大定，然後正六律，和五聲，弦歌詩頌，此之謂德音。德音之謂樂。（〈魏文侯〉）

綜觀上述《樂記》所言「樂」與「德」關係十分密切，「樂者，所以象德也。」、「德者，性之端也；樂者，德之華也。」、「是故情深而文明，氣盛而化神。和順積中而英華發外，唯樂不可以為偽。」聖人見樂之特性，以和為貴，明樂之功效，在於啟迪善心，化民成俗，故功成制樂，必為德音。制作樂舞的目的是為著表現德性，所以其樂亦必為德音。德音不在於形式與聲音，而在

於內心的和諧。樂之所以異於其他「音」，乃在於「樂」有道德性。至於金、石、絲、竹製成的樂器，那只是樂的工具而已。而詩是抒發心志表現於外的姿態，三者皆本於心。〔註24〕故何謂「德音」也，魏文侯問樂，子夏對曰：

> 聖人作爲父子君臣，以爲紀綱，紀綱既正，天下大定。天下大定，然後正六律，和五聲，弦歌詩頌，此之謂德音。德音之謂樂。（〈魏文侯〉）

聞樂知德，先秦儒家非常注重音樂歌舞，與創作者或表演者在思想道德修養的密切聯繫。《孟子・公孫丑上》引子貢語曰：「見其禮而知其政，聞其樂而知其德。」〔註25〕《樂施》曰：「觀其舞而知其德，聞其諡而知其行也。」，「觀其舞，知其德」，樂成了一種思想內涵的載體形式，同時被賦予了道德風尚的感化作用，故云：「樂者，德之華也。」（〈樂象〉）

「樂者，所以象德也。」（〈樂施〉）也就是說「樂」表現著「德」，是美好德行的開出的花朵。「樂」、「德」相宜，故而具有不同品德特點的人，適合於不同表現內容的曲調。〈師乙〉篇逐一分析曰：「寬而靜，柔而正者宜歌〈頌〉；廣大而靜，疏遠而信者宜歌〈大雅〉；恭儉而好禮者，宜歌〈小雅〉；正直而靜，廉而謙者宜歌〈風〉。肆直而慈愛者宜歌〈商〉；溫良而能斷者，宜歌〈齊〉。」最後得出「夫歌者，直己而陳德也」的結論，由此而提倡以象「德」之「樂」對人民施行教化，「樂」與「德」也結合起來，成爲先秦樂教的直接目標。當「樂」與「德」聯繫在一起，「樂」就不僅僅是抒發個人感情，滿足聽覺視覺的娛樂方式。〔註26〕

《樂記》中子夏對魏文侯解釋「德音」（雅樂）才是音樂，『溺音』（淫溺之音）卻不是音樂。，所以由殷商的重「帝」、「天」到西周的重「禮」、「德」到孔子的重「仁」、「德」是一大歷史進步。

二、以和為貴

〈樂本〉云：

> 其愛心感者，其聲和以柔。六者非性也，感於物而後動。是故先王慎所以感之者。故禮以道其志，樂以和其聲。

〔註24〕見張蕙慧《中國古代樂教思想論集》，台北：文津出版社，1991年一月初版。頁152。

〔註25〕見《孟子注疏》，《十三經注疏》本，頁56。

〔註26〕見譚鍾琪〈《樂記》與中國古代的樂教〉，收錄於社會科學家，2005年三月第2期，頁22。

樂是以音聲爲本，音聲由人心而生，人心則感於物而後動，感於其內心產生喜悅的感應、快樂的感應、悲哀的感應、憤怒的感應、恭敬的感應、愛戀的感應、這六種聲音，不是人的天性各不相同，而是因爲人心感應於外在的不同環境，而產生了不同的活動。正因爲如此，古代的聖王對於激發內心，而產生感應的外在環境特別的注意。所以使用禮儀來引導人們各種不同的心志，用音樂來和諧大眾的音聲。〈樂本〉云：「治世之音安以樂，其政和。」所以盛世的音樂安詳而歡樂，因爲其時政治寬和。《論語‧學而》有子曰：「禮之用，和爲貴；先王之道，斯爲美，小大由之。」正義曰：「禮樂爲用相須，乃美禮之用。和爲貴者，和謂樂也。樂主和同，故謂樂爲和。夫禮勝則離，謂所居不和也，故禮貴用和，使不至於離也。」〔註 27〕「禮」就是依禮行事，以和平寧靜爲上，「和」是一種禮樂的特性，與天地間各種現象所揭示的共性是相同的，人根據天地間所呈現的秩序觀念，創作歌舞、制定禮儀，以適應社會生活的需要。〈樂論〉曰：「樂者，天地之和也。禮者，天地之序也。和故百物皆化，序故群物皆別。」「禮」是可以建立秩序，「樂」則可以造成和諧，依此觀點人既然生活在自然之中與萬物共同生存，當然不能自外於天地之間，所以人必須順於天地的運行變化狀態，並在自然的變化之中區分出各種變化類型，有意識的掌握天地自然等連續活動中的轉換與交接處，訂定相關的律則，正如：〈樂象〉所云：「清明象天，廣大象地，終始象四時，周還象風雨。五色成文而不亂，八風從律而不姦，百度得數而有常，小大相成，終始相生。」是以這種正聲之樂，以清明象徵天，以廣大象徵地，以陰陽、四時、二十四節氣週而復始象徵著四季，以周旋回轉象徵風雨，五色繽紛始終有條不紊，八音雜奏循律合八方之風而不凌奪，節奏變化多端多寡得宜且合乎規律，高音低音相輔相成，前後樂章相生相長。因此人便可根據此對天地自然的認識，規劃出一套群體在自然界中共同的生存活動規範，使人在遵循這套規範，及調整自我的活動過程中，自化於天地之和，成爲整體活動的一部分。這也就是〈樂論〉所說：「樂者，天地之和也」、「大樂與天地同和，大禮與天地同節」的意思。〈中庸〉云：「和者，天下之達道也」。也就是凡事要適中、恰到好處、剛柔並濟的常道「以和爲貴」也。

　　大陸學者劉順利認爲《樂記》中「和」的含義比較複雜〔註 28〕，並以錢

〔註27〕見《論語‧學而第一》，《十三經注疏》本，頁 8。
〔註28〕見劉順利〈《樂記》之「和」論〉，收錄於天津師大學報 2000 年第四期。

鍾書等學者相關論述的基礎上，梳理了《樂記》之「和」的不同義項，認爲「協和」是《樂記》「和」的核心，又是「不同」之「和」能夠形成的重要原因。他歸納了《樂記》中之四十處用到了「和」字。筆者以爲由於這些「和」處於不同的語境之中，因而其含義也有不同，茲參照劉順利〈《樂記》之「和」論〉一文中所述「和」的含義比較接近的語句重新排列重組，並依其意義，將之分爲五組，以下簡述之：

（一）第一組和：平和、調節，使之適中而不過分

1. 鐘鼓、干戚，所以和安樂也。（〈樂本〉）
2. 禮節民心，樂和民聲。（〈樂本〉）
3. 故禮以道其志，樂以和其聲。（〈樂本〉）
4. 動四氣之和，以著萬物之理。（〈樂象〉）
5. 大羹不和，有遺味者矣。（〈樂本〉）

這一組裏面的「和」的含義主要是「調節」、「調和」。其中「大羹不和」中的「和」雖然是特殊情況（和爲：拌，加調料之意），但是也符合本組的共同特徵，即它們都具有明顯的動作特徵。

（二）第二組和：對答、應和，呼應

1. 倡和清濁迭相爲經。（〈樂象〉）
2. 倡和有應。（〈樂象〉）
3. 喜則天下和之。（〈樂化〉）
4. 然後鐘、磬、竽、瑟以和之。（〈魏文侯〉）

這第二組裏面的「和」的含義主要是「對答」、「呼應」。

（三）第三組和：和順、和諧、溫和、順成和動

1. 是故治世之音安以樂，其政和。（〈樂本〉）
2. 審一以定和。（〈樂化〉）
3. 其愛心感者，其聲和以柔。（〈樂本〉）
4. 和順積中，而英華發外。（〈樂象〉）
5. 四時和焉。（〈師乙〉）
6. 寬裕、肉好、順成、和動之音作，而民慈愛。（〈樂言〉）
7. 感條暢之氣，而滅平和之德。（〈樂言〉）
8. 血氣和平，移風易俗。（〈樂象〉）

9. 是故君子反情以和其志。（〈樂象〉）

10. 心中斯須不和不樂。（〈樂化〉）

11. 順氣成象而和樂興焉。（〈樂象〉）

12. 樂極和，禮極順。（〈樂化〉）

13. 內和而外順。（〈樂化〉）

14. 和正以廣。（〈魏文侯〉）

這第三組裏面的「和」的含義主要是「和順」、「平和」的意思。平和柔順《樂記・樂象》：「和順積中，而英華發外。」（〈樂象〉）《左傳・昭公元年》：「於是有煩手淫聲，慆堙心耳，乃忘平和。」〔註29〕在此「平和」平正和諧之意也。

（四）第四組和：和睦

1. 君臣上下同聽之，則莫不和敬。（〈樂化〉）

2. 長幼同聽之，則莫不和順。（〈樂化〉）

3. 父子兄弟同聽之，則莫不和親。（〈樂化〉）

4. 雍，雍和也。（〈魏文侯〉）

5. 所以合和父子君臣，附親萬民也。（〈樂化〉）

6. 夫敬以和，何事不行。（〈魏文侯〉）

7. 樂文同，則上下和矣。（〈樂論〉）

這第四組裏面的「和」的含義主要是「和睦」。《左傳・成公十六年》：「用利而事節，時順而物成，上下和睦，周旋不逆。」〔註30〕彼此相處親愛和善之意也。

（五）第五組和：中和、中正和平，協和

1. 故樂者，天地之命，中和之紀，人情之所不能免也。（〈樂化〉）

2. 大樂與天地同和。（〈樂論〉）

3. 和，故百物不失。（〈樂論〉）

4. 樂者，天地之和也。（〈樂論〉）

5. 和，故百物皆化。（〈樂論〉）

6. 樂者敦和，率神而從天。（〈樂禮〉）

7. 和五聲。（〈魏文侯〉）

8. 如此，則樂者天地之和也。（〈樂禮〉）

〔註29〕見《左傳》，《十三經注疏》本，頁708。

〔註30〕見《左傳》，《十三經注疏》本，頁473。

9. 合生氣之和。（〈樂言〉）

這第五組裏面的「和」的含義主要是「協和」，和諧融洽之意。其中「中和之紀」的「中和」是一個完整的概念，不能拆開。

以上的五組含義只是大致區分，其中第一和第二組「調」「節」、「調和」、「對答」、「呼應」注重的是不同因素的統一。有這些含義的「和」具有明顯的動作意味。如果從西方與東方比較的角度來看，此種意味與西方傳統美學中的「和諧」觀念比較接近。比如，古希臘畢達哥拉斯學派就認為，音樂是對立因素的和諧統一，由雜多導致統一，由不協調導致協調。他們從數學和聲學的觀點，研究音樂節奏的和諧，發現聲音的質的差別（如長短、高低、輕重）都由發音體數量方面的差別所決定。比如，琴弦長短決定聲音長短，震動速度快慢決定聲音的高低等等。由此他們發現，音樂節奏的和諧，是由高低、長短、輕重，各種不同的音調，按照一定數量的比例組成的。

《樂記》的「和」所包含的「天人合一」的思想，在運動、發展的意義上是和畢達哥拉斯學派的「和諧」說，具有許多相似之處的。這裡提到的「和」、「諧」、「安」、「悅」等，都是說樂的活動最後要求達到的文化功能，實踐效益而言。也就是（《禮記・祭義》）篇裡所謂「樂極和，禮極順，內和而外順」〔註31〕的理想境界，藉著樂與禮的教化，使人民內和而外順，亦即由內在情性的和諧，符合外在禮制的規範，內外交融，使人的生命在禮樂的教化下融合，更進而與天地鬼神之間的秩序和諧相順。

三、以道為尚

先秦儒家講音樂的作用，並把它放在與禮儀、政令、刑罰相並列的高度，可見其對音樂的重視。周代以來，使用音樂的場合，總是在廟堂之中，用於祭祀與禮儀等重大事務，很少有純粹為了怡情悅性的音樂。因此，音樂總是被嚴肅地對待，被拿來同統治民眾緊緊聯繫在一起，從而被抬舉得很高。實際上，音樂遠沒有那麼大的作用，它無法解決人民的衣食住行等實際問題，更不可能決定國家的興亡，而是僅僅表達了作者對生活的感受而已。

> 獨樂其志，不厭其道，備舉其道，不私其欲。是故情見而義立，樂終而德尊。君子以好善，小人以聽過。故曰：「生民之道，樂為大焉。」（〈樂象〉）

〔註31〕見《禮記・祭義》，《十三經注疏》本，頁820。

　　　　　　禮以道其志，樂以和其聲，政以一其行，刑以防其奸。禮、樂、
　　　　刑、政，其極一也，所以同民心而出治道也。(〈樂本〉)

從上述論述中，我們可以看到，以《樂記》作者爲代表的先秦儒家對於音樂
如此看重，在於他們文藝思想的一個重要特點，十分強調文藝的社會功利作
用和目的，力圖通過爲人生而藝術來實現藝術的人生。

　　《樂記》論曰：「樂者，樂也。君子樂得其道，小人樂得其欲。以道制欲，
則樂而不亂；以欲忘道，則惑而不樂。」(〈樂象〉)音樂藝術的好壞對社會風
氣和國家治亂有着截然不同的影響，而理想的「和樂」則可使禮樂得以傳播，
從而淨化人心、和諧萬民，使既有秩序得以穩固。禮樂追求的亦是「道」的
和諧，中庸也是爲求得「道」的和諧，所以中庸說：「天命之謂性，率性之謂
道，修道之謂教。道也者，不可須臾離也；可離，非道也。」〔註32〕這是中
庸首章就以「道」的本原是來自於天命而不可更易的，而實際上這「道」又
具備於我們的身上一刻也不可分離。故子曰：「道不遠人」，能移風易俗，使
天下安寧，更易與道和合，以道爲尚。所以「道」從先秦時代開始就作爲一
種根本的文化理念，植根於中國人的潛意識之中，從而成爲中國文化的一個
重要傳統，延續至今。

第三節　《樂記》中的音樂與歌謠

　　《樂記》中並無直接論及「歌謠」，然〈師乙〉篇有文曰：「子贛見師乙
而問焉，曰：『賜聞聲歌各有宜也，如賜者，宜何歌也？』」，何爲「歌」也，
《毛詩注疏》曰：「曲合樂曰歌，徒歌曰謠。」〔註33〕何爲歌謠？《爾雅》
釋樂注曰：「徒歌謂之謠。」〔註34〕《詩經·魏風·園有桃》亦曰：「我歌且
謠。」〔註35〕今人釋爲可以唱的韻語，有樂曲伴奏的稱爲「歌」，沒有樂曲伴
奏的稱爲「謠」。案鄭樵亦曰：「自后夔以來，樂以詩爲本，詩以聲爲用，八
音六律爲之羽翼。聖人編詩爲燕饗食之時，用以歌，而非用以說義也。漢去
三代未遠，大樂氏以聲歌肆業，往往三百篇，瞽史例能歌之。」，綜上舉例，

〔註32〕見《禮記·中庸》卷五十二，《十三經注疏》本，頁879。
〔註33〕見漢鄭氏箋、唐陸德明音義、孔穎達疏《毛詩注疏·國風·魏》卷九，《四庫
　　　　全書》本，第69冊，頁337。
〔註34〕見《爾雅·釋樂第七》，《十三經注疏》本，頁83。
〔註35〕見《詩經·魏風·園有桃》，《十三經注疏》本，頁208。

余意亦贊同「歌」為「謠」也。故本小節按〈師乙〉篇所論，略述《樂記》經文中所隱含之《詩經》與《歌謠》，先敘歌謠的緣起及《詩經》中的歌謠，再敘我國歌謠的濫觴，後論《樂記》中的歌謠。我國是世界四大文化古國之一，在古代民歌就伴隨在祖先的日常生活中。長久以來，隨著社會以及文化而發展，我國的民歌在質與量方面，代有提昇，而且慢慢形成了我國民間歌謠獨特的風格。《禮記·王制》云：

> 天子五年一巡狩，歲二月東巡守至于岱宗。柴而望祀山川。覲諸侯，問百年者就見之，命太師陳詩以觀民風。〔註36〕

民歌的特色是建築在廣大民眾的基礎上。這些民歌生動地反映了我國古代人民的精神面貌以及他們的創作才智，成為華夏民族的優良傳統。歌謠是人人耳熟能詳的生活語言，自古以來，音樂與民謠就是一體的，我們的口語中有「民歌」、「民謠」的詞語，就其廣義來說，「民歌」應該包括古民謠中。

　　早期的歌謠與詩歌，是出於「言志」與「咏言」。在先民尚未使用文字之前，就以口耳相傳的方式流傳下來。這些內容辭句，自然取向節奏簡潔，音韻天然，文辭均雙聲疊韵，音象鮮明，以便於流傳吟誦。民間的歌謠，不但是百姓的聲音，同時也是時代的一面鏡子。體裁內容方面，可以是山林河川，可以上自天文地理，下至豪傑英雄，也可以是才子佳人。但是最直接的，莫過於反映民生疾苦的歌謠了。《漢書·食貨志》云：「冬民既入，婦人同巷相從，夜績女工，一月得四十五日。」注：「一月之中，又得夜半為十五日，凡四十五日也。男女有不得其所者，因相與歌詠，各言其傷。」〔註37〕《春秋公羊傳注疏》曰：「男女有所怨恨，相從而歌。饑者歌其食，勞者歌其事。」〔註38〕從人民的需求來說，莫過於平日的生活需求，不虞匱乏。為民生大計須要工作到夜半，還得一天當兩天來用，無怪乎男女會有所怨、有所恨，相約齊歌，饑餓的人歌唱求其食，勞苦的人歌唱希望能減輕勞累。

　　歌謠中也有以詩歌相聲方式，來表達或闡述其治國平天下的道理的，首推《荀子》的〈成相〉篇為濫觴。

　　《荀子·成相篇》云：

〔註36〕鄭氏注：「天子以海內為家，時一巡省之，五年者，虞夏之制也。周則十二歲一巡守。」見《禮記·王制》卷第十一，《十三經注疏》本，頁225～226。

〔註37〕見漢班固撰·唐顏師古注《前漢書·食貨志第四》卷二十四上，《四庫全書》本，第249冊，頁533。

〔註38〕見《春秋公羊傳注疏·宣公》卷第十六，《十三經注疏》本，頁208。

　　　　請成相，道聖王，……欲衷對，言不從，恐爲子胥身離凶；進

　　　諫不聽，到而獨鹿，棄之江。觀往事，以自戒，治亂是非亦可識。

　　　託於成相，以喻意。〔註39〕

〈成相〉是荀子以詠唱相歌爲名，卻以此闡述治國平天下的道理。全詩共五
十六節，分爲三部分，每部分以「請成相」爲開頭語。第一部分，荀子指出
君主必須遠讒人近賢者，並借用許多歷史事實塑造出理想的聖王賢相。第二
部分則以堯、舜、禹、許由、善卷等與周幽王、厲王、郭公長父等人，對比
他們的成敗，告誡君主與臣下必須「隆禮重法」、「尚實使能」、「重義輕利」，
決不可任用專進讒言的人，不能「爭寵嫉賢」。第三部份提出爲君之道的五條
要領。本文引自第二部份的後段，荀子說「請聽我唱完一支相歌，說一說聖
明的君主。我要想說盡心中的話，可惜卻無人聽從，又恐怕像伍子胥那樣遭
遇凶險。他苦心相勸，吳王不聽，反而賜他「獨鹿」〔註40〕令他自刎，又被
棄置大江。綜觀往事，要自我警惕，治亂是非都可以認識，我把這些想法都
寄託在歌聲裡，來表達我的心意。」

　　荀子在〈成相〉篇運用詩歌的形式，闡述了治國平天下的道理，文字通
俗，觀點鮮明。開啓了我國以詩歌形式運用在歌謠的先例。我國歌謠有著悠
久的傳統，遠在原始社會裏，我們的祖先，在和大自然界抗爭中，就已經創
造了許多的歌舞和歌曲。民歌是百姓出於自發性的創作，以最真摯樸實的手
法、反映民間生活的百種心態。各地自有風格、自有語言、氣候、地理及民
俗差異，所以有「九腔十八調」、「南腔北調」〔註41〕的不同風格。所謂之
「十里不同風，百里不同俗，隔山不同音，隔溪不同調」〔註42〕就是基於

〔註39〕「相」古代民歌的一種體裁。「請成相」是這種體裁的民歌的開頭套語。《荀
　　　　子》中，〈成相〉和〈賦〉，基本上都是韻文。內容雖是總結歷史的盛衰成敗，
　　　　經驗教訓，而形式上卻開創了一種新文體，清代盧文弨認爲《成相》爲彈詞
　　　　之祖。〈成相〉是以「三三七、四四三」爲節奏的六句四韻體，「託於成相」
　　　　此句前疑脫了四字。見周荀況撰、唐楊倞註《荀子·成相篇》卷十八，《四庫
　　　　全書》本，第 695 冊，頁 276～277。

〔註40〕獨鹿，同「屬鏤」，劍名。傳說是吳王夫差逼伍子胥自刎時，所賜的劍。《荀
　　　　子·成相》註：「吳王夫差，賜於子胥之劍名。」同上註。

〔註41〕「南腔北調」，言兼具各地方音之意。清人富察敦崇說：「像聲即口技，能學
　　　　百鳥音，並能作南腔北調，嬉笑怒罵，以一人而兼之，聽之歷歷也。」見《筆
　　　　記小說大觀三十五編》第四冊清富察敦崇撰〈燕京歲時記·封臺〉台北：新
　　　　興書局有限公司，1983 年出版，頁 94。

〔註42〕俗話說：「十里不同風，百里不同俗」。由於自然環境與人文環境的差別，民

地理、風俗的不同，而產生語言的不同，更進而產生各地自有民歌特色。各省、各區域、各國都有自己民歌的風貌。

傳說伏羲時有〈網罟之歌〉，神農時有〈扶犁之歌〉，都反映了詩歌與勞動關係之密切。情歌在古代音樂中，也佔有重要地位。相傳大禹到南方治水，他的情人在涂山之陽等候他時，常常唱一首歌「候人猗兮……」，歌詞僅此一句，卻傳神的表達了那種千懸萬念的感情。樂府歌曲中，有用絲竹樂隊伴奏的相和歌，有用鈸、角、鐃以及橫笛等樂器伴奏的〈鐃歌〉和〈橫吹曲〉，也有用一兩種簡單樂器伴奏的抒情獨唱曲，稱為〈倚歌〉。在漫長的歷史歲月裏，我國古代歌曲藝術歷經了《詩經》、《楚辭》、樂府、絕句律詩、詞曲等不同體制和衍變的階段。現行的民間歌謠等體裁，有多種形式。例如：勞動號子〔註43〕、小調、山歌、長歌、及多聲部歌曲，還有兒歌、宗教歌曲等等。歌謠藝術在原始社會時期，就已經形成，且有高度的發展，唱有曲調者為歌，唱無曲調者為謠。早期歌謠往往和先民辛勤勞動有關，幾千年前先民快快樂樂的唱著：「日出而作，日入而息，鑿井而飲，耕田而食，帝力於我何有哉！」〔註44〕這首古老的民歌表現的浪漫風采，絕非歐洲中世紀唱遊詩人想像所能及。

壹、《詩經》中的歌謠

〈師乙〉曰：

> 愛者宜歌《商》，溫良而能斷者宜歌《齊》。……故《商》者，五帝之遺聲也。寬而靜，柔而正者宜歌《頌》；廣大而靜，疏達而信者宜歌《大雅》；恭儉而好禮者，宜歌《小雅》。（〈師乙〉）

鄭樵曰：「風土之音不同，分大小二雅，以明朝廷之音。有間，陳周魯商三

俗常常會呈現出錯綜複雜的特點。要想全面而準確地把握一般民俗所具有的全部特徵，事實上是很難的。這裡所說的民俗的基本特徵，主要是指各地各民族民俗所共有的基本特徵。

〔註43〕「勞動號子」是一種直接伴隨著勞動歌唱的歌曲，通常都是在集體勞動時歌唱。在勞動中，號子不僅起著齊一勞動節奏、統一勞動步調的組織作用，同時也起著調劑勞動者的精神，鼓舞勞動熱情的作用。勞動號子直接地為人們的生產工作加油。勞動號子是人民的勞動情緒的直接體現，有著強烈的生活氣息，充滿著人民的樂觀主義精神和英雄氣概。在民歌中間，勞動號子佔有重要的地位，它可以說是民歌音調的最早的根源和基礎。

〔註44〕見宋鄭樵撰《通志·五帝紀第二》（一）卷二，《四庫全書》本，第374冊，頁88。

頌之音，所以侑祭也」，〔註45〕依鄭氏之見以風土音之不同，分爲大雅與小雅，《樂記》與《詩經》的密切關係，如上引文可知，音樂藝術跟人們的性格有著密不可分的關連，音樂不但表現著一定的性格特徵，而且對性格的培養有著重要的功用。文中還生動的說明了音樂與歌謠，隨著人們表達感情的需要，及不同性格特徵而產生不同的選擇。上文意思是子贛想唱歌見師乙而問焉，師乙說：坦誠正直而慈愛的人，適合唱《商》，溫良而能決斷的人，適宜歌唱《齊》。這顯然是師乙認爲，通曉《商》這一歌聲的人遇事多能果斷處理，而不會拖泥帶水。而通曉《齊》歌聲的人遇到利益時多能禮讓。

　　《詩經》是我國目前發現最早的一部詩歌總集，也是世界上最古老的詩集之一。其中的《國風》便是當時北方十五個地區的民歌，對當時的社會生活，作了相當廣泛地反映。《詩經》所反映的歷史年代，上起西周初年，下迄春秋中葉，即約在西元前一千一百年到西元前六百年左右，綿延五百年長時期的社會狀況，以及老百姓多方面的生活情形。古代帝王爲了考察風俗的好壞、政治的得失，設有採詩的官。周代的時候，朝廷設有專人，就是前所述及的「風」，它是具有地方特點的歌謠，必須由專人分別到各地去採集，所以《漢書‧藝文志》上說：「古有采詩之官，王者所以觀風俗，知得失，自考正也。」〔註46〕王者之採集民歌，除了自己施政的參考外，透過民歌、民謠、爲政者，可以知道老百姓的心聲，探查民情也是重要的考量之一。采風的制度，在西漢武帝時，設立了由官方所掌控之音樂機構──「樂府」。透過「采詩夜誦」，得以知悉民間老百姓之生活疾苦，做爲行政得失的依據，也是周代樂詩的遺風。

　　《詩經》在上層社會是用瑟或琴來伴奏的，稱之爲〈弦歌〉。也有下層社會描述流浪者之歌者，如《詩經‧王風‧葛藟》：「綿綿葛藟，在河之滸。終遠兄弟，謂他人父。謂他人父，亦莫我顧。……亦莫我聞。」〔註47〕《詩經》有許多宗廟裏祭享上帝鬼神和祖先的歌曲，大體上是嚴肅與敬畏心情之流露，它亦有一種神人合一的莊嚴精神與宗教情緒，但卻沒有一般神話的玄想與誇大。中間亦有許多記載帝王、開國英雄征伐的故事，它亦附隨有極活

〔註45〕見宋鄭樵撰《通志‧樂略第一》（三）卷四十九，《四庫全書》本，第 374 冊頁 2。

〔註46〕見漢班固撰、唐顏師古注《前漢書‧藝文志第十》卷三十，《四庫全書》本，第 249 冊，頁 802。

〔註47〕見《詩經‧王風‧葛藟》，《十三經注疏》本，頁 152～153。

潑、極真摯的同情想像，但絕無像西方所謂史詩般的鋪張與荒唐。中間亦僅有些許關涉男女兩性戀愛方面的，亦只見其自守於人生規律以內之哀愁與想慕，雖極執著、極誠篤，卻不見有一種狂熱情緒之奔放。中間亦有種種社會下層以及各方面人生失意之呼籲，雖極悲痛，極憤激，但始終是忠厚惻然，不致陷於粗厲與冷酷。所以說國風「好色而不淫」，小雅「怨誹而不亂」。又說「哀而不傷、樂而不淫」，又說「溫柔敦厚，詩教也。」這些全都指陳出，在古詩中間透露出來的中國古代人心中的一種境界，一種極真摯誠篤而不偏陷的境界。孔子曾說「詩三百，一言以蔽之，曰：思無邪！」〔註48〕就是指這種境界。夏商朝以後歌曲成為對統治者歌功頌德的工具，一般老百姓或小官吏，也藉由歌曲來抒發對萬般苦難生活的不滿，《詩經》中常可找到這一類歌曲。茲列舉三，如：其一：形容肅肅宵征，夙夜在公小官吏的宭命詩《詩經·召南·小星》〔註49〕其二：是《詩經·小雅·四牡》〔註50〕這是行役在外的小吏，述說奔波之苦和思歸之切的詩篇。其三是《詩經·小雅·無將大車》〔註51〕這是一個駕車的勞動者，想起面臨的種種憂患而唱出的歌。

　　正直而靜，廉而謙者宜歌《風》。（〈師乙〉）

　　廉而謙者宜歌《風》。《毛詩》序說：「風，風也，教也。風以動之，教以化之。……上以風化下，下以風刺上，主文而譎諫，言之者無罪，聞之者足以戒，故曰風。」〔註52〕以此觀之，〈毛序〉把風解讀為「諷」，恐怕不是此〈師乙〉所說的「廉而謙者宜歌《風》」的原意。按宋人鄭樵在《通志·昆蟲草木略》說：「風土之音曰：『風』。」〔註53〕《六經奧論》中又說：「風者，出於土風，大槩小夫賤隸婦人女子之言。其意雖遠，其言淺近重複，故謂之風。」〔註54〕鄭氏所說甚是，國風的風，應該解作「風土之風」，案《詩經》一百六十首的詩篇，都是民間的歌謠，有的描述各地的風土民情，有的抒寫青年男女的情懷，有的是引歌長咏以排煩憂。《詩經·魏詩》曰：「心之

〔註48〕見《論語·為政第二》，《十三經注疏》本，頁16。

〔註49〕見《詩經·召南·小星》，《十三經注疏》本，頁63～64。

〔註50〕見《詩經·小雅·四牡》，《十三經注疏》本，頁317～318。

〔註51〕見《詩經·小雅·無將大車》，《十三經注疏》本，頁445。

〔註52〕見《詩經·序》，《十三經注疏》本，頁12～16。

〔註53〕見宋鄭樵撰《通志·昆蟲草木略》（三）卷七十五，《四庫全書》本，第374冊，頁559。

〔註54〕見宋鄭樵撰《六經奧論·詩經·風雅頌辨》卷三，《四庫全書》本，第184冊，頁63。

憂矣，我歌且謠。」〔註55〕就是上古時期一般人民用來排除煩惱憂愁之最好方法之一。今列舉全詩原文如下，以窺其意。

《詩經·魏風·園有桃》云：

園有桃，其實之殽。心之憂矣，我歌且謠。不知我者，謂我士也驕。彼人是哉？子曰何其？心之憂矣，其誰知之！其誰知之，蓋亦勿思！

園有棘，其實之食。心之憂矣，聊以行國。不知我者，謂我士也罔極。彼人是哉？子曰何其？心之憂矣，其誰知之！其誰知之，蓋亦勿思。〔註56〕

這是描述一個統治階級下層人物感時傷己的詩，詩人憂貧畏饑而且憤世嫉俗，詩中滿懷悲憤。這裡所說「心之憂矣，我歌且謠。」、「心之憂矣，其誰知之！其誰知之。」就是詩人其心憂慮，只好藉由唱歌來釋放憂戚之心。以上所引爲《詩經》中一般老百姓或小官吏，藉由歌曲來抒發對日常生活的不滿，藉歌聲來釋放情懷舒緩身心。所以說「心之憂矣，我歌且謠。」是吾人排解心裡的苦悶與憂愁，藉由歌聲訴之於「歌唱」，訴之於「歌謠」最好的例證。

貳、《樂記》中的歌謠

〈師乙〉曰：

子贛見師乙而問焉，曰：「賜聞聲歌各有宜也，如賜者，宜何歌也？」乙賤工也，何足以問所宜？請誦其所聞，而吾子自執焉。愛者宜歌商，溫良而能斷者宜歌齊。夫歌者，直己而陳德也。動己而天地應焉，四時和焉，星辰理焉，萬物育焉。故商者，五帝之遺聲也。（〈師乙〉）

師乙也認爲歌唱，是使自己正直並且陳述其德行也，就像師乙自身的謙虛，回答子貢時謙謙君子的風範，永垂不朽於文中，使自己內心感動天地而應合，四季協合，星辰不離，萬物得於生長。師乙說，我是個低賤的樂工，怎麼值得您來詢問該唱什麼歌呢？請讓我把自己聽聞到的講說出來，而由您自己擇取吧！溫良而能決斷的人，適合歌唱《齊》。歌唱，實則是陳述自己正直的德

〔註55〕見《詩經·魏風·園有桃》，《十三經注疏》本，頁208～209。
〔註56〕同上註。

行，使自己內心感動而能天地應合，四季和合，星辰不悖逆，萬物就會生長。
《商》是五帝時的遺聲矣。

〈師乙〉曰：

> 肆直而慈愛，商之遺聲也，商人識之，故謂之商。齊者，三代
> 之遺聲也，齊人識之，故謂之齊。明乎商之音者，臨事而屢斷；明
> 乎齊之音者，見利而讓。臨事而屢斷，勇也；見利而讓，義也。有
> 勇有義，非歌孰能保此？

〈師乙〉曰：

> 纍纍乎端如貫珠，故歌者，上如抗，下如隊，曲如折，止如槁
> 木，倨中矩，句中鉤，纍纍乎端如貫珠。故歌之爲言也，長言之也。
> 說之，故言之；言之不足，故長言之。長言之不足，故嗟歎之；嗟
> 歎之不足，故不知手之舞之，足之蹈之也。（〈師乙〉）

「纍纍乎」，有繁多急切之意，歌唱猶如向上抗舉，低音又猶墜落深處，轉折
時猶如中斷，終止時宛如枯木般苑寂，聲音急切轉折者要合乎矩尺，聲音婉
曲者合乎環鉤，連綿不絕又像貫穿的珍珠。由此可見師乙曰歌唱一切曲折變
化都合乎規矩，連續不絕而有條理，就像貫穿著的一中珍珠也。歌唱，就是
延長聲音來表達情感的意思。有了快樂的情感，所以要表達出來。一般的言
語不足以表達，所以就要延長聲音來吟誦。延長聲音吟誦也不足以表達，所
以要加上感嘆。感嘆還不足以表達，所以就情不自禁地手舞足蹈起來。」案
《詩序》云：「情動於中，而形於言：言之不足，故嗟嘆之；嗟嘆之不足，
故永歌之；永歌之不足，不知手之舞之，足之蹈之也。」〔註57〕觀《詩序》
是先嗟嘆，後云咏歌，《樂記》在此先云長言之後再云嗟嘆，兩者其文先後次
序不同，爲何也。孔穎達疏曰：

> 《詩序》是屬文之體，又略言之。故彼云：「言之不足，故嗟
> 歎之；嗟歎之不足，故咏歌之。」此經委曲說歌之狀，其言備具，
> 故言之，言之不足，故長言之，長言之不足，故後始云嗟歎之矣。
> 〔註58〕

按孔氏所疏《詩序》是屬文體表達之方式，故先以言語表達，無法以言語表
達時，再以深深的感嘆，感嘆不足再以歌唱延長聲音來表達情感的意思。經

〔註57〕見《詩經・國風・周南》，《十三經注疏》本，頁13。
〔註58〕見《禮記・樂記》，《十三經注疏》本，頁703。

委曲說歌之狀，其言備具候，有了快樂的情感，所以才要表達出來，不足以用言語表達時，再延長聲音來吟誦。延長聲音來吟誦還不足以表達時，最後才深深的感嘆矣。古時候庶民沒有什麼可以娛樂，人民心裡的苦悶與憂愁，無以排解只有訴之於「嗟」，訴之於「歎」，引爲「歌謠」，再表現於手之、舞之、足之、蹈之也。

參、絲不如竹，竹不如肉

一、學樂先絲，造樂先竹

明朝朱載堉說：

> 學樂先絲，造樂先竹，何也？堂上之樂，以絲爲尊。堂下之樂，以竹爲首。是故，經云：「登歌下管。管之言下，猶歌之言登也。」古人非歌不絃，非絃不歌，歌絃皆不徒作，乃其常也。徒歌徒絃，則其變也。故《爾雅》釋樂曰：「徒歌謂之謠，徒鼓瑟謂之步。」更其名以別之，著其變也。學歌則必先琴瑟，故《傳》有之：「不學操縵，不能安絃；不學博依，不能安詩。」絃在詩之前，詩在絃之後，是知學樂先絲音矣。雖然，絲不如竹，竹不如肉，蓋絃有緩急，非管無以定。定絃須用管，必然之理也。故知造樂先竹音矣。〔註59〕

古今樂器的範圍或界限，無論中外、迄今沒有明確統一的劃分標準，音樂從不同的社會功能角度，對樂器範圍的劃分也常有不同的認定。一般認爲人體可發聲自爲樂器外，用於音樂的發聲器具皆可爲樂器，而樂器學界就不限於上述的定義了，幾乎把所有非藝術領域的發聲器具，都作爲樂器研究及分類的對象。

《虞書》曰：「詩言志，歌永言，聲依永，律和聲。」〔註60〕諷誦歌詠之間，足以和其心氣，抑揚高下，寬厚而莊重，剛毅而不暴戾，簡約而不傲慢，所以詠歌之際，樂聲與詠唱相依，六律與五聲相和。我國著名的田園詩人陶淵明的外祖孟嘉，曾說過一句耐人尋味的話：「絲不如竹，竹不如肉。」〔註61〕此謂漸近自然以至八音克諧，無相奪倫，神人以和也。「絲不如竹，

〔註59〕見明朱載堉撰《樂律全書・呂精義內篇》卷八，《四庫全書》本，第213冊，頁291。

〔註60〕見漢毛亨傳、鄭氏箋、唐陸德明音義、孔穎達疏《毛詩注疏・詩譜序》卷首，《四庫全書》本，第69冊，頁48。

〔註61〕晉人孟嘉謂桓溫曰：「絲不如竹、竹不如肉，何謂也？」答曰：「漸近自然，

竹不如肉」絲指的是彈撥或擦弦類樂器，竹指的是吹管樂器，而肉則指的是人類與生俱來的喉嚨。

二、人聲是世界上最為珍貴的「樂器」

筆者在《樂記》中的音樂與歌謠裏談論「人聲」，是因為人類在最早期尚未發明及製作各種樂器以前，就已經普遍利用「人聲」〔註62〕來做為生活的調劑之一了。人類自身喉嚨所發出的聲音，其音域約在二至三個八度之間。人類的聲域（人聲音高的範圍）約在100Hz到1000Hz之間，依個人的差異，女性音域比男性音域高一個八度音。成人的音高約兩個八度（音域C--C"鋼琴的中央 C 至高二個八度）幼兒約五度到一個八度之間，只有極少數的人可以發聲三個八度以上。（如【圖5_01】）〔註63〕所以說，「人聲」是世界上最為珍貴的「樂器」，一點也不為過。（如【圖5_02】）〔註64〕

【圖5_01】人聲範圍表 　　　　【圖5_02】人體胸腔共鳴圖

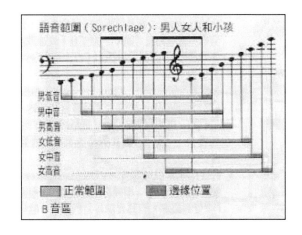
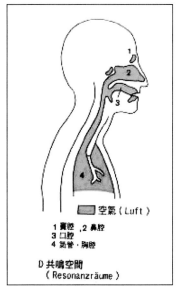

　　　　誠非虛語也。」見唐房玄齡等奉敕撰《晉書・列傳第六十八・孟嘉》（二）卷九十八，《四庫全書》本，第 256 冊，頁 615。
〔註62〕所謂「人聲」，就是人類自身喉嚨所發出的聲音。
〔註63〕【圖 5_01】引自劉岠渭主譯《音樂圖騰》，台北：小雅音樂有限公司，2006年 5 月第一版，頁 22。
〔註64〕【圖 5_02】引自《音樂圖騰》，頁 22。

人聲爲什麼是世界上最美好的「樂器」呢？因爲，人聲是發自人類自己的聲音，人類自己聽起來最親切，最具感動力量。梁朝劉勰在《文心雕龍·聲律》篇云：「故知器寫人聲，聲非學器者也。」〔註65〕樂器的聲音是摹仿人的聲音，而不是人的聲音仿傚樂器的聲音。東方音樂是如此，西方音樂亦有相同的情況。如：西洋作曲家們常常在樂器的演奏樂譜上，標記「Cantabile（歌唱似的，如歌的）」記號，要求演奏家們演奏此樂章時，能奏出宛如「歌唱的」一般的樂音。事實上，沒有任何技藝高超的演奏家，能以樂器上演奏出「如歌的」聲音，因樂器本身構造和材料的關係，有其個別獨特的聲音及音色的限制，不可能演奏出「如歌唱」般的音樂，最多祇能演奏到最相似或最接近歌唱而已，我們可以說「人的歌唱聲音」是所有音樂，所追求的最高最完美的境界。所以說「人聲」是世界上最珍貴、最美好的「樂器」是當之無愧的。

前已述及「人聲」是世界上最原始的樂器，其發聲的原理是空氣從肺部壓迫橫隔膜的結果。（如【圖5_03】）〔註66〕空氣經過氣管送出，通過喉嚨半開的聲帶，造成聲帶振動，這樣的過程一再的反覆，便形成聲音，另外再加上口腔、鼻腔、喉頭腔與胸腔的「共鳴」〔註67〕才形成我們實際聽到的聲音。用於胸腔的空氣壓力愈大，就會造成聲帶振動加快，聲音越高，反之則低。

人聲用之於歌唱，是須要加以練習的，梨園訓練成員是以每天吊嗓音，來提高發聲的效果，現代人的歌唱發聲，通常是經過一連串的特殊訓練，透過多種的訓練方法所得的技術稱爲發聲法，或者單稱爲發聲。練習發聲法的目的，大致包含應樂曲內容的要求，可以操控各種音色、音高與強弱，歌唱長樂句時，可以控制呼吸氣流（氣息）的運作，發出清晰優美聲音，在寬廣的空間亦可發出宏亮的聲音等。此外，在音樂上要活現古人唱法的表情，也是件不容易的事。對於歌唱之研究，梁朝劉勰在《文心雕龍·聲律》文中有若干見解，值得吾人參考。劉勰云：

> 古之教歌，先揆以法，使疾呼中宮，徐呼中徵。夫商徵響高，

〔註65〕見梁劉勰撰《文心雕龍·聲律》卷七，《四庫全書》本，第1478冊，頁47。

〔註66〕【圖5_03】引自《音樂圖驥》，頁22。

〔註67〕共鳴是頻率相等的兩個振動物體，如甲物體的振動，經由媒介體傳達到乙物體，乙物體就會立即感應而共振，如此相互感應的振動現象，稱之爲「共鳴」。

　　宮羽聲下，抗喉矯舌之差，攢脣激齒之異，廉肉相準，皎然可分。
今操琴不調，必知改張；摘文乖張，而不識所調，響在彼絃，乃得
克諧；聲萌我心，更失和律，其故何哉？良由內聽難為聰也。故外
聽之易，絃以手定；內聽之難，聲與心紛，可以數求，難以辭逐。
〔註68〕

劉勰字彥和，大約生於宋明帝泰始元年（西元 465 年）前後，卒於梁武帝普
通元、二年（西元 520～521 年）間，一生跨越宋、齊、梁三個朝代。劉勰這
段文字雖然見於一千五百年前，然而其中所揭櫫的音樂觀及在音樂方面的造
詣，決不下於今日音樂系所的學者，其文辭包括心理上、生理上、物理上，
尤其是「結構」上的突出看法。從音樂發聲吐字學言，劉勰很早即已指出喉、
舌、脣、齒與國字母音與子音的構成影響。他所提示的「教歌先揆以法」至
今仍是習唱時顛撲不破的原則。最使人敬佩不疑的是能說明一些「實驗」例
子，譬如：中宮應「疾呼」，聲音不但大而且要快；中徵調要慢慢唱；商徵調
是高音；宮羽是低音。有了這幾個「調」的發音法，正如找到一把解開一千
五百年前古樂府歌唱聲調五聲音階的秘密鑰匙。

【圖 5_03】發聲原理圖

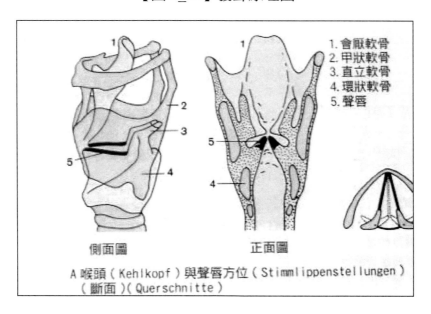

側面圖　　　正面圖

A 喉頭（Kehlkopf）與聲唇方位（Stimmlippenstellungen）
（斷面）（Querschnitte）

1. 會厭軟骨
2. 甲狀軟骨
3. 直立軟骨
4. 環狀軟骨
5. 聲唇

〔註68〕見梁劉勰撰《文心雕龍・聲律》卷七，《四庫全書》本，第 1478 冊，頁 47。

第四節　《樂記》中的舞蹈

上一節已經把《樂記》中的音樂略爲闡述，茲因音樂與舞蹈經常是一起呈現的，這也是本章前半段敘述《樂記》中的音樂，後半段再述舞蹈之原因了。〈樂施〉曰：

> 昔者，舜作五弦之琴以歌南風，夔始制樂以賞諸侯。故天子之爲樂也，以賞諸侯之有德者也。德盛而教尊，五穀時熟，然後賞之以樂。故其治民勞者，其舞行綴遠；其治民逸者，其舞行綴短。故觀其舞知其德；聞其諡知其行也。（〈樂施〉）

從引文中清楚的了解天子之爲樂，是以賞諸侯之有德者，證明古代治國者把樂作爲獎勵臣下的手段，通過不同形式的音樂與舞蹈（歌舞），可以看到天子賞賜給諸侯的歌舞，就能知道他的德行，聽到天子給予他的諡號就能知道他生前的行爲。更可以看出其治民的功績，這說明古人十分重視「禮樂」的教育作用。

另《樂記》的經文中，關於舞蹈的文字並不多，但是經文中提起「樂舞」、「樂具」及動作或涵義者，卻也不少。如〈賓牟賈〉通篇都是在論述賓牟賈與孔子述武王伐紂的樂舞〈大武〉所作的詮釋，經文中詳述了〈大武〉武舞六成的各種涵義及動作，從它的記載中，可以得到古代樂舞的一個概觀。故於本節細述〈大武〉篇中對舞蹈的描寫。《樂記》開宗明義就說：

> 凡音之起，由人心生也。人心之動，物使之然也。感於物而動，故形於聲。聲相應，故生變。變成方，謂之音。比音而樂之，及干、戚、羽、旄，謂之樂。（〈樂本〉）

音樂的發出，都是從人的內心的活動中產生的。而且各種的聲音相互配合調和後，產生了變化，變成了有節奏可以聽的曲調，這就是音。排比各種曲調而用器樂演奏出來，並配合上「干、戚、羽、旄」〔註69〕的舞蹈，就叫做樂。經文的開始就清楚的說明「聲相應，故生變。變成方，謂之音。比音而樂之，及干、戚、羽、旄，謂之樂。」干、戚爲武舞所執用的器具，羽、旄則爲文

〔註69〕《樂記》言：「干戚羽旄，謂之樂。則先干戚，而後羽旄。」〈郊特牲〉、〈明堂位〉、〈祭統〉皆先大武而後大夏。《詩‧簡兮》先萬舞而後籥翟。漢樂先武德，而後文始。唐樂亦先七德，而後九功。然則古人之舞，皆先武而後文，蓋曰：「平難常在於先，守成常在於後。」見明王志長撰《周禮註疏刪翼》卷十四，《四庫全書》本，第97冊，頁446。

舞所執的舞具。舞蹈的動作也同時在此經文中出現。古時言詩並不是只單言詩，還含有樂舞的內容在內，並不僅僅是一般泛指「舞」是「樂」組成的一部分，有更深入強調「詩」、「舞」、「樂」在樂中的地位。《左傳》：「見舞象箾南籥者。」孔穎達疏云：「樂之爲樂，有歌有舞，歌以詠其辭，而聲以播之，舞則動其容，而以曲隨之。」〔註70〕從季箚訪魯觀周樂，知其時詩歌、音樂、舞蹈互相配合，載歌載舞，多姿多彩，蔚爲大觀，可見當時已集「詩」、「舞」、「樂」於一也。

　　中國古代有許多關於史前舞蹈的傳說，這些神話傳說，大多描述舊石器晚期和新石器時期的生活狀況，並把功績歸於某一首領和英雄。傳說中之三皇五帝均有舞蹈。其內容有很多的附會或後人之推測，具有神奇的幻想色彩。實際上，傳說的每個代表人物的時代，殊不知經歷多少萬年。但由於係古書典籍所記載，爲歷代傳誦，卻不曾顛倒歷史的脈絡，故從中可窺視原始舞蹈的蹤跡。〔註71〕周朝集古舞蹈之大成，匯集並整理上古時期之樂舞，繼承了上一代之禮樂制度，發揚堯、舜以來的禮樂教育傳統，重視舞蹈的教育價值，重新製定禮樂制度，所謂「優優大哉！禮儀三百，威儀三千。待其人而後行。」〔註72〕不同的場合要用不同的樂舞，舉凡祭祀天地鬼神，祖宗神廟，進退有序，禮制之訓練，完美人格之養成，民眾之康樂，幾乎都在周代時定下一個完美的制度，使我國成爲世界上著名的「禮樂之邦」。前一小節所述之周初創作頌揚武王功績的《大武》，場面浩大恢宏，結構嚴謹，立下西周樂舞的典範。其次要敘述的是古代的原始社會歌舞，這些舞蹈雖在《樂記》中沒有述及，但是同爲此一時期之樂舞，兩者之間有連帶之關係，筆者在此一併簡述。

壹、古代樂舞之發展

　　茲以中國的樂舞歷代之沿革至《樂記》成書止，分三期簡略概述之，以下將我國音樂（樂舞）在前期之沿革分述說明如下：

〔註70〕《左傳》：「見舞象箾南籥者。」孔穎達疏正義曰：「樂之爲樂，有歌有舞，歌則詠其辭，而以聲播之，舞則動其容，而以曲隨之，歌者樂器同，而辭不一。」見《左傳》，《十三經注疏》本，頁672。
〔註71〕見李天民、余國芳著《中國舞蹈史》，台北：大卷文化，2000年八月再版，頁21。
〔註72〕見《中庸》，《十三經注疏》本，頁897。

一、啟蒙時期

從伏羲氏作琴瑟，而音樂興起，自葛天氏作八闋，而舞蹈興起。伏羲扶來之樂，史無記載。葛天氏之八闋，據《呂氏春秋·古樂》篇云：

> 昔葛天氏之樂，三人摻牛尾，投足以歌八闋。一曰載民，二曰玄鳥，三曰遂草木，四曰奮五穀，五曰敬天常，六曰達帝功，七曰依地德，八曰總萬物之極。〔註73〕

至神農氏而有扶持之樂，可見在狩獵時代，已經有樂舞的風行。卻因無文字相載，後人無法得知當時樂舞的內容。

二、初創時期（自黃帝至周初）

我國音樂與舞蹈之完成規律，要在黃帝時期。在音樂方面，黃帝時期訂正了七音和十二律，是我國音樂上最大的發明，雖然是傳說無以徵信。然後世樂曲無論如何變遷，都不能離開七音十二律的規律。七音是「宮、商、角、徵、羽、變宮、變徵」。十二律是「黃鐘、大呂、太簇、夾鐘、姑洗、中呂、蕤賓、林鐘、夷則、南呂、無射、應鐘」。在舞蹈方面：黃帝時發明了器械之舞。即執干戚旄羽以為舞器，來合乎音樂的節拍。故《咸池》之樂，《雲門》大卷之舞，足以和民情，威諸侯，順時序，饗鬼神，而贊天地之化育。繼續創作的，有少皞之《大淵》，顓頊之《六莖》，帝嚳之《五英》，堯帝之《大章》。

到舜為天子，作《大韶》，《大韶》是盡善盡美的樂舞。孔子在齊聞《韶》，三月不知肉味。顏淵問為邦，孔子告訴他：「樂則《韶》舞。」季札觀樂於魯，聽到奏《韶》，歎為觀止。可見《大韶》這一樂舞，已經登峰造極。蓋帝舜是對於樂舞最有研究的人，端看尚書記載，命夔典樂的幾句話，便訓示了樂舞的最高原則。他說：「詩言志，歌永言，聲依永，律和聲，八音克諧，無相奪倫，神人以和。」〔註74〕他把詩、歌、聲、律、音、樂、舞的關係，說得很清楚。人心有所感，便發生思想，思想藏在心中，稱為志。發之於口，稱為詩。詩吟哦的聲調拖長，稱為歌。歌合於節拍，稱為音。音協於律，稱為樂。樂中雜有所作，稱為樂舞。五音之中，宮為君、商為臣、角為民、徵為事、羽為物。

〔註73〕見秦呂不韋撰、漢高誘註《呂氏春秋》卷五，《四庫全書》本，第848冊，頁312。

〔註74〕見《尚書·虞典》，《十三經注疏》本，頁46。

在舜之後，夏禹作《大夏》，命登扶氏爲承夏之樂，理天下以五聲。啓又作《九歌》。湯作《大濩》。至紂廢棄古樂，好靡靡之音，志侈情溺，因而亡國。鄭衛之音，濫觴於殷紂之時，餘毒垂流數百年。

三、周代的詩、樂、舞時期

詩與樂，樂與舞，三者本屬一體。而詩之興，要以周代爲最盛，詩經三百五篇，皆可被之絃歌（泛指都可和樂）。因此周代的音樂，都合於六詩。《周禮》〈大宗伯〉之下，有〈大司樂〉之職。《禮記》：

> 大司樂以樂德教國子中、和、祇、庸、孝、友。以樂語教國子興、道、諷、誦、言、語。以樂舞教國子舞《雲門》、《大卷》、《大咸》、《大韶》、《大夏》、《大濩》、《大武》。〔註75〕

又有〈大師〉：

> 大師掌六律六同，以合陰陽之聲。陽聲：黃鍾、大簇、姑洗、蕤賓、夷則、無射；陰聲：大呂、應鍾、南呂、函鍾、小呂、夾鍾，皆文之以五聲：宮、商、角、徵、羽，皆播之以八音：金、石、土、革、絲、木、匏、竹。〔註76〕

> 教六詩，曰風、曰賦、曰比、曰興、曰雅、曰頌。〔註77〕

可見詩與以舞在周代是一體的。詩有六義，六義見於《詩大序》：「故詩有六義焉：一曰風，二曰賦，三曰比，四曰興，五曰雅，六曰頌。」〔註78〕《風》乃各國地方之詩，《雅》是朝會燕饗之詩，《頌》是宗廟頌德之詩。《風》可以信口而歌，或援琴和歌，至於《雅》、《頌》則爲多人合奏，鐘鼓鏗鏘之雅樂。古代歌鹿鳴，必歌四牡，皇皇者華，故曰工歌鹿鳴之三，而用南陔、〈白華〉，華黍、三笙詩以協之。樂師除工歌詩之外，並且教國子以舞。在周代舞蹈已很風行，種類甚多，有羽舞，有皇舞，有旄舞，有干舞，有人舞，羽舞干舞是有盛典奏樂中的舞，天子八佾，諸侯六佾，卿士四佾，大夫二佾。大的典禮，如郊祀祭天，則奏黃鍾，歌大呂，舞雲門大卷。祭社稷，奏太簇，歌應鍾，舞《咸池》。祀四望，奏姑洗，歌南呂，舞大磬（即韶）。祭山川，則奏蕤賓，歌及鐘，舞大夏。祭先妣，則奏夷則，歌小呂，舞大濩。舞時君

〔註75〕見《禮記・少儀》卷三十五，《十三經注疏本》，頁631。
〔註76〕見《周禮》卷二十三，《十三經注疏本》，頁354。
〔註77〕見《周禮》，《十三經注疏》本，頁356。
〔註78〕見《詩經》，《十三經注疏》本，頁15。

總干，以樂皇尸。其他如燕禮，射禮、聘禮、鄉飲酒，都有制定的樂舞。在周代樂舞之發達，可以說是已達最高峯。春秋之末，諸侯強大，王室衰微，禮樂也陵替。孔子雖討，魯國仍保存周之禮樂，但雅頌已亂。孔子自衛返魯，訪於樂師，然後樂正，雅頌各得其所。逮戰國之世，諸侯都沈溺於新樂。鄭衛之聲復起，雅樂漸漸失傳。僅有詩之文句流傳於後世，而詩與樂從此分開也。〔註79〕

四、樂府時期（漢魏六朝）

西漢高祖定天下之後，頗留意禮樂，有魯國人樂家制氏，懂得雅樂聲律，僅能記其鏗鏘鼓舞，不能說出意義。叔孫通因奏樂人而制宗廟朝廷之樂。又唐山夫人作房中祠樂，是根據秦代的壽人樂而變的。到孝惠帝時，夏侯寬改房中樂為安世樂。這部份因襲前代，卻沒有前代的典雅。漢代創造的卻是樂府。樂府起於漢高祖統一天下功成過沛，與父老飲酒歡樂，作大風起兮雲飛揚之歌，令沛縣的兒童習而歌舞。到孝惠帝時，立高帝廟，遂令歌人習此歌為祭祀之樂。到漢武帝時，爰立樂府，採詩諷誦，有趙代秦楚之謠，以李延年為協律，都尉詔司馬相如等造為郊祀十九章之歌，畧論律呂，合八音之調。郊祀十九章之歌，有練時日、帝臨、青陽、朱明、西顥、玄冥、惟泰元、天地、日出入、天馬、天門、景星、齊房、后皇、華煜煜、五神、朝隴首、象載瑜、赤蛟。這十九章是朝廷宗廟的雅樂。

貳、古代傳統樂舞

一、民間祭祀舞蹈

原始舞蹈從人類本能衝動開始，成為遠古初民生活中之組成部份，被重視、運用，繼而種類繁多，舉凡人之快樂、悲哀、驚恐等情緒，皆透過身體之振動而流露；各種求取生存努力之內容，於舞蹈中亦得以反映和再現。原始舞蹈是單純的，卻有簡單的意識和明確的生存目的，依據舞蹈中表現的直接功利意義，可分若干類型，各類型界定之種屬不一，並在先秦時代已頗為盛行，由於各諸侯國地域有別，風俗各異，民間祭祀舞的形式風格和流傳發展狀況，也就有著許多不同的特點。這種舞蹈源遠流長、根深葉茂，一直流

〔註79〕見何志浩著《中國的樂舞》收錄於中國音樂史論集（二），台北：中華文化出版事業社，1960年3月出版，頁6～10。

傳至今的許多形式如儺舞〔註80〕、蜡祭、巫舞等。由原始圖騰崇拜和萬物有靈觀念所產生的各種原始宗教巫祝歌舞，常在統治階級的祭祀中被應用，同時也發展傳播於民間，成為民俗祭祀舞。

　　原始祭祀的（巫術）儀式是一種信仰，為後世宗教之萌芽。原始之信仰與後世之宗教，兩者既有聯繫，又有區別，前者是為了生存和種族之延續，後者則是追求精神之寧靜、解脫和祈盼來生。原始社會中，自然環境極端惡劣，《淮南子》云：

> 「往古之時，四極廢，九州裂。天不兼覆，地不周載，火爁炎而不滅，水浩洋而不息。猛獸食顓民，鷙鳥攫老弱。於是女媧鍊五色石以補蒼天。」〔註81〕

> 「逮至堯之時，十日並出，焦禾稼，殺草木，而民無所食獗。」〔註82〕

各民族之傳說中，幾乎都有人類曾瀕臨滅絕之神話。作為始脫離動物界，處於蒙昧狀態之原始人，面對海嘯、地震、洪水、猛獸、傳染病等異常災害，以及日昇、月落、電閃、雷鳴、四季更替、生老病死等自然規律，茫然不解，不知災禍之由來，又對之束手無策，由恐懼、神秘、依賴和慾望，而產生對自然之崇拜，形成萬物有靈，靈魂不滅的觀念，認為山川河流、草木花朵、日月風雲，萬事萬物均有神靈，茫茫宇宙由神主宰，神有超人之智慧和力量，只有取悅神，同神和解，才能獲得神之諒解和庇護。於是用身體之振動，手舞足蹈作態，來表達內心之要求。〔註83〕

二、萬　舞

　　萬舞與萬人舞——在《墨子・非樂上》譴責啟以「萬舞翼翼」供他享樂及在不少典籍中多次中提到的舞《萬舞》，有的說是一種武舞，即「干舞也」。何休注：

> 干，謂楯也，能為人扞難而不使害人，故聖王貴之，以為武

〔註80〕儺舞為古時迎神來驅逐瘟疫的一種舞蹈，見本文頁187。
〔註81〕見漢劉安撰、高誘注《淮南鴻烈解・覽冥篇》卷六，《四庫全書》本，第848冊，頁571。
〔註82〕見漢劉安撰、高誘注《淮南鴻烈解・本經篇》卷八，《四庫全書》本，第848冊，頁587。
〔註83〕見李天民、余國芳著《中國舞蹈史》，台北：大卷文化，2000年八月再版，頁29～30。

樂。《萬》者，其篇名，武王以萬人服天下，民樂之，故名之云爾。
〔註84〕。

有的說是「舞之總名」，是文舞與武舞的合稱（《公羊傳·宣公九年》），可能是發端於商，盛行於春秋戰國時期的著名舞種之一。但是這到底是怎樣的一種舞蹈，演出內容與形式如何？至今尚無定論。〔註85〕《詩經·邶風·簡兮》曾生動地描述了一次宮庭中表演《萬舞》的盛況表演。其詩曰：

> 簡兮簡兮，方將萬舞。日之方中，在前上處。碩人俁俁，公庭萬舞。

> 有力如虎，執轡如組。左手執籥，右手秉翟。赫如渥赭，公言錫爵。

> 山有榛，隰有苓。云誰之思？西方美人。彼美人兮，西方之人兮。〔註86〕

從此詩中，我們可以清楚地了解到，〈簡兮〉所演出的《萬舞》，包含了文舞和武舞兩個段落，英俊高挺的舞師先是以雄赳赳、氣昂昂、矯健身手和如虎添翼的氣魄，表演了駕馭駿馬奔騰馳騁的武舞。接著左手又拿起了編管樂器「籥」，右手揮著用野雞羽毛製作的舞具「翟」，文質彬彬、風度翩翩地跳起了文舞。他的精湛舞藝，博得了國君的誇讚，並賞以美酒，而舞者用舞蹈顯示出來的力量、智慧和健美體魄，成了人們心目中愛慕的「美人」〔註87〕。

樂與舞作為一種綜合的藝術，就充當了人類情感的載體。初民在極振奮人心的樂舞中，發出喊叫的聲音，吟唱出表達內心情緒的本能，盡情的呼喚唱歌，或進而由吹奏、敲打樂器所引發心理情態的感應，將樂舞推向了高潮，並使自身狂熱的情感得到了一種宣洩與滿足。此時，情感力量作為原始人精神活動的外現而被體驗著，曝現於群體樂舞歡樂中，就是置身於一種無限歡愉之境地。

〔註84〕 見漢公羊壽傳、何休解詁、唐陸德明音義《春秋公羊傳注疏·宣公九年》卷十五，《四庫全書》本，第145冊，頁300。
〔註85〕 見地球出版社編輯部編輯《中國文明史·先秦時期》第二卷下冊，台北：地球出版社，1991年十二月第1版，頁818。
〔註86〕 見《詩經·簡兮》，《十三經注疏》本，頁99～101。
〔註87〕 「美人」在詩中之意是指領舞的舞師，是觀看萬舞的貴族婦女，引發為愛慕之情的對象。

三、儺　舞

儺舞屬於巫術舞蹈，人們頭戴面具，以舞蹈形式氣氛神秘恐怖和驅鬼逐疫爲特色，我們稱這類面具舞爲「儺舞」。此種舞蹈形式歷史古遠。傳至周代已有比較明確、詳細的記載。周代宮廷有多種儺禮，如季春有國儺、仲秋有天子儺、冬季是大儺等，每年舉行三次，由方相氏掌蒙熊皮，……帥百隸爲之，故書難或爲儺。按《周禮注疏》陸德明音義曰：

> 季春之月，命國難，九門磔禳，以畢春氣。仲秋之月，天子乃難，以達秋氣。季冬之月，命有司大難，旁磔，出土牛，以送寒氣。

〔註88〕

「國儺」於季春之月舉行，主要是周王室和諸侯宮中的儺禮。《禮記・月令》：「季春，命國難（儺），九門磔攘，以畢春氣。」〔註89〕參加儺儀的人，戴著猙獰的假面，跳著激烈的舞步，走遍宮中區隅幽闇之處，擊鼓大呼驅逐不祥，畢止其災也。

「天子儺」是儺禮中規格最高的儀式，天子親自參加，天子以下不得舉辦。此儺於每年仲秋之月舉行，「以達秋氣」。《禮記》注曰：

> 此難難陰氣也。陰寒至此，不止害將及人。所以及人者，陰氣右行此月之中，日行歷昴，昴有大陵，積尸之氣，氣佚則屬鬼隨而出行。命方相氏帥百隸索室毆疫以逐之，又磔牲以攘於四方之神，所以畢止其災也。王居《明堂禮》曰：「季春出疫于郊，以攘春氣。」

〔註90〕

「大儺」於季冬之日舉行，「命有司大儺，旁磔，出土牛以送寒氣。」周代大儺的主持人稱方相氏，據《周禮・夏官司馬》所載，周代宮廷驅儺儀式十分新奇而壯觀。驅鬼逐疫的主神是「方相氏」，「方相氏掌蒙熊皮、黃金四目，

〔註88〕見漢鄭氏注、唐陸德明音義、賈公彥疏《周禮注疏》卷二十五，《四庫全書》本，第90冊，頁459。《禮記集說》宋衛湜曰：「鄉人禓，孔子朝服立于阼，存室神也。」《論語》：「鄉人儺朝服，而立於阼階。」即此事也。鄭氏曰：「禓，強鬼也。謂時儺索室毆疫，逐強鬼也。禓或爲獻，或爲儺，朝服立於阼，神依人也。」，孔氏曰：「此一經論孔子存神之事，鄉人驅逐強鬼，孔子恐廟神有驚恐，身著朝服立於廟之阼階，存安廟室之神，朝服以祭，故用祭服以依神也。」見宋衛湜撰《禮記集說》卷六十四，《四庫全書》本，第119冊，頁367～368。
〔註89〕見《禮記・月令》，《十三經注疏》本，頁305。
〔註90〕見《禮記・月令》，《十三經注疏》本，頁305。

－187－

玄衣朱裳，執戈揚盾。帥百隸爲之，毆疫厲鬼也。」〔註91〕方相氏率領著龐
大的儺舞舞隊，到宮室各個角落去搜索、驅趕鬼邪。《論語·鄉黨》載，有一
次孔子在家鄉遇到了鄉人盛大的〈儺舞〉隊伍，唯恐那些被驅逐之疫鬼驚擾
了先祖神靈，孔子「朝服而立於阼階」〔註92〕，恭敬而肅穆地在家廟的台階
上迎候著。這表示孔子對這種民俗活動的重視。

　　我國儺舞的發展，從古至今，綿延不絕，可謂傳統舞蹈中歷史悠久者。
宋代政和年間，廣西桂林地區，製作的儺舞面具，一副即有八百枚之多，而
且「老少妍陋無一相似者。」〔註93〕清人姚瑩《康輶紀行》載：「除夕，木
鹿寺跳神逐鬼，有方相氏司儺之意，男女聚飾，群聚歌歡，帶醉而歸，以度
歲節。」貴州德江方誌載：「冬時儺亦間舉，皆古方相逐疫遺意，迎春則扮台
閣古戲文，沿街巡行以暢春氣。」今日仍然在一些地區流行的「儺壇戲」、「儺
願戲」、「儺堂戲」、「儺戲」等，都是古代儺舞的蛻變和遺存，是供觀賞娛樂
的劇種。〔註94〕

四、「雩祭」與《舞雩》

　　「雩祭」也是起源甚早的一種民俗祭祀舞。前引甲骨文卜辭中的「霖」
字，郭沫若釋「霖」爲雩，據《禮記·月令》載，雩是一種「祈祀山川百源」
並有盛大舞祭的祭禮。《爾雅·釋訓》說，因爲它是一種舞蹈，一邊呼籲吶
喊，所以叫作「雩」。也是一種規模很大，氣氛熱烈的求雨舞。許多嚴肅的
祭儀到了民間，總帶上濃厚的生活氣息和自娛色彩。孔子的弟子曾皙（名點）
當被孔子問到什麼是最大的願望時，回答道：「莫春者，春服既成，得冠者
五六人，童子六七人，浴乎沂，風乎舞雩，詠而歸。」〔註95〕孔子對此回答
頗爲讚賞，喟然嘆道：「吾與點也。」可見這時的《舞雩》已成爲民間郊遊

〔註91〕見《周禮注疏·夏官司馬下》卷三十一，《十三經注疏》本，頁475。
〔註92〕見《論語注疏》卷十，《十三經注疏》本，頁90。《禮記集說》曰：「《論語》
　　　　鄉人儺，朝服而立於阼階。即此事也。禓是強鬼之名，鄉人驅逐此鬼，孔子
　　　　恐驚廟室之神，故衣朝服立於廟之東階，以存安室之神，使神依己而安也。
　　　　禮大夫朝服而祭，故用朝服以依神。」見清李光坡撰《禮記述註·郊特牲》
　　　　卷十一，《四庫全書》本，第127冊，頁571。
〔註93〕語出陸游《老學庵筆記》中載：「政和中大儺，下桂府進面具，比進到，稱一
　　　　副，初訝其少，乃是以八百枚爲一副，老少妍陋，無一相似者，乃大驚。」
　　　　見宋陸游撰《老學庵筆記》卷一，《四庫全書》本，第865冊，頁5。
〔註94〕見李天民、余國芳著《中國舞蹈史》，台北：大卷文化，2000年八月再版，頁143。
〔註95〕見《論語注疏·先進》卷十一，《十三經注疏》本，頁100。

時輕鬆娛樂的歌舞活動。

五、「蜡祭」與《蜡舞》

有歌有舞的蜡祭，起源甚早，傳說創始於神農氏時代。到了周代，已經成為全國性的主要祭祀禮儀之一。其主要目的爲酬庸神靈，而不在於祈風雨、逐鬼疫。因爲所祭神者祇有八位，所以又稱作蜡八或八蜡。《禮記・郊特牲》云：「天子大蜡八，伊耆氏始爲蜡。蜡也者，索也，歲十二月，合聚萬物而索饗之也。」〔註96〕釋文：「八者，所祭有八神也：先嗇一、司嗇二、農三、郵表畷四、貓虎五、坊六、水庸七，昆蟲八」。以上爲蜡祭之八位神靈，然清孫希旦之解釋又不同，孫曰：「八者，所祭有八神也：先嗇一、司嗇二、百種三、農四、郵表畷五、禽獸六、坊七、水庸八。」蓋十二月，建丑之月也。蜡祭八神，而曰「合聚萬物」者，以百種禽獸，其類非一也。

清孫希旦謂「蜡祭自天子諸侯之國及黨正皆有之。」〔註97〕人們認爲這些都是創造豐收的神祇，對人們有功的靈物。所以「蜡祭」是萬物有靈的原始多神教遺風在民俗舞中的反映。參加祭典的人，要穿上特備的盛裝，有的著「皮弁素服」執「葛帶榛杖」，表示將舊的一年送走；有的穿「黃衣黃冠」，象徵金秋豐收，並讓農夫們能好好休息。這些象徵意義，顯示了人類要主宰萬物的意願和氣魄！蜡祭，實際上是廣大勞動群眾，借酬神的祭典而舉行的一年一度慶賀豐收，以慰一年之辛勞，除舊迎新的狂歡節。至於蜡祭時舞蹈的具體形態，先秦典籍，少有記載。宋代學者蘇軾《東坡志林》稱：

> 八蜡，三代之戲禮也。歲終聚戲，此人情之所不免也。因附以禮義，亦曰不徒戲而已矣。祭必有尸，無尸曰奠，始死之奠與釋奠是也。今蜡謂之祭，蓋有尸也。貓虎之尸，誰當爲之？置鹿與女，誰當爲之？非倡優而誰？葛帶榛杖，以喪老物；黃冠草笠，以尊野服，皆戲之道也。〔註98〕

〔註96〕見《禮記・郊特牲》，《十三經注疏》本，頁500。八蜡，三代之戲禮也。歲終聚戲，此人情之所不免也。因附以禮義，亦曰不徒戲而已矣。祭必有尸，無尸曰奠，始死之奠與釋奠是也。今蜡謂之祭，蓋有尸也。貓虎之尸，誰當爲之？置鹿與女，誰當爲之？非倡優而誰？葛帶榛杖以喪老物，黃冠草笠以尊野服，皆戲之道也。

〔註97〕見清孫希旦撰、沈嘯寰、王星賢點校《禮記集解・郊特牲第十一之一》禮記卷二十五，台北：文史哲出版社，民國79年8月文一版，頁695。

〔註98〕見宋蘇軾撰《東坡志林》卷三，《四庫全書》本，第863冊，頁38。

由此情況來推測，很像是以巫人扮演眾神、眾獸之形，在祭禮上跳舞。這帶有原始巫術，圖騰舞蹈的遺韻。

六、《巫舞》與《九歌》

《巫舞》起源於原始時代。盛行於商周的巫舞，流傳廣泛而久遠，《說文》：「巫，巫祝也。女能事無形，以舞降神者也，象人兩褎舞形。」〔註99〕春秋時期的楚國巫風十分興盛。被稱爲「荊蠻之地」的楚國，保存了許多古老的民族風俗，當時的宮廷王室，也常常是「恆舞于宮，酣歌于室」〔註100〕，陶醉在巫舞表演的歌韻舞影之中。其醉心之程度令人難以置信。據《天中記·祭祀》引桓子《新論》曰：

> 祭祀招禍。昔楚靈王，驕逸輕下，簡賢務鬼，信巫祝之道。齋戒潔鮮以祀上帝，禮羣神。躬執羽紱，起舞壇前，吳人來攻，其國人告急，而靈王鼓舞自若，顧應之曰：「寡人方祭上帝樂明神當蒙福祐焉，不敢赴救。」而吳兵遂至，俘獲其太子及后姬以下。〔註101〕

楚靈王之簡賢務鬼，信巫祝之道，從另外的角度，反映出巫舞巨大的藝術魅力，和人們崇信的程度。躬執羽紱，起舞壇前，當吳國已兵臨城下，國人向他告急時，他仍然「鼓舞自若」，沉溺於巫舞祭儀之中而難以自拔，不發兵禦敵，只求神靈保估，難怪其結果是吳兵攻入，俘虜了太子及后姬。

關於《九歌》的產生，歷來雖有不同說法〔註102〕，但大多認爲是民間祭祀樂歌關係甚密，卻是比較一致的說法。東漢王逸《楚辭章句》說：

> 九歌者，屈原之所作也。昔楚國南郢之邑，沅湘之間，其俗信鬼而好祀，其祠必作歌樂鼓舞，以樂諸神。〔註103〕

〔註99〕見《說文解字注》，頁203。

〔註100〕見《尚書注疏·商書》卷七，《十三經注疏》本，頁115。

〔註101〕見明陳耀文撰《天中記·祭祀》(三)，卷四十二，《四庫全書》本，第967冊，頁8。按《四庫全書·總目》卷一百八云：「桓譚新論則世無傳本，惟諸書遞相援引」故本目再引《天中記·祭祀》之注解。《四庫全書》本，第3冊，頁331。

〔註102〕舉三家說明之，諸如：王逸認爲是屈原仿南楚的民間祭歌而作，以排解其「懷憂苦毒，愁思沸鬱」(《楚辭章句》)，朱熹認爲是國風對南楚祭歌的修改加工，「更定其詞」(《楚辭集注》)，胡適則認爲《九歌》是古代「潮江民族的宗教歌舞」，「與屈原傳說絕無關係」(《讀楚辭》)。

〔註103〕見漢王逸撰《楚辭章句·九歌》卷二，《四庫全書》本，第1062冊，頁16～17。

《九歌》共分十一段：《東皇太乙》，描寫祭祀開始時的場面。在吉祥的日子裡，大家愉快地來敬神（東皇太乙）。巫師們穿看掛滿佩飾的法衣，手中拿著避邪的長劍，叮叮噹噹地走出來。祭壇上擺滿祭品，徐緩的祭祀樂歌唱起來了，打扮得十分美麗的女巫，伴隨著紛繁的樂聲，輕歌曼舞。接著是祭雲神的《雲中君》，祭湘水之神《湘君》與《湘夫人》，祭主壽命的神《大司命》與主子嗣的神《少司命》，祭太陽神《東君》、河神《河泊》和山神《山鬼》。在這些祭歌中，都含有描寫愛情的成分，是熱情深摯的戀歌。寫得那樣細緻、深刻感人。再次是《國殤》，這是一首悼祭衛國英雄的贊歌，描寫他們與敵人作殊死戰鬥的英雄形象和雖死猶存的大無畏精神，寫得慷慨悲壯，動人心魄。最後一段《禮魂》，是描寫祭禮結束時的歌舞場面。年青美貌的巫女們，手中拿著鮮花，相互傳遞，穿插交錯地一起歌唱舞蹈。看來，盛行巫風的楚國，祭祀歌舞已具有一定的藝術水平。它們以娛神之名，做到了真正娛樂人們的功用。〔註104〕

　　《九歌》這是一部充滿幻想浪漫色彩的瑰麗歌舞，藝術表現手法是多樣的，有第一人稱的抒情，也有旁觀者的頌讚；有神與神的問答，也有神與人的交流，這些不同的手法與《九歌》所包含的不同歌舞形式和體裁是相適應的。可以看出這十餘段相對獨立及互相連繫的歌舞表演中，有大型的群舞場面，又有小型的單、雙人舞蹈。有載歌載舞的段落，也有歌者伴唱的抒情舞蹈。總之，它是吸收了多種樣式的民間祭祀歌舞的素材，經過詩人屈原精心編織出來的，情深、幽渺、深邃的一組巫風歌舞。楚國「巫風」、「巫舞」盛行，影響相當深遠，水平也很高。在流行於楚地祭祀神祇歌舞基礎上，產生的屈原力作《九歌》只是《楚辭》代表作品之一，我們可以從它的字裡行間，看到民間巫舞生動的表演情況。

參、《樂記》中的古代樂舞

　　《樂施》云：

> 〈大章〉，章之也。〈咸池〉，備矣。〈韶〉，繼也。〈夏〉，大也。
> 殷、周之樂盡矣。（〈樂施〉）

這裡所說的《大夏》或稱《夏篇》，就是歌頌禹治水成功的一個原始樂舞。遠

〔註104〕見常任俠、王克芬等編著《中國舞蹈史》，台北：蘭亭書店出版，1985 年十月初版，頁 19。

古人們，爲了爭取生存，經常需要和洪水作抗爭。在戰勝了洪水之後，他們
就特別的歡喜、快樂。他們要進行慶祝。他們創作樂舞，以歌頌他們面對洪
水的戰鬥中有著傑出表現的英雄。這些原始社會的音樂及舞蹈，往往就成爲
遠古人們的精神象徵。上述〈大章〉〈咸池〉〈韶〉的形成，存有各種不同的
因素，以下簡介《樂記》中的原始社會歌舞。

一、《大章》的樂舞

按歷史記載：武王伐紂，推翻殷商。建立周朝不久，就命周公姬旦制禮
作樂，周因承襲夏、商的禮儀樂制，建立了周王朝的禮樂制度。作爲一種統
治手段——禮樂教化的工具，樂舞藝術的地位和社會上的作用，也被提昇到
了前所未有的高度。這一部分的樂舞就是所謂的「雅樂」與「雅舞」，是我國
樂舞文化的重要組成部分，雖然幾經興衰，但在中國幾千年來的封建社會中，
「雅樂」以及「雅舞」始終是居於樂舞的正統地位。雅樂舞蹈的主要內容是
「六大舞」，也稱「六代舞」，它代表六個朝代。茲分項於下，一爲《雲門》，
二爲《大章》，三爲《大韶》，四爲《大夏》，五爲《大濩》，六爲《大武》。爲
首的據傳是起自黃帝的《雲門》，又稱《雲門大卷》、《咸池》和《承雲》，依
次是堯帝傳下的《大章》又名《大鹹》，舜帝的《大韶》，夏禹的《大夏》又
稱《夏籥》，商湯《大濩》，然後是現實題材——《樂記‧賓牟賈》篇介紹最
爲詳盡的反映武王伐紂功績的《大武》。這些樂舞失傳已久，無從瞭解其具體
的面貌，然從各種有關的傳說記載，可以約略推知這些樂舞的一些基本情況。

二、《咸池》的樂舞

傳說，華夏的樂舞叫做《咸池》，咸池是天上的西宮星名，同時古人也用
以稱西方日落之處。遙遠的西方，在古人的足跡還沒能達到的時候，他們不
能理解而視爲神秘。他們幻想那裡的精靈，並且用樂舞來崇拜它。《雲門》的
內容據說是歌頌黃帝創制萬物，團聚萬民，盛德就象天上的祥雲一般。也有
人說：由於黃帝功德普照天下，天之所生，地之所載，世間萬物沒有不受到
他的恩澤的，所以這個樂舞也叫《咸池》，「咸池」也就是「咸施」。這些解釋
肯定有後世儒家穿鑿附會的成份，而從另一些傳說來看，如《左傳‧昭十七
年》「昔者黃帝氏以雲紀，故爲雲師而雲名。」〔註105〕傳說是黃帝受天命治理
天下時，天上有祥雲出現，所以以雲記事，以雲命官。關於《咸池》也有另

〔註105〕見《春秋左傳注疏‧昭公十七年》卷四十八，《十三經注疏》本，頁835。

一種說法，唐人司馬貞認爲：咸池是西宮星名，「主五穀，其星五者各爲其職。」〔註106〕和農作物的收成豐虧有關。根據這些記載，可以設想這一樂舞原是黃帝族祭祀雲圖騰的一種圖騰舞，以後又用來謳歌黃帝的功德，作爲祭祖和祈求豐收的祭祀舞蹈。

三、《韶》的樂舞

舜樂《大韶》，簡稱《韶》，是六樂中最著名的一部，孔子在春秋末年還曾見過。傳說這個樂舞的創造者是一隻腳的怪獸「夔」，內容是歌頌舜帝能繼承並發揚光大堯的功德，而它的表現形式則是「擊石拊石」，是「鳳凰來儀，百獸率舞」，可見它原來也是氏族社會中的原始舞蹈。

傳說，四千餘年前，在舜的時候，有一種叫作《韶》的樂舞。它是被原始祖先視爲含有神聖性的一種宗教樂舞。它主要的伴奏樂器是由若干管子編排而成的一種吹奏樂器，叫做「簫」，所以它又稱爲《簫韶》，又因它歌唱的部分包含九次變化，所以又稱爲《九辯》。又因它歌唱部分包含九段，所以又稱爲《九歌》。原始的《韶》舞，曾在後世社會中的各種不同的場合中相當廣泛地被運用。舞的《九辯》和歌的《九歌》的形式，也曾在後世不同的內容出現。譬如，夏后啓曾把《九辯》與《九歌》用在放蕩的享樂生活中，周時曾用《韶》舞以祭四方的星、海、山河等，又用以祭祀王的祖宗。戰國時，屈原根據南方民間的祭歌而作的《九歌》，從所祭祀的神看，如雲神、山神、河神、太陽神、湘水的男神女神、主壽夭的神、主子嗣的神等，都與人民的生活有著密切的關係，其內容則大多是戀歌。在不同時代，不同地區的《九歌》中間，相同的可能只是名稱和曲式，在內容與情調方面，可能會有很大的出入。

在公元前 544 年，吳國的季札在魯國見到了這個樂舞的演出，曾對它的內容給予很高的評價。吳季札曰：

> 德至矣哉！大矣！如天之無不幬也，如地之無不載也，雖甚盛
> 德，其蔑以加於此矣。觀止矣！若有他樂，吾不敢請已。〔註107〕

大意是吳季札說：「內容好極了，偉大極了！表現出德行至高無尚矣！它的廣大，像天的無不覆蓋。像地的無不負載，雖然有更大的德行，它已經無法增加到這上面了。觀賞已到盡頭了！雖然還有其他的音樂，我也不敢再請求

〔註106〕見明孫縠編《古微書》卷七，《四庫全書》本，第 194 冊，頁 863。
〔註107〕見《春秋左傳注疏》卷三十九，《十三經注疏》本，頁 672。

觀賞了。」可見《韶》的演出，在春秋時的齊國、魯國也曾盛極一時，在吳季札觀完樂舞後，《韶》樂讓其極度的震憾。再者《論語・述而》篇載：「子在齊聞韶，三月不知肉味。曰：『不圖爲樂之至於斯也！』」〔註108〕西元前517年左右，孔子在齊國看到了《韶》的演出，曾受到極大的感動。他對《韶》的內容和藝術水平，曾給予至高無上的讚美。這些早期先民們的原始樂舞，宗教樂舞，它所包含的內容可能是相當廣泛，而且含有積極的意義，其內容及舞蹈有相當的規模，是先民們借舞蹈來表現舜的德行及堯帝的功德，寓意是相當優美的。

四、《大武》的樂舞

周樂《大武》，是武王伐紂勝利後由周公創編的，內容就是表現武王克商的豐功偉業。據春秋時孔子所見，這個樂舞開始先有一段長長的鼓聲作引子，舞者（戰士）持兵器屹立待命。接著是六段舞蹈：第一成舞隊由北邊上場，這是描寫出兵的情形，第二成表現滅了商朝，第三成繼續向南進軍，第四成表現平定南部邊疆，第五成舞隊分列，表示周公、召公的分疆治理，第六成舞隊重新集合，列隊向武王致敬。舞蹈雖然是用象徵性手法，並不像舞劇那樣描繪人物和矛盾過程，但無疑這是一部表現當時重大事件的敘事性舞蹈作品。

周公將這六部樂舞加以集中、整理、規範成一個整體，作爲國家的禮制，用於祭祀、慶典等活動。並對它們的演出儀制、祭祀物件、服飾道具、樂歌宮調和舞者身份、演出場合都作了明確的規定。

六大舞又分爲「文」、「武」兩類，前四舞《雲門》、《大章》、《大韶》、《大夏》屬於文舞，後兩舞《大濩》、《大武》等屬於武舞。文舞持籥（似笛的管樂器）翟（野雞毛）而舞，故又稱籥翟舞；武舞持干（盾牌）戚（斧鉞）而舞，又稱干戚舞。「文」、「武」兩類樂舞的劃分，與舞蹈的內容形式有一定聯繫，主要是受祭的帝王得天下的手段差異，據宋儒歐陽修的考證，所謂「凡初獻，作文舞之舞；亞獻、終獻，作武舞之舞」〔註109〕，其意就是說以文德得天下的，作文舞，以武功得天下的，作武舞，這一種範例，一直延續到以後歷朝歷代的封建帝制。六大舞中，唯〈大武〉爲周代的當代樂舞，相傳爲周公所作，史書與經書注疏均有記載：

〔註108〕見《論語・述而》，《十三經注疏》本，頁 61。
〔註109〕見宋歐陽修撰《新唐書・禮樂志》卷二十一，《四庫全書》本，第 272 冊，頁 296。

武王之誅紂也，行之日以兵忌……厭旦於牧之野，反而定三
革，偃五兵，合天下，立聲樂，於是《武》、《象》起，而《韶》、《濩》
廢矣！〔註110〕

其意爲武王發兵日，以兵家所忌之日，面向東北方衝著大歲，到了汜水，汜
水汜濫，到了懷城，懷城崩塌，到了共頭，山石崩倒。雖遇險阻，仍以銳兵
厭旦於牧之野，武王即位後，放下了武器，統一了天下，訂立了樂章，於是
《武》、《象》之樂興起，而《韶》、《濩》之樂廢止。整個天下，人人都改變
了思想來歸順於周朝。對於《大武》樂舞，《樂記·賓牟賈》篇描述甚詳，茲
輯錄賓牟賈侍坐於孔子之對話如下：

孔子與之言，及樂，曰：「夫《武》之備戒之已久，何也？」
對曰：「病不得其眾也」「咏歎之，淫液之，何也？」對曰：「恐不
逮事也。」「發揚蹈厲之已蚤，何也？」對曰：「及時事也。」「《武》
坐，致右憲左，何也？」對曰：「非《武》坐也。」「聲淫及商，何
也？」對曰：「非《武》音也。」子曰：「若非《武》音，則何音
也？」對曰：「有司失其傳也。若非有司失其傳，則武王之志荒矣。」
子曰：「唯。丘之聞諸萇弘，亦若吾子之言是也。」〔註111〕

孔子與賓牟賈討論樂，在論及《大武》樂舞時孔子連續向賓牟賈問起一連串
的問題說：《大武》之舞開始時擊鼓令眾人警戒，已久，何也？賓牟賈回答
說：是武王當時耽心得不到眾人的支持，孔子又問；詠歎的歌聲那麼連延不
絕，又爲什麼呢？賓牟賈回答說：是武王當時擔心各路諸侯來不及趕來參戰
也。孔子又問；《大武》之舞中，那麼早地就猛厲地揮手頓足，是爲什麼呢？
賓牟賈回答說：那是表示及時發起攻擊以打敗商軍，孔子又問；《大武》之
舞中舞者跪地時右膝著地而左膝卻不著地，是爲什麼呢？賓牟賈回答說：
「那不是《大武》之舞中的下跪。孔子又問：「《大武》之舞中歌聲過多殺伐
之聲，是爲什麼呢？」賓牟賈回答說：「那不是《大武》之舞的歌樂。」孔
子說：「若不是《大武》之舞的歌樂，那又是什麼歌樂呢？」賓牟賈說：「此
是典樂的樂官傳遞的失誤造成的，如不是他們造成失誤，那就是武王有意窮
兵黷武了。」孔子說：「原來如此，我從萇弘處所聽到的也是如此，他的解

<hr />

〔註110〕見周荀況撰、唐楊倞註《荀子·儒效篇第八》卷四，《四庫全書》本，第695
　　　　冊，頁156～157。
〔註111〕見《禮記·樂記·賓牟賈》，《十三經注疏》本，頁694。

釋也正如您所說的一樣。」以上所述為孔子與賓牟賈討論《大武》樂舞的一段對話。

從上所述，我們不難發現孔子對於《武》樂仍有諸多的疑問，至聖先師對事有疑問，其實不奇怪也。在《論語・八佾》篇曾有述及「子入太廟，每事問。……入太廟，每事問。子聞之曰：『是禮也。』」〔註112〕難怪孔子要對《大武》之舞，下一定論說：「《韶》樂，音律美極了，內容也很好。談到《武》樂時，說：《武》樂，音律美極了，內容卻差了一些。」其原文曰：

> 子謂〈韶〉：「盡美矣，又盡善也。」謂〈武〉：「盡美矣，未盡善也。」〔註113〕

孔子對〈韶〉樂和〈武〉樂的評價有同有異，這是因為舜之擁有天下是堯禪讓的，周武王之擁有天下是征誅討伐而來的，所以，孔子認為兩種樂曲雖都「盡美」，然而內容不同，故說一「盡善」，另一未盡善也。

《大武》的樂章，其內容是描寫武王伐紂的軍事行動。武王伐紂，在政治上符合當時人民的要求，所以，反映這次軍事行動的《大武》，在當時，是有著一定的積極意義存在，《大武》的樂舞歌是配合著一齊表演，所以它與舞蹈有著不可分性，如想要徹底明瞭《大武》樂舞及其各樂章舞姿，就須將《大武》的動作及形態舞容與各樂章所象徵的義涵合而觀之。《大武》為周代所創的新舞，必與周公所創的禮、樂制度相配合，故舞者的舞器與服飾均與前代有異，如《樂記》所云：「五帝殊時，不相沿樂；三王異世，不相襲禮」就是言此也。關於《大武》的表演情形，從《樂記・賓牟賈》賓牟賈問孔子談到《武》的文字中，可以知道《大武》的演出情況。《大武》表演故事的再現性弱而有象徵性強的特點，從孔子對舞蹈動作和舞蹈場面的描述與解釋中，也能夠看得出來。茲先輯錄兩者之對話引文如下：

> 子曰：「居，吾語汝。夫樂者，象成者也。總干而山立，武王之事也。發揚蹈厲，大公之志也。《武》亂皆坐，周、召之治也。且夫《武》始而北出，再成而滅商，三成而南，四成而南國是疆；五成而分，周公左，召公右；六成復綴以崇天子。夾振之而駟伐，盛威於中國也；分夾而進，事蚤濟也；久立於綴，以待諸侯之至也。」（〈賓牟賈〉）

〔註112〕見《論語・八佾》，《十三經注疏》本，頁28。
〔註113〕見《論語・八佾》，《十三經注疏》本，頁32。

從上面引文中節錄出六句來作說明：

> 總干而山立，武王之事也。
>
> 發揚蹈厲，大公之志也。
>
> 《武》亂皆坐，周、召之治也。
>
> 夾振之而駟伐，盛威於中國也。
>
> 分夾而進，事蚤濟也。
>
> 久立於綴，以待諸侯之至也。

以上引文的前半句都是在描述舞蹈的動作，後半句才是在闡明前半句文句之涵義。「總干而山立」，是舞蹈者手持盾牌，像山峰一般屹立不動，「發揚蹈厲」是連袂頓足勃然作怒焉，「《武》亂皆坐」，是舞蹈的動作，散亂時一齊跪下；「夾振之而駟伐」是舞隊兩面振響木鐸，舞者向四面八方刺擊；「分夾而進」，是舞隊列分兩行前進；「久立於綴」，是長時間的肅立。由此可以看出，舞隊掌控場面的規範性，都是相當規矩，有紀律性的，這些與隊伍的表現及故事內容的象徵性是相協調一致的。在《大武》這種詩、樂、舞綜合的歌舞形態，和它表現故事內容的發展趨向裡，同樣孕育著戲劇表演的因素。

　　茲以〈賓牟賈〉篇所載孔子與賓牟賈論樂一節，並參酌各家之說，概述《大武》六成樂舞的表演情形，復與其經文相互對照考證，以描繪出《大武》演出的舞容、舞象情形，為方便以原經文對照，以下所述以「表列敘述之」〔註114〕。

《大武》六成	〈賓牟賈〉篇
《大武》六成表演情形概述 （一）第一成——（列隊向北進軍）	《樂記》賓牟賈篇中的經文
（1）（2）先有相當長的一段擊鼓，是表示還沒有得到眾人，要號召、集合他們。 （各段樂舞，都是用來表現已經所發生的歷史事件的）	（1）「賓牟賈侍坐於孔子。孔子與之言及樂。曰『夫《武》之備戒之已久，何也？』曰『病不得其眾也。』」 （2）「是故先鼓以警戒。」
（3）舞隊從北面出來。	（3）「且夫《武》，始而北出。」
（4）舞者需頓足三次，表示舞蹈的開始。	（4）「三步以見方。」
（5）（6）舞者都手執盾牌，以較長的時間，	（5）「久立於綴，以待諸侯之至也。」

〔註114〕見楊蔭瀏著《中國古代音樂史稿》，臺北市：大鴻圖書有限公司，1997年初版，頁1~28~30。

在舞列中堅強地立著，表現的是武王弔民伐罪，激烈地揮手頓足，表現的是太公指揮決戰的壯志。	（6）「總干而山立，武王之事也。」
（7）接著有一段緩慢、連綿、抒情的歌唱，意思是等待時機。	（7）「詠嘆之、淫液之，何也？對曰『恐不逮事也。』」
（二）第二成——（表現滅商）	
（8）忽然很快地轉入描寫戰士的部份，急轉得這樣快，是表示早已掌握了時機。	（8）「發揚蹈厲之已蚤，何也？曰：『及時事也。』」
（9）在描寫戰士的舞蹈中間，一人飾王，一人飾大將，兩人手裡都搖著鐸；舞隊在中間，表演著種種戰斗擊刺的動作。這是表示軍威傳播到全中國。	（9）「夾振而駟伐，盛於中國也。」
（10）開朗、熱烈的舞蹈，是象徵周部落方面的決策者——呂尚的必勝之心。	（10）「發揚蹈厲，太公之志也。」
（11）（12）然後舞隊分成兩行，向前進行。這是表示滅了商朝，戰事獲得了成功。	（11）「分夾而進，事蚤濟也。」（12）「再成而滅商。」
（13）這裡第一次用「亂」的手法，第一次突出高潮，作小小的結束。	（13）見後。
（14）後面從第三成起，又重新開始，進入另一境界。	（14）「再始以著往。」
（三）第三成——（列隊凱旋南返）	
（15）表示在滅了商朝之後，再向南方進兵，襲擊淮夷。	（15）「三成而南。」
（四）第四成——（南方的疆城鞏固）	
（16）表現將南方荊蠻之國納入國土範圍，確立南方的疆城已經鞏固。	（16）「四成而南國是疆。」
（五）第五成——（周公、召公左右分治）	
（17）分成兩個舞行，表示由周公、召公兩位高級貴族協助，進行統治。	（17）「五成而分周公左、召公右。」
（18）在音樂上，第二次用"亂"的手法，再度突出高潮；	（18）「復亂以飾歸。」
（19）在舞蹈上，舞者都將左足舉起，右膝著地，作一種「坐」的姿勢，以表示和平的統制。	（19）「《武》亂皆坐，周、召之治也。《武》坐致右憲左。」
（六）第六成——（隊伍返回原位，表現天下諸侯崇奉天子）	
（20）舞隊又集合攏來，以表示對王的尊崇。這好像是一個尾聲。	（20）「六成復綴，以崇天子。」

以上所述爲描繪《大武》演出的舞容、舞象的表演情形概述。

第五節 《樂記》中的詩樂舞合一

壹、音樂、詩歌、舞蹈三位一體

我國文化發展的很早，音樂與舞蹈，在上古時代便已經產生，杜佑《通典》云：「伏羲樂名扶來，亦曰：『立本』。神農樂名扶持，亦曰：『下謀』。黃帝作〈咸池〉、少皞作〈大淵〉、顓頊作〈六莖〉、帝嚳作〈五英〉、堯作〈大章〉、舜作〈大韶〉、禹作〈大夏〉、湯作〈大濩〉、周武王作〈大武〉。」〔註115〕從以上引文中足見在三黃五帝時期就有大型樂舞的製作，以爲文化的先驅，實因樂舞乃發自於人類自有的喜怒哀樂感情，人類內心有了感情，就會自然而然的發出歌唱手舞足蹈起來，所以樂舞源自於人類的內心需求，而發於外在的表現也。音樂之起，已悄悄發自於人心，形之於外者舞蹈也。〈樂象〉又云：「詩，言其志也；歌，詠其聲也；舞，動其容也。」由此可知樂舞在古代人類生活中是不可少部份，在人類早期的生活佔了很重要的地位。無論是那一個民族，他的生產方法雖然落後，其樂舞發揮都有獨特的表現。我中華民族祖先初定居於黃河流域，很早便發明了網罟耒耜，從事漁獵與耕種。在漁獵集體生產之中，人們在森林裡或河川裏一面尋求獵物，一面相互呼喚。由呼喚的聲音，引吭吟唱而成歌。再就是漁獵滿載而歸時，大家歡聚宴樂或摹擬禽獸的動作，於是手舞足蹈作成各種美妙的姿態來應合歌聲，這亦是樂舞的起源之一也。中國自古以來，音樂、詩歌與舞蹈本是三位一體。近代學者郭沫若說：

> 中國舊時的所謂樂，它的內容包含得很廣。音樂、詩歌、舞蹈，本是三位一體。繪畫、雕鏤、建築等造型美術也被包含著，甚至連儀仗、田獵、肴饌等都可以涵蓋。所謂樂者，樂也。凡是使人快樂，使人的感官可以得到享受的東西，都可以廣泛地稱之爲樂。〔註116〕

廣義而言，這說明了中國古代的「詩、樂、舞」是包含在「樂」裡面的。楊

〔註115〕見唐杜佑撰《通典·樂一》（三）卷一百四十一，《四庫全書》本，第605冊，頁3。

〔註116〕見郭沫若著《公孫尼子與其音樂理論》，引自《沫若文集》第十六卷，人民文學出版社，1962年版，頁186。

陰瀏亦贊同此說，認爲「在古代，詩歌、音樂與舞蹈三者是結合爲一體的。」
〔註117〕音樂是人們喜怒哀樂感情的表現，是人性情中所不可或缺的。鄭樵
《通志‧樂府總序》云：「舞與歌相應，歌主聲，舞主形。」，又於〈文武舞
序論〉曰：「舞者，聲音之形容也。」〔註118〕樂中的音響儘管美妙，然而它
只能通過聽覺去感受，它是無形的；而「舞」即是把樂中無形的聲音，轉化
爲可視的形象。明朱載堉亦於《古今樂律雜說‧論舞學不可廢》一文中說道：
「有樂而無舞，似瞽者知音而不能見；有舞而無樂，如瘂者會意而不能言。」
〔註119〕，這說明了舞與樂相互作用的關係。其中，舞對於樂的重要，在於它
並非是聲在量方面的增加，而是聲在質方面不同形態的顯現；即舞在樂中爲
聲所不可替代的，就在於它是訴諸觀樂者的視覺。就如杜佑《通典》所云：

> 夫樂之在耳曰聲，在目者曰容。聲應乎耳，可以聽知；容藏於
> 心，難以貌觀，故聖人假干戚羽旄以表其容，發揚蹈厲以見其意，
> 聲容選和，則大樂備矣。〔註120〕

以上說明了聲的聽覺形象與舞的視覺形象，必須相得益彰，大樂方告完成。
因此，舞即是藉由干、戚、羽，旄等舞具，發揚蹈厲的動作，或以「詩」內
涵通過「聲容」而表達出來。〈師乙〉云：

> 故歌之爲言也，長言之也。說之，故言之；言之不足，故長言
> 之；長言之不足，故嗟歎之；嗟歎之不足，故不知手之舞之，足之
> 蹈之也。（〈師乙〉）

《樂記》說，歌唱就是說話，是把音節拉長了的說話。心裡喜悅，所以要說
出來；說出來還不足以表達，所以拉長聲音說出來；拉長聲音說出來還不足
以表達，所以就詠嘆和流連地唱著；如果這樣還不足表達，就不知不覺手舞
足蹈起來。又《詩序》曰：

> 詠歌之不足，不知手之舞之，足之蹈之。然樂心內發，感物而
> 動，不覺手之自運，歡之至也，此舞之所由起也。〔註121〕

〔註117〕見楊陰瀏著《中國古代音樂史稿》，北京：人民音樂出版社，2004 年三月第 1
　　　　版，頁 3。

〔註118〕見宋鄭樵撰《通志‧樂略‧文武舞序論》（三）卷四十九，《四庫全書》本，
　　　　第 374 冊，頁 29。

〔註119〕見明朱載堉撰《樂律全書》卷十九，《四庫全書》本，第 213 冊，頁 525。

〔註120〕見唐杜佑撰《通典‧樂五‧舞》（三）卷一百四十五，《四庫全書》本，第 605
　　　　冊，頁 55。

〔註121〕見《詩經》，《十三經注疏》本，頁 13。

《樂記》與《詩序》，兩者之意都是「樂是發自於心，感於物而動。故詠歌之、手之舞之、足之蹈之，」樂心內發，感物而動。不知不覺的手與足隨樂而起，這就是舞蹈的初衷。這裡，說明了詩歌、音樂、舞蹈三者在藝術表達上的相互關連，同時，也點示三者作爲樂教的具體內容，在人之生命中成其教化之可能的根據。

貳、詩樂舞的結合與樂教的實踐

「歌、樂、舞」三位一體的綜合藝術，後世多視爲「詩、樂、舞」。「樂」從遠古的抒情、祭祀天地祖先，再進一步運用到社會生活、文化、意識等各方面，周代的典章制度、朝廷饗宴、外交聘問，以及倫理教化等，可以說都離不開「樂」。禮儀包括有「歌」樂舞，是在禮的往來中的儀式、行爲。是以就形式而言，「樂」的原始形態是「歌、樂、舞」三位一體的綜合藝術；就內容而言，此三位一體的藝術是爲「禮」儀中的儀式、行爲，即與「禮」結合在一起的「儀」，此皆爲先秦時代廣義的「樂」。此處雖然涵蓋各種的禮，然當以祭祀之禮爲初始，以時代較早的〈大武〉樂章，其歌有兼樂舞的形態，即是因應祭祀之禮而生的。此外，樂的活動除了是禮儀活動的組成部分外，其行爲方式在相當程度上，也集中反映了禮的等級規範與觀念。三代以前之樂舞，無一不源於祭祀，若廣而論之，三者皆爲「樂」之原型，再細加考察，音樂是人與神溝通的橋樑，是禮儀的一部分。由此看來，音樂與祭祀有著非常密切的關係，王國維即直言道：

> 歌舞之興，其始於乎巫之興也，蓋在上古之世。……是古代之
> 巫，實以歌舞爲職，以樂神人者也。〔註122〕

禮儀包括有「（歌）樂舞」是在禮的往來中的儀式、行爲。是以就形式而言，樂的原始形態是「歌、樂、舞」三位一體的綜合藝術，就內容而言，詩樂舞的結合與分離，構成了我國古代的一種獨特的文化現象。其結合的媒介和凝聚力均在於情感，所以並非勉強的湊合，而是一種天然的融合、契合。劉勰曾云：「詩爲樂心，聲爲樂體」、「樂辭曰詩，詩聲曰歌」〔註123〕宋衛湜於其《禮記集解・經解》云：

> 詩爲樂章，詩樂是一而教別者。若以聲音干戚教人，是樂教也；

〔註122〕見王國維著《宋元戲曲史》，台北：台灣商務印書館，1994年，頁1。
〔註123〕見梁劉勰撰《文心雕龍・樂府第七》卷二，《四庫全書》本，第1478冊，頁12。

> 若以詩辭美刺諷諭以教人，是詩教也。〔註124〕

鄭樵亦謂：

> 詩爲聲也，不爲文也，浩歌長嘯，古人之深趣。今人既不尚嘯，
> 而又失其歌詩之旨，所以無樂事也。凡律其辭則謂之詩，聲其詩則
> 謂之歌，作詩未有不歌者也。詩者，樂章也。〔註125〕

國學教世子及士子，春夏教以干戈武舞，秋冬教以羽籥文舞。舞教也是重要
的教育課程之一。《禮記·文王世子》篇曰：

> 凡學，世子及學士必時。春夏學干戈，秋冬學羽籥，皆於東序。
> 小樂正學干，大胥贊之。籥師學戈，籥師丞贊之。胥鼓南，春誦夏
> 弦，大師詔之；瞽宗秋學禮，執禮者詔之，冬讀書，典書者詔之。
> 禮在瞽宗，書在上庠。〔註126〕

又《禮記·內則》篇亦曰：

> 十有三年學樂誦詩，舞勺，成童舞象，學射御，二十而冠，始
> 學禮，可以衣裘帛，舞大夏。〔註127〕

以詩、舞、樂三者爲主的樂教實踐，樂教的進行是有一定的循序漸進的歷程，
乃是在「二十而冠，始學禮」之前的重要課題。

第六節　結　語

綜上所述，本章敘述了《樂記》論音樂、歌謠與舞蹈，第一節敘述中國
音樂美學略說，接連第二節述及《樂記》的音樂美學思想，《樂記》論音樂的
心理基礎、《樂記》論音樂的準則，第三節敘述《樂記》中的音樂與歌謠，本
節又分述《詩經》中的歌謠及《樂記》中的歌謠、第四節論《樂記》中的舞
蹈，最後總結於第五節詩樂舞合一的傳統。有關中國音樂審美觀念，在文字
方面特別豐富，在文論方面有專論，有通論。尤其是本研究《樂記》，可以說
影響中國音樂最爲深遠，它是儒家禮樂思想的代表。此外很多哲學思想，如

〔註124〕見宋衛湜撰《禮記集說·經解第二十六》（三）卷一百十七，《四庫全書》本，
　　　　第 119 冊，頁 508。
〔註125〕見宋鄭樵撰《通志·樂略·正聲序論》（三）卷四十九，《四庫全書》本，第
　　　　374 冊，頁 4。
〔註126〕見《禮記·文王世子》，《十三經注疏》本，頁 392～393。
〔註127〕見《禮記·內則》，《十三經注疏》本，頁 538。

老、莊等，對於中國文人音樂，在精神領域的訴求上，影響更爲深遠，尤其
是對古琴之音樂境界層面。《樂記》中的音樂與歌謠，引述了子貢見師乙時的
一段對話，師乙同子貢的議論指出音樂藝術與人們性格有著密切的關係，要
因人性質取捨歌謠，在當時師乙的想法是很進步的。在舞蹈方也討論了國人
的生活口語有「手舞足蹈」、「載歌載舞」與「歡欣鼓舞」的說詞，可見中華
民族原來就是歌舞與生活一致的！就是所謂的「歌以咏言，舞以盡意」也。
舞蹈藝術是言語、詩歌展演下的必然藝術。舞蹈訴諸手足動作，可以表情盡
意，充足發揮潛藏於內的情愫，浪漫直肆，身心暢快。舞蹈既然投訴於手足
動作，必然伴隨音樂節奏，其必「載歌載舞」、「手舞足蹈」了，舞蹈音樂於
是爲應運而生。

第六章　結　論

第一節　《樂記》的歷史意義

　　綜合上面各章所述，可以毫無疑義地知道：「樂」是我國固有的文化中重要的一環。中國是世界上少數音樂文化古國之一，西元前幾世紀，當歐洲音樂歷史還在渾沌初開時，我國有關音樂的著作中，已經有很高的藝術價值和地位的《樂記》出現了。《樂記》將詩歌、音樂、舞蹈結合起來，影響先民在漫長的歲月裏，創造了輝煌的樂教文化，為世界文化寶庫增添了不少的光彩，並與當時繁榮的社會經濟相互輝映，使中國在相當長的歷史時期內，站在世界文明古國的前端。六藝中之樂雖無經，然於現存殘餘的古籍資料裡，「樂」的存在隨處可見，它片段出現於春秋戰國時之古籍，如《國語》、《春秋左傳》、《戰國策》等，雖不像《樂記》成篇有系統的呈現，還是可以看出在《樂記》成書前，「禮樂」為朝野所重視的重要一環。及至孔子的時代，還是可以看出曾經大力正樂、教樂、論樂。他以禮樂修身、以禮樂治國的理想，影響後世極深。孔子以後，孟子、荀子、《呂氏春秋》、《樂記》，《史記‧樂書》乃至《漢書‧藝文志》，凡是涉及禮樂的部分，莫不承繼前賢的精華，而加以闡揚。樂對於人類性情之感化、社會風俗之改善，的確具有特殊的功能，值得我們重視。墨子雖曾一度力揭非樂的異幟，對儒家學說構成嚴重的威脅，但經過孟荀及《呂氏春秋》的先後批駁，在後世幾乎已找不到附和者了。

　　中國音樂經過五千多年的演進，在歷史上先賢陸續創下豐碩的成果，荀子的〈樂論〉、《禮記‧樂記》與《呂氏春秋》在我國古代是比較能充分體現

儒家音樂美學思想的著作。從儒家音樂美學史的演變來看，荀子〈樂論〉如果是其奠基性的作品，則《樂記》就是集前人之大成的著作：而《呂氏春秋》則是居於兩者之間矣。《樂記》中的最著名論述名言：「感於物而動，故形於聲」（樂則必發於聲音，形於動靜）〔註1〕其音樂美學思想，在《呂氏春秋》中已稍具雛形，對後來整個的中國藝術和美學有巨大影響。《樂記》闡述了音樂的內容和形式，所謂的「聲」、「音」、「樂」三者的不同，以及美與善的關係。綜觀古代儒家的音樂美學思想——禮樂思想，演進到《樂記》，已經達到了極限。自漢以後乃至魏晉、隋唐時期，其後的《樂書》、《音樂志》雖然一直綿延不絕，但大多是陳陳相因，難有新意，已呈停滯，罕有發展了。

第二節　《樂記》與音樂對後世的影響

壹、《樂記》對歷代的影響

我國歷代的音樂家們，運用自己的智慧和感情，創造了一個既屬於自己、也屬於大眾、最終成為全人類的音樂世界。這個音樂世界之所以那麼迷人，是因為它屬於一切的自然，並引用它來反映人們的各種思想和情趣，反映人們的願望和理想，因此，音樂引起了社會大眾各階層人們的關注。自從《禮記》將《樂記》納入成書後，《樂記》的內涵、音樂美學對秦漢之後幾個朝代的影響，略述如下：

其一、以歌唱的部分來說，司馬遷《史記・卷二十四樂書》云：

> 文侯曰：「敢問溺音者，何從出也？」
>
> 子夏答曰：「鄭音好濫淫志，宋音燕女溺志，衛音趣數煩志，
> 齊音驁辟驕志，四者皆淫於色而害於德，是以祭祀不用也。」〔註2〕

子夏說的這一段話很有分寸，他分別從「色」與「德」來區別音樂之功用，並且以鄭、宋、衛、齊相提並論，值得注意的是「衛音趣數煩志，齊音驁辟驕志」在《樂記》所用的經文為（衛音趨數煩志，齊音敖辟喬志；）「趣、趨」二字，義同字異，皆有「迫促」的涵義存在，其後的「驁辟驕志與敖辟喬志」

〔註1〕前者引自《樂記・樂本》，後者為荀子《樂論》。

〔註2〕《史記》樂書文句與《樂記》相似度百分之九十，其差異字加框，參見本書〈附錄一〉（本文頁233）。見漢司馬遷撰、宋裴駰集解《史記・樂書第二》（一）卷二十四，《四庫全書》本，第244冊，頁564～565。

兩者之涵義均爲傲慢放肆、放縱、心志驕逸也，以字義來看顯示後出《史記》
爲精，強化文字的審美，足知《樂記》之後《樂書》用字確有精進。

　　其二、《樂記》之「物感說」直接啓迪和影響了其後中國的文論和詩論。
陸機《文賦》：

　　　　佇中區以玄覽，頤情志於典墳。遵四時以歎逝，瞻萬物而思紛；

　　悲落葉於勁秋，喜柔條於芳春。〔註3〕

這是借物發揮的「物感說」，透過詩文，將見物感嘆，觸景感傷的情態發揮得
淋漓盡致。其意思爲久立於天地之間，深入的觀察世間萬物。博覽三墳五典，
以此來陶冶性情。隨著四季的交替而感嘆光陰易逝，目睹萬物盛衰引起思緒
紛紛，於深秋季節遇見落葉的悲傷，初春看到萬物喚醒柔枝吹芽，而感到心
中充滿著欣喜。這是指自然界具備了的秩序，也就是宇宙萬物的和諧性質。
樂是「天地之體，萬物之性」〔註4〕之體現的同時，也是自然界和諧性的特徵
的體現。

　　其三、劉勰《文心雕龍・物色》曰：

　　　　春秋代序，陰陽慘舒，物色之動，心亦搖焉。〔註5〕

自然界的景物往往與音樂文學的創作有著密切的關係，詩人見春去秋來，春
夏秋冬四季按照一定的節奏周而復始地不斷的更迭次序，陰氣使人愁慘，陽
氣使人舒暢，大自然風物景色之變動，心靈亦爲之動蕩起來。日月星辰等天
象遵循一定的秩序而運行，從而有萬物的生化演變。因此，以天地萬物爲內
容的自然界本質就是個整體的和諧，同時也是樂的最高審美境界。

　　其四、鍾嶸《詩品序》曰：

　　　　若乃春風春鳥，秋月秋蟬，夏雲暑雨，冬月祁寒，斯四候之感
　　諸詩者也。嘉會寄詩以親，離羣托詩以怨。至於楚臣去境，漢妾辭宮；
　　或骨橫朔野，或魂逐飛蓬；或負戈外戍，殺氣雄邊，塞客衣單，孀閨
　　淚盡；文士有解佩出朝，一去忘返；女有揚蛾入寵，再盼傾國。凡斯
　　種種，感蕩心靈，非陳詩何以展其義，非長歌何以騁其情？〔註6〕

〔註3〕見梁蕭統編、唐李善註《文選・文賦》卷十七，《四庫全書》本，第 1329 冊，
頁 289。

〔註4〕見明張溥輯《漢魏六朝百三家集・魏阮籍集・樂論》卷三十四，《四庫全書》
本，第 1413 冊，頁 12。

〔註5〕見梁劉勰撰《文心雕龍・物色第四十六》卷十，《四庫全書》本，第 1478 冊，
頁 177。

〔註6〕見梁鍾嶸撰《詩品》卷一，《四庫全書》本，第 1478 冊，頁 191。《詩品》與

鍾嶸認爲詩歌乃是心物交感的性情之作，而其所謂的「物」，實是兼有自然的時節景物與人事的生活遭遇兩者，尤其是後者，凡斯種種，感蕩心靈，非陳詩何以展其義，非長歌何以騁其情？其感蕩心靈如此的深刻，鍾嶸的視野無疑是更爲廣闊的。〔註 7〕綜上所述，陸、劉、鍾三氏之「物感說」，就「物」而言，都是指自然界的景物，不僅指社會生活，也包含了自然景色，如景物的形貌、色彩、聲響，就社會生活而言，顯然比《樂記》所言之「物」更具體細緻，這是他們對《樂記》「物感說」的發展，但推本溯源，則是受了《樂記》的啓發和影響。

貳、《樂記》對當前社會的教化功能

一、音樂文化的融合

　　台灣是個多元化的社會，中外的交流，使得音樂內容也顯得多元，除了原有的中國音樂之外，西洋音樂也在時下年輕一代之間廣爲流行。政府播遷來臺的這五十幾年來，變化更大；主要的音樂或戲劇有中國音樂，西洋音樂，流行音樂。其中以西洋音樂最爲時髦，傳統的京劇音樂、地方戲曲，已淪爲極少數人的愛好，而擅長南北管樂的，更是少之又少，等若晨星。音樂是文化的一環，音樂的範疇亦極廣，對整個社會的影響無遠弗屆，因此音樂對社會負有教育的功能。在過去先秦時儒家的教育思想中，音樂不純爲娛樂之用，而是要以「道德」爲主，發揮寓教於樂的功用。孔子更主張以「禮樂化民」，他認爲人格教育中要以禮樂來達到化民成俗的目的，希望人民能在音樂的陶冶以及潛移默化中，道德趨於高尚。不衹是中國教育思想中，承認音樂在道德教育中所佔的重要性，就是西方教育家中也重視音樂在涵養德性上所不可或缺的地位。〔註 8〕如柏拉圖（Plato）主張以體育鍛練身體，以音樂陶冶性情；亞里斯多德（Aristotle）也主張以音樂洗滌卑賤的心情，涵養高尚的德性。馬丁路德（Martin Luther）說：「音樂是萬德的胚胎與泉源，不爲音樂所感動的人，我必把他比作木石。」〔註 9〕

　　音樂是藝術的一種，而因其易於感動人心，影響聽眾之心性，因此也成

《文心雕龍》同列爲《四庫全書》第 1478 冊之集部九，詩文評類。
〔註 7〕 見廖棟樑撰述《詩品》，台北：金楓出版有限公司，1986 年十二月初版，頁 35。
〔註 8〕 見劉文六著《論音樂教育之重要性》，台北：天同出版社，1977 年五月初版，頁 98。
〔註 9〕 見康謳著《音樂教材教法與實習》，台北：天同出版社，1971 年 10 月，頁 10。

爲上位者最佳的教化工具。綜合上面所舉各例，我們瞭解了中西方對音樂在道德教育上所負之重要使命性，那麼究竟音樂是如何影響道德呢？張錦鴻教授說：

> 音樂是表達感情最直接的藝術，同時也是感人最深刻的藝術。因爲音樂具有這樣的特性，如果用它來培育德性，它能通過聽覺，直接地、無媒介地和我們心靈接觸，來感化我們，可以在不知不覺中完成了高尚的人格。[註10]

以張教授所言之意，謂好的音樂可以陶冶性情，可以振作吾人精神，慰藉身心的勞苦，和樂吾人心志，使人生活更舒適順暢，情緒放鬆。所以在無形之中以養成個人高尚的人格與社會純正的風俗，其重要性更不亞於個人德行的修養，更影響國家社會的興替。

二、倫理教育的提昇

工業的發展，帶給人們物質上的無上享受，人們爲了追求幸福的人生，舒適的家庭生活，無不致力於家庭物質條件的改善。雖然我們的物質生活水準提高了，但這種物慾的需求永遠沒有滿足的時候。在慾望沒有辦法滿足，而又無法在情感上得到宣洩的時候，有人可能就會鋌而走險，進行偷搶拐騙等不良行爲來滿足自己無邊的需求。因此我們在家庭中，不但要以音樂來培養家人的道德觀念，同時更要以音樂來節制物慾，以培養家人的意志力，不爲物慾所惑的正確人生觀。生活於緊張忙碌、擁擠汙穢的環境中，使人們很容易感到身體的疲勞，誰能否認現代人生活的兩大特徵「忙」與「累」呢？消除疲勞最有效的方法當然是「睡眠」，但除了休息（體力）以外，聆賞音樂也是一種消除疲勞的最有效方法。我們可以在優美柔和的曲調中，得到精神的適暢；在活潑振奮的節奏中，得到奮發向上的啓示；在和諧完美的聲音中，得到情感與理智的相互協調。當我們全家共同欣賞音樂的時候，這不正是一幕天倫之樂的美景嗎？

三、道德教育的推動

傳統的觀念裏，以爲社會教育事業的範圍，只限於圖書館、博物館、社教館、科學館、藝術館、體育館等。其實，今日最有影響力的當是電化製品。如：「網際網路、有線電話、無線電話、有線電視、無線電視、無線電台廣

〔註10〕見張錦鴻著《音樂科教學研究與實習》，台北：復興書局，1970年十一月修訂版，頁1。

播」等等。科學日進千里，這些電化產品對今日之資訊影響，當無物能及。昔日曾扮演重要角色的電影、報紙、雜誌、已淪為次要，動態資訊已超越靜態資訊的影響力，並遠遠把它拋在九霄雲外了。

這些最有效的社教工具中，除了報紙和雜誌是屬於靜態的以外，電影、戲劇、播音、電視等都屬於動態的。動態的社教工具，十之八九都運用到音樂，以促成其內容達到教育的效果。生活在今日的社會裏，如果缺少了音樂，很難想像那會是如何無趣且無禮的境地。播音電台、電視節目是以聲音為媒介與聽眾、觀眾做為溝通的橋樑，不管它是基於教育的目標或娛樂的目的，沒了音樂，相信就沒有聽眾，得不到預期的效果，由此可見音樂在當前社會教育上所負的重要任務。

參、從《樂記》體驗音樂對人生的影響

《樂記》曰：「樂者，音之所由生也，其本在人心之感於物也。」(〈樂本〉) 所謂的「樂」是由「音」而產生的，而其本源則是人的內心感應於外界環境的刺激。因此，要讓人的內心產生愉悅、悸動，感應「音樂」在人內心的千變萬化，往往去聆聽一場音樂會，透過音樂帶來的微妙感動，內心產生快樂，身心就會寬舒而徐緩，音樂能讓我們暫時避開外在世界的喧囂。我們聆聽一場引人入勝的音樂演奏，可暫時擺脫其他外來刺激，進入有秩序及和諧隱密世界，使我們覺得心靈更新振作。音樂不是讓我們逃避現實，而是通過在音樂裡暫時隱退，促使我們的心靈重整。故音樂不是一種逃避或退化。乃是以退為進，使人重新得到振奮的力量。

音樂引起一種全面的情緒亢奮狀態，不是特定的某些情緒：這個看法多少解釋了何以音樂一直被用來為人類的各種活動伴奏，包括祭祀、慶典、禮拜、婚禮、葬禮、及勞力的工作。音樂建構時間，音樂鋪陳次序，確保某一事件激發的情緒會在同一個時刻達到巔峰。各個人被激出何種情緒並不重要。重要的是那種全面的亢奮狀態及其同時性。音樂能強化群眾的感覺，音樂曾經用以激發農業的生產工作，現代的工廠也同樣的提供音樂。這樣做的效果是否可以增加產能，眾說不一。根據音樂在農業上的用途來看，音樂可以改善今日工廠裡常見的刻板作業。反覆的動作若與音樂的節奏同步，比較不會單調沉悶。工廠的員工當然喜歡有音樂。然而，提昇士氣未必就會增加產量。音樂或許能加強刻板業務的操作，尤其是需要反覆肢體動作的工作，

但往往也會干擾需要思考的非反覆性作業。就有證據顯示音樂增加打字的錯誤（筆者就曾有此錯誤）。音樂對反覆的肢體動作所造成的作用，主要在於節奏，旋律與和聲不像節奏在體內那麼的根深柢固。呼吸、走路、及運動，全是我們身體中極富節奏的樣態。

　　現在懷孕的婦女，特別重視胎教。有人選擇聆聽優美的音樂，希望腹中的胎兒能因此具有溫和的品格。選擇聆聽音樂十分重要，因為節奏與和聲能深入靈魂的內部。母體接受這種有別於語言文字的藝術經驗，是嬰兒成長過程中的里程碑，其重要性不亞於獲得良師的指導。小寶寶在幽暗的子宮內，閉著眼睛已聆「聽」了好一陣子，母親的心跳呼吸，四周的輕喚、低語，聲聲入耳，因此對人類而言，腹中的胎兒在尚未出世前，也許其性情就已慢慢的被潛移默化了。

　　音樂除了能夠使人發洩情緒，也可以維持精神平衡，而哲人柏拉圖在《理想國》中表示，音樂對「成為一個人」具有不可或缺的重要性，這可以說是西方有系統的將音樂與人的身心健康做結合之濫觴。而在中國，《樂記‧樂本》篇中，提到音樂對人身心的影響：「人生而靜，天之性也；感於物而動，性之欲也。物至知知，然後好惡形焉。」（〈樂本〉）人的本性原本是平靜的，這是人的天性；人的身心感應於外界環境的刺激而產生活動，這是因為人性中存在著欲求。外物的刺激使心智產生知覺，然後愛好與憎惡的不同感情便會釋放出來。人在情緒困乏、壓力頻仍的時候，以柔和的音樂，沁浸入耳，讓無助的人，感受片刻的安寧。音樂適時沁入心靈，聆聽音樂的世界，讓跳動的音符紓解長期累積的壓力。音樂治療用來療治病人是近來西方興起的一股治療熱潮。無論是精神學科、社會學科都普遍將音樂導入其領域中，以為改進其治療進程的方法之一。思考聆賞一場優美的音樂曲，可以即時引發聆聽者的身心反應，而達到音樂治療的效果。

　　音樂能引發人的肢體擺動、躍躍欲舞的衝動。此特性是其他藝術無法做到的。音樂是一種非語言的藝術，與生理的激發有直接的關連。這種激發是可用科學儀器檢測。偉大的音樂既能激發性情，也能提供一種架構，使我們的滿腔熱情在其中自得其樂。音樂強化生命，提昇生命，而且賦與生命意義。對無常的世界而言，偉大的音樂是和諧、歡喜，及希望之泉源。

第三節　傳統與展望

壹、音樂的傳統概述

　　《樂記》一文綜述了先秦儒家的音樂理論，是中國最早一篇系統音樂理論著作。其中含攝豐富的儒家人文理念，並不單純是一篇關於音樂美學的論文。在儒家化成世界的理想下，《樂記》除了音樂本質美善的問題之外，還討論了音樂在國家與社會中的功能，對於二者之間的交互制約的情形有十分詳細的論證。「和」與「節」〔註11〕兩個概念是理解《樂記》最主要的線索。從音樂形式到個人心性到社會秩序乃至於天地秩序，都在「和」與「節」兩個概念的貫穿下而得以統一融合。《樂記》往往禮樂並稱，二者的形式上意義根源均可溯至天地的律則。在《樂記》的描述下，音樂與個人、社會、宇宙構成一個有意義的諧和整體。又《樂記》向來被公認爲總結先秦音樂、禮樂思想的理論性文獻，全文主要在描述對音樂、禮樂活動的認識，與分析兩者中關於感性認識的問題，因此本論文從以美學爲一種感性認識之學的觀點，兼採認識論的研究方法，討論《樂記》的美學思想。

　　在全文的架構上，以反省傳統禮樂文化的發展爲主，說明禮樂活動乃是起源於人實際的生活經驗，而人內外的經驗便成爲禮樂所討論的對象，禮樂制度的作用也就在於規範人內外的活動。《樂記》在論述整個樂教活動的過程中，指明情感活動是屬於人與生俱來與物交接所產生的生理機制反應，人因「感物心動」的特性，所以具有認知與創造的能力。因此可經由教學活動引導人們自主的學習，從認識性、情、欲的情感活動「反思」聲、音、樂現象與人爲活動的關係。總之，樂教活動中學習知情意活動開始返回思考自身行爲法則，並以「理樂之文、人爲之節」引導人性自我節制的完成與物化有宜的交接關係。

　　音樂教育在西周時曾經創造出高度的文明。孔門對音樂不止重視其在政治教化上的作用，並援以爲人格修養上的重要項目。但是自孔子時代音樂在教化上的作用即不斷的衰微。其後關於樂教的思想，在《樂記》文中保存的最多。是以本文以《樂記》作爲研究的題目，藉以瞭解吾國樂教的思想，並期能對吾國樂教之人文理念的保存與發揚，有些許的貢獻。

〔註11〕〈樂論〉曰：「大樂與天地同和，大禮與天地同節。」見《禮記‧樂記》，《十三經注疏》本，頁668。

貳、音樂的展望

中國的讀書人，一向認為「文以載道」，我們現在也可以提倡「藝以載道」！前「北京大學」的校長蔡元培先生，也曾提倡所謂的「美育教育」，就是希望「藝術的文化活動」的學習或欣賞，能使人們達到「教化」的功能。所謂「教」就是人格上的「教導」，而「化」就是指精神上的「感化」。華麗的樂章，熟悉的曲式，扣動心靈，牽動肌肉，帶動肢體，通過全身，在工作中、在生活中、在煩惱中的人，甦醒、共鳴、了悟、認同，能夠承接更多更多，生命沒有承諾的，難以言喻的風景。在世界各國均在重視自己民族音樂的今天，我們不能一味的學習西洋音樂。要能「中學為體，西學為用。中學為主，西學為輔。中學有未備者，以西學補之。中學有失傳者，以西學還之。要以中學包羅西學，不能以西學凌駕中學。」〔註12〕。

在這科學昌明文化發達的今天，社會上的一般人，都過著相當舒適的生活，因而對於物質生活的享受，也就在無形中不斷的增加和進步，並對於物質生活的慾望與需求，跟著不斷的向上提升和追逐，過去不被大眾所重視的「精神生活」（指音樂方面），卻越來越顯得敗壞和萎縮。因為物質生活的享受，固然是可以滿足一個人在肉體上一時的需求，可是對於心靈上的空虛，卻是無法彌補的。反過來說，一個人若是只享有著精神生活，雖然在他心靈上的空虛，能夠得到彌補和滿足，可是如果物質生活過份的缺乏，也同樣的會影響到他的精神生活的。因為這是一個現實的社會，精神生活重於善的表現，物質生活重於實質的表現，必須精神與物質融合為一體，方能完美，而具體的表現出真、善、美達到至善的境界，故單持精神，則空疏無力，無物質科學則不能表現出精神文明。而單持物質，則又迷眩雜亂，無精神文明縱使有優渥的物質生活，也不能安樂享用。所以人生目的，必賴精神以調度，互為體用，二者又好比人的雙腳，缺一成跛而難以行走。精神與物質必互相協調，人生才更有價值。

台灣想在音樂上恢復自我，首先要拿出自己的音樂來。吾人既相信「音樂作品」與其他文學一樣，必須建築於「民族傳統性」之上，台灣人已經接受了五十年的新式音樂教育，五十年來，我們學了外國的音樂文明，卻漸漸

〔註12〕見楊家駱編《戊戌變法文獻彙編》第二卷，台北：鼎文書局，1973 年初版，頁 427。

失去了自己台灣本土的音樂文化。史惟亮教授曾呼籲要創造明天的「中國音樂傳統」〔註13〕，他認為如果明天會有「中國音樂傳統」，這個傳統是建築在今天的音樂成就上面。今天的音樂成就希望，又是寄托在我們今天擁有的「音樂傳統」上面，也寄托在我們今天的新音樂創作上面。今天的「中國音樂傳統」如何？國民政府播遷來台後，多年來推展西式音樂的教育下，傳統的中國音樂真的是漸漸的式微了。我們曾經徹底的丟棄過去的傳統，為的就是亦步亦趨的學習西洋音樂，然而半個多世紀，卻創造不出屬於「明日傳統」的作品，因為我們已經迷失了「自我」。

體認音樂與心靈間動人的力量，隨著錄音錄影技術的進步，以及有聲媒體的普及，生活在今日的台灣，不論喜不喜歡音樂，都要和音樂接觸。住在公園邊的人，每天清晨醒來，就會聽到公園傳來跳士風舞或韻律操的團體所播放的音樂。打開收音機、電視，音樂電台等隨時有音樂的播出。不管上山下海，我們都會接觸到音樂。可以說音樂已介入我們每天的生活。音樂帶給我們歡樂那麼多，如果沒有音樂，我們的生活又將會成什麼樣子。

〔註13〕史惟亮教授之意是要吾輩站在中國音樂的「今日傳統」上，創造明天的「中國音樂傳統」。見史惟亮著《音樂向歷史求證》，台北：台灣中華書局印行，1981年七月三版，頁81。

參考文獻

一、古代典籍

(一)《四庫全書》(上海:上海古籍出版社,1987 年八月)(按《四庫全書》冊數排列)

1. 清永瑢、紀昀等撰《欽定四庫全書全書總目・子部》卷一百八,第 3 冊。
2. 宋李杞撰《用易詳解》卷十一,第 19 冊。
3. 元梁寅撰《周易參義》卷五,第 27 冊。
4. 宋蘇軾撰《書傳》卷二,第 54 冊。
5. 宋史浩撰《尚書講義》卷二,第 56 冊。
6. 元黃鎮成撰《尚書通考》卷六,第 62 冊。
7. 漢毛亨傳、鄭氏箋、唐陸德明音義、孔穎達疏《毛詩注疏》卷首,第 69 冊。
8. 吳陸璣撰《陸氏詩疏廣要》卷下之下,第 70 冊。
9. 宋朱熹撰《詩經集傳》卷四,第 72 冊。
10. 宋王應麟撰《詩地理攷》卷三,第 75 冊。
11. 漢鄭氏注、唐陸德明音義、賈公彥疏《周禮注疏》卷二十五,第 90 冊。
12. 宋易祓撰《周官總義》卷十四,第 92 冊。
13. 宋不著撰、元陳友仁增修《周禮集說》卷首上,第 95 冊。
14. 明王志長撰《周禮註疏刪翼》卷十四,第 97 冊。
15. 清乾隆十三年敕撰《欽定周官義疏》(二),卷三十四,第 99 冊。
16. 漢鄭玄注、唐孔穎達疏、陸德明音義《禮記注疏》原目(一),第 115 冊。
17. 漢鄭玄注、唐孔穎達疏、陸德明音義《禮記注疏》(二),第 116 冊。

18. 宋衛湜撰《禮記集說》卷八十，第 118 冊。

19. 唐虞世南撰、明陳禹謨補註《北堂書鈔》，第 119 冊。

20. 唐歐陽詢撰《藝文類聚》，第 119 冊。

21. 清李光坡撰《禮記述註》卷十一，第 127 冊。

22. 清江永撰《禮書綱目》卷八十三，第 134 冊。

23. 周公羊高撰、漢何休解詁、唐徐彥疏、陸德明音義《春秋公羊傳注疏》
    卷十五，第 145 冊。

24. 宋鄭樵撰《六經奧論》卷三，第 183 冊。

25. 明孫瑴編《古微書》卷七，第 194 冊。

26. 宋朱熹撰《四書章句集注、論語集注》卷四，第 197 冊。

27. 宋蔡節編《論語集說》卷二，第 200 冊。

28. 宋陳暘撰《樂書》卷一百四十，第 211 冊。

29. 明朱載堉撰《樂律全書》卷九，第 213 冊。

30. 清應撝謙撰《古樂書》卷下，第 220 冊。

31. 晉郭璞注、宋邢昺疏、唐陸德明音義《爾雅注疏》卷中，第 221 冊。

32. 漢劉熙撰《釋名》卷七，第 221 冊。

33. 魏張揖撰《廣雅》卷八，第 221 冊。

34. 漢司馬遷撰、宋裴駰集解《史記》（一）卷二十四，第 243 冊。

35. 漢司馬遷撰、宋裴駰集解《史記》（二）卷八十五，第 244 冊。

36. 漢應劭撰《風俗通義》卷二十四，第 247 冊。

37. 漢班固撰、唐顏師古注《前漢書》（一）卷二十，第 249 冊。

38. 漢班固撰、唐顏師古注《前漢書》（二）卷五十三，第 250 冊。

39. 唐房玄齡等奉敕撰《晉書》（二），第 256 冊。

40. 梁沈約撰《宋書》卷十九，第 257 冊。

41. 唐長孫無忌等撰《隋書》卷三十四，第 264 冊。

42. 宋歐陽修、宋祁等奉敕撰《新唐書》卷二十一，第 272 冊。

43. 宋鄭樵撰《通志》（一）卷二，第 372 冊。

44. 宋鄭樵撰《通志》（三），卷四十九，第 374 冊。

45. 宋羅泌撰《路史》卷七，第 383 冊。

46. 吳韋昭注《國語》卷三，第 406 冊。

47. 漢高誘注《戰國策》卷八，第 406 冊。

48. 宋胡仔撰《孔子編年》卷一，第 446 冊。

49. 宋孟元老撰《東京夢華錄》卷二，第 589 冊。

50. 宋吳自牧撰《夢粱錄》卷二十，第 590 冊。

51. 唐杜佑纂《通典》（一）（二）（三）卷一百四十五，第 603～5 冊

52. 明董說撰《七國攷》卷七，第 618 冊。

53. 明徐一夔等撰《明集禮》卷五十，第 649 冊。

54. 宋歐陽修撰《唐書》卷二十一，第 685 冊。

55. 周荀況撰、唐楊倞註《荀子》卷四，第 695 冊。

56. 漢桓寬撰、明張之象註《鹽鐵論》卷三，第 695 冊。

57. 宋張載撰《張子全書》卷五，第 697 冊。

58. 宋黃震撰《黃氏日抄》卷五十六，第 708 冊。

59. 唐房玄齡注《管子》卷十九，第 729 冊。

60. 元何犿註《韓非子》卷九，第 729 冊。

61. 周墨翟撰《墨子》卷六，第 848 冊。

62. 秦呂不韋撰、漢高誘註《呂氏春秋》卷五，第 848 冊。

63. 漢劉安撰、高誘注《淮南鴻烈解》卷六，第 848 冊。

64. 漢應劭撰《風俗通義》卷六，第 862 冊

65. 宋蘇軾撰《東坡志林》卷三，第 863 冊。

66. 宋陸游撰《老學庵筆記》卷一，第 865 冊。

67. 唐歐陽詢撰等奉敕撰《藝文類聚》（二）卷四十一至卷四十四，第 888 冊。

68. 唐虞世南撰、明陳禹謨補註《北堂書鈔》卷一百五至卷一百十二，第 889 冊。

69. 宋王應麟撰《玉海》（三）卷一百九，第 945 冊。

70. 明陳耀文撰《天中記》（三），卷四十二，第 967 冊

71. 晉郭象注《莊子注》卷二，第 1056 冊。

72. 漢王逸撰《楚辭章句》卷二，第 1062 冊

73. 唐錢起撰《錢仲文集》卷五，第 1072 冊。

74. 梁蕭統編、唐李善註《文選》卷十七，第 1329 冊。

75. 宋程顥撰《二程文集》卷一，第 1345 冊。

76. 明張溥輯《漢魏六朝百三家集》（二）卷三十四，第 1413 冊。

77. 梁劉勰撰《文心雕龍》卷七，第 1478 冊。

78. 梁鍾嶸撰《詩品》卷一，第 1478 冊。

79. 明王圻、王思義輯《三才圖會》（三）卷三，續修《四庫全書》本，第 1234 冊。

（二）《十三經注疏》本（台北：藝文印書館印行，2001 年十二月初版 14
　　刷。）

1. 魏王弼、韓康伯注、唐孔穎達等正義《周易正義》十卷。
2. 漢孔安國傳、唐孔穎達等正義《尚書正義》二十卷。
3. 漢毛公傳、鄭玄箋、唐孔穎達等正義《毛詩正義》七十卷。
4. 漢鄭玄注、唐賈公彥疏《周禮注疏》四十二卷。
5. 漢鄭玄注、唐賈公彥疏《儀禮注疏》五十卷。
6. 漢鄭玄注、唐孔穎達等正義《禮記正義》六十三卷。
7. 晉杜預注、唐孔穎達等正義《春秋左傳正義》六十卷。
8. 漢何休注、唐徐彥疏《春秋公羊傳注疏》二十八卷。
9. 晉范甯注、唐楊士勛疏《春秋穀梁傳注疏》二十卷。
10. 魏何晏等注、宋邢昺疏《論語注疏》二十卷。
11. 唐玄宗明皇帝御注、宋邢昺疏《孝經注疏》九卷。
12. 晉郭璞注、宋邢昺疏《爾雅注疏》十卷。
13. 漢趙岐注、宋孫奭疏《孟子注疏》十四卷。

（三）許慎撰、清段玉裁注《說文解字注》（台北：藝文印書館印行，1999
　　年9月七版二刷。）

二、近代專著（按出版年月排列）

1. 郭沫若著《青銅時代》，台北：文治出版社，1945 年三月初版。
2. 袁同禮著、梁在平增訂《中國音樂書譜目錄》，台北：中華國樂會出版，
　　1956 年九月。
3. 清陳夢雷主纂《欽定古今圖書集成》，台北：文星出版社，1964 年出版。
4. 劉大杰、王運熙等著《中國文學批評史》，上海：上海古籍出版社，1964
　　年。
5. 李純一著《中國古代音樂史稿》，北京：音樂出版社，1964 年三月，北
　　京第二次印刷。
6. 徐復觀著《中國藝術精神》，台北：臺灣學生書局，1966 年，初版。
7. 胡適著《中國古代哲學史》，台北：台灣商務印書館，1966 年十月台二
　　版。
8. 錢穆著《論語要略》，台北：台灣商務印書館，1968 年十二月台一版。
9. 張錦鴻著《音樂科教學研究與實習》，台北：復興書局，1970 年十一月
　　修訂版版。

10. 康謳著《音樂教材教法與實習》，台北：天同出版社，1971 年十月。

11. 王寒生著《墨學新論》，台北：龍華出版社，1972 年十二月再版。

12. 楊家駱編《戊戌變法文獻彙編》第二卷，台北：鼎文出版公司，1973 年初版。

13. 孫廣德著《墨子政治思想之研究》，台北：中華書局，1974 年元月台二版。

14. 陳顧遠著《墨子政治哲學》，台北：新文豐出版公司出版，1974 年十二月初版。

15. 清孫詒讓撰《墨子閒詁》，台北：河洛出版，1975 年五月初版。

16. 張世彬著《中國音樂史論述稿》，香港：友聯出版社，1975 年十一月初版。

17. 劉文六著《論音樂教育之重要性》，台北：天同出版社，1977 年五月初版。

18. 譚旦同《新鄭銅器》，台北：台北國立編譯館，中華叢書，1977 年六月初版。

19. 黃芝秀譯《科學圖書大庫·鋼琴科學調音與修護》臺北：臺北市徐氏基金會出版，中華民國六十六年十月二十日初版。

20. 譚旦同《商周銅器》，台北：台北國立編譯館，中華叢書，1978 年。

21. 黃友棣著《音樂人生》，台北：東大圖書公司，1979 年 9 月三版。

22. 錢鍾書《管錐編》香港：太平圖書公司，1980 年二月初版。

23. 康謳主編《大陸音樂辭典》，台北：大陸書店出版，1980 年四月初版。

24. 傅樂成著《中國通史》，台北：大中國圖書公司，1980 年 8 月四版。

25. 宗白華著《美學散步》，上海：上海人民出版社，1981 年出版。

26. 史惟亮著《音樂向歷史求證》，台北：台灣中華書局印行，1981 年七月三版。

27. 吉聯抗譯注《春秋戰國秦漢音樂史料譯注》，台北：源流文化事業有限公司，1982 年八月初版。

28. 楊家駱主編《中國音樂史料》第一冊，台北：鼎文書局，1982 年九月二版。

29. 王光祈著《東方民族之音樂》，台北：臺灣中華書局出版，1983 年十二月臺五版。

30. 陳福濱著《晚明理學思想通論》臺北：環球出版公司，1983 年。

31. 《筆記小說大觀三十五編》第四冊，清富察敦崇撰〈燕京歲時記〉台北：新興書局有限公司，1983 年出版。

32. 李漁叔註譯《墨子今註今譯》，台北：商務印書館，1984 年出版。

33. 朱光潛著《文藝心理學》，台北：漢京出版社，1984 年。

34. 左文舉編著《論語歸納》，台北：曉園出版社，1984 年二月初版。

35. 林品石註譯《呂氏春秋今註今譯》，台北：商務印書館，1984 年出版。

36. 許倬雲著《西周史》，台北：聯經出版社，1984 年十月初版。

37. 屈萬里《先秦文史資料考辨》，台北：聯經出版社，1985 年。

38. 容庚著《商周彝器通考》，台北：文史哲出版社，1985 年。陳萬鼐主編《中華五千年文物集刊・樂器篇》，中華五千年文物集刊編輯委員會出版，1985 年六月初版。

39. 常任俠、王克芬等編著《中國舞蹈史》，台北：蘭亭書店出版，1985 年十月初版。

40. 錢穆著《中國思想史》台北：學生書局，1985 年十一月五版。

41. 李澤厚、劉綱紀主編《中國美學史》第一卷，台北：漢京出版社，1986 年。

42. 趙廣暉編著《現代中國音樂史綱》，臺北：樂韻出版社，1986 年。

43. 李澤厚、劉綱紀《先秦美學史》（上、下），台北：金楓出版社，1987 年。

44. 李澤厚著《美學論集》，台北：駱駝出版社，1987 年。

45. 宗白華著《美學與意境》，台北：淑馨出版社，1987 年。

46. 侯家駒著《周禮研究》，台北：聯經出版社，1987 年。

47. 高厚永著《民族器樂概論》，台北：丹青出版社，1987 年。

48. 張蕙慧著《儒家樂教思想研究》，台北：文史哲出版社，1987 年六月初版。

49. 劉志著《西洋音樂史與風格》，台北：大陸書店出版，1988 年六月七版。

50. 田邊尚雄著、陳清泉譯《中國音樂史》，台北：台灣商務印書館，1988 年 9 月臺七版。

51. 劉岠渭等著《音樂與人生》，台北：國立空中大學，1989 年六月初版。

52. 清孫希旦撰、沈嘯寰、王星賢點校《禮記集解》，台北：文史哲出版社，1990 年八月文一版。

53. 薛宗明著《中國音樂史樂器篇》，台北：台灣商務印書館，1990 年九月修訂一版。

54. 蔡信發、沈謙編著《詩詞曲賞析》上冊，台北：國立空中大學，1990 年二月。

55. 沈謙著《文心雕龍之文學理論與批評》，台北：華正書局有限公司，1990 年 7 月再版。

56. 地球出版社編輯部編輯《中國文明史》先秦時期，台北：地球出版社，

1991 年十二月第一版。

57. 梁銘越著《歷史長河的民族音樂》，台北：文建會，1991 年初版。

58. 馬承源主編《中國青銅器》，台北：南天書局，1991 年。

59. 孫機著《漢代物質文化資料圖說》，北京文物出版社，1991 年。

60. 《特別展_曾侯乙墓》，東京國立博物館，日本經濟新聞社，1992 年。

61. 李書秀等編輯《空大合唱團合唱曲選》第一集，國立空中大學台北學習指導中心出版，1992 年八月初版。

62. 姜一涵等編著《中國美學》，台北：國立空中大學出版，1992 年十二月二版。

63. 牟宗三著《才性與玄理》，台北：學生書局，1993 年。

64. 蔣一民著《音樂美學》，台北：五南出版社，1993 年。

65. 林啟彥著《中國學術思想史》，台北：書林出版有限公司，1993 年 6 月一版。

66. 伍國棟著《中國古代音樂》，台北：台灣商務出版，1993 年十二月初版。

67. 朱文瑋、呂琪昌合著《先秦樂鐘之研究》，台北：南天書局有限公司出版，1994 年四月初版。

68. 徐達譯注《詩品》，台北：地球出版社，1994 年五月第一版。

69. 吳文璋著《荀子的音樂哲學》，台北：文津出版社，1994 年初版。

70. 沈謙、段昌國、鄭基良等編著《人文學概論》臺北縣：國立空中大學出版，1994 年。

71. 王國維著《宋元戲曲史》，台北：台灣商務印書館，1994 年。

72. 郭紹虞著《中國文學批評史》，台北：五南圖書出版公司，1994 年八月初版。

73. 陳福濱著《兩漢儒家思想及其內在轉化》，台北：輔仁大學出版社，1994 年十月初版。

74. 王國維《古史新證》，北京：清華大學出版社，1994 年十二月第一版。

75. 王讚源著《墨子》，台北：東大圖書公司，1996 年初版。

76. 王文科《教育研究法》，台北：五南書局，1996 年十一月。

77. 莊雅州《經學入門》，台北：台灣書店，1997 年。

78. 楊蔭瀏著《中國古代音樂史稿》，台北：大鴻圖書有限公司，1997 年初版。

79. 廖棟樑撰述《詩品》，台北：金楓出版有限公司，1997 年十二月。

80. 蔣一明著《音樂美學》，台北：五南圖書出版有限公司，1998 年十二月初版二刷。

81. 林勝儀譯《新訂標準音樂辭典》，台北：美樂出版社，1999 年八月初版。

82. 馮友蘭著《中國哲學史》，台北：台灣商務印書館，1999 年十一月增訂臺一版。

83. 薛宗明著《中國音樂史樂譜篇》，台北：台灣商務印書館，1999 年二月修訂版第二次印刷。

84. 錢穆著《先秦諸子繫年》，台北：東大圖書股份有限公司出版，1999 年六月，東大三版。

85. 張嚶嚶譯《音樂與心靈》，台北：知英文化事業有限公司，1999 年十一月一版三刷。

86. 陳朝平著《藝術概論》，台北：五南圖書出版有限公司，2000 年二月初版一刷。

87. 羅振玉撰《殷虛書契考釋》，北京：北京圖書館出版社，2000 年三月一版。

88. 李天民、余國芳著《中國舞蹈史》，台北：大卷文化有限公司出版，2000 年八月再版。

89. 修海林、王子初合著《樂器》，台北：貓頭鷹出版，2001 年初版。

90. 陳溫菊著《詩經器物考釋》，台北：文津出版社，2001 年。

91. 黃淑基著《中西音樂美學的對話》，台北，洪葉文化事業有限公司，2002 年五月初版一刷。

92. 沈謙著《修辭方法析論》，台北：文史哲出版社，2002 年十月初版。

93. 梁尚忠注釋《黃帝經新生命》，台北：北方出版社，2003 年三月初版一刷。

94. 勞思光著《新編中國哲學史》，台北：三民書局，2004 年一月重印三版三刷。

95. 楊蔭瀏著《中國古代音樂史稿》，北京：人民音樂出版社，2004 年三月一版。

96. 蔡仲德著《中國音樂美學史》，北京，人民音樂出版社，2004 年 3 月。

97. 王永紅、陳成軍合著《古器物鑑賞》，台北：文津出版社有限公司，2004 年初版。

98. 林達禮編著《中華五千年大事記》，台南：大孚書局有限公司，2004 年 10 月再版。

99. 劉大杰著《中國文學發展史》，台北：華正書局，2005 年八月版。

100. 龔建平著《意義的生成與實現——《禮記》哲學思想》，北京：商務印書館，2005 年十一月第 1 版。

101. 劉岠渭主譯《音樂圖騰》，台北：小雅音樂有限公司，2006 年五月第一版。

102. 朱謙之著《中國音樂文學史》，上海：上海人民出版社，2006 年八月第 1 版。

103. 林同華著《中國美學史論集》，台北：丹青圖書有限公司出版。本書無載出版年月日。

104. 孫開泰著《中國全史・中國春秋戰國思想史》百卷本，北京：人民出版社。

三、博碩士學位論文（按出版年月排列）

1. 傅武光《呂氏春秋與先秦諸子之關係》台北：國立臺灣師範大學中國文學研究所博士論文，1982 年三月。

2. 吳文璋〈荀子「樂論」在其思想上之重要性〉，台北：國立臺灣師範大學中國文學研究所碩士，1984 年。

3. 張祚明〈「樂記」美學思想之研究〉，台北：國立台灣大學哲學研究所碩士論文，1985 年。

4. 蔡宗志《樂記》樂教思想研究〉，台北：東海大學哲學研究所碩士論文，1988 年。

5. 黃金鷹〈先秦音樂思想之研究〉，台北：中國文化大學藝術研究所碩士論文，1992 年。

6. 李美燕〈先秦兩漢樂教思想研究〉，台北：國立臺灣師範大學國文研究所博士論文，1993 年。

7. 陳柄杰〈中國樂器音色之探討〉，台南：國立成功大學藝術研究所碩士論文，1998 年。

8. 王菡《禮記樂記》之道德形上學研究，台北：中國文化大學哲學研究所碩士論文，2001 年。

9. 朱孟庭《詩經與音樂研究》，台北：國立臺灣師範大學國文研究所博士論文，2001 年。

10. 邱秀瓊《樂記》中的樂教理論研究，台北：中國文化大學哲學研究所碩士論文，2002 年。

11. 張簡茂宏《樂經》相關議題研究，台北：國立高雄師範大學國文學系研究所碩士論文，2003 年。

12. 陳伯适《惠棟易學研究》，台北：國立政治大學中國文學系博士論文，2005 年。

四、期刊論文（按出版年月排列）

1. 李純一〈論墨子的〈非樂〉〉，《音樂研究》1959 年三期。

2. 〈湖北省隨縣曾侯乙墓發掘簡報〉，收錄於《文物》1979 年第七期。

3. 徐復觀〈孔子「爲人生而藝術」的藝術精神〉,《民主評論》15 卷一、二期,1964 年一月。

4. 吉聯抗〈《史記‧樂書》、《漢書‧禮樂志》及其他〉音樂藝術,1982 年第三期。

5. 修海林〈樂記音樂美學思想試析〉,《音樂研究》,第二期,1986 年,北京:人民音樂出版社。

6. 李純一〈關於陝西地區的音樂考古〉,中國音樂學季刊,1986 年第二期。

7. 呂驥〈關於公孫尼子和《樂記》作者考〉,《中國音樂學》1988 年三期。

8. 胡建〈《呂氏春秋》音樂美學思想初探〉,《音樂探索》1988 年四期。

9. 馬東風〈音樂心理學〉、〈音樂醫療學〉,中國音樂學季刊,1988 年第一期。

10. 修海林〈歷史文獻研究中的方法論問題〉,中國音樂學季刊,1989 年第二期。

11. 修海林〈「樂」——古樂文化的傳統審美心態〉,中國音樂學季刊,1989 年第三期。

12. 金建民〈我國古代音樂論舉要〉,中國音樂學季刊,1990 年第一期。

13. 李純一〈中國音樂考古學研究的對象與方法〉,中國音樂學季刊,1991 年第二期。

14. 呂驥〈試論《樂記》的理論邏輯及其哲學思想基礎〉,《音樂研究》1991 年二期。

15. 王耀貴〈《樂記》的中和思想〉,《南開學報》,1994 年第六期。

16. 孫長祥〈從《樂記》試探儒家思想中道德與藝術的關係〉,《第九屆國際佛教教育研究討論會專輯》,台北:華梵佛學研究所編印,1995 年。

17. 蔡德予〈樂記美學思想五題〉,中國音樂學季刊,1998 年第二期。

18. 韓南錫憲〈阮籍、嵇康對《樂記》美學思想的繼承和發展〉,理論學刊1998 年第四期

19. 歐蘭香〈試論《樂記》的成書與內容特色〉,徐州師範大學學報(哲學社會科學版),1999 年十二月第 25 卷第四期

20. 劉順利〈《樂記》之「和」論〉,天津師大學報 2000 年第四期。

21. 劉春雪、謝立峰〈從禮記樂記篇看樂的社會作用〉,黑龍江教育學院學報,2002 年十一月第 21 卷第六期。

22. 彭鈺〈淺論道家音樂美學思想對我國音樂文化的影響〉,滁州師專學報,2003 年六月。

23. 張群、龔元秀〈《禮記‧樂記》中的文藝思想〉,學術交流,2003 年八月總第 113 期第八期。

24. 陸學凱〈《禮記・樂記》與先秦禮樂思想〉，北方論叢，2003 年第二期。

25. 譚鍾琪〈《樂記》與中國古代的樂教〉，社會科學家，2005 年三月第二期。

附　錄

附錄一　《樂記》全文

引自台北：藝文印書館《十三經注疏》，《禮記・樂記》，頁 662 至頁 702。

1_1〈樂本〉第一章

凡音之起，由人心生也。人心之動，物使之然也。感於物而動，故形於聲。聲相應，故生變；變成方，謂之音。比音而樂之，及干戚羽旄，謂之樂。

樂者，音之所由生也，其本在人心之感於物也。是故其哀心感者，其聲噍以殺；其樂心感者，其聲嘽以緩；其喜心感者，其聲發以散；其怒心感者，其聲粗以厲；其敬心感者，其聲直以廉；其愛心感者，其聲和以柔。六者非性也，感於物而後動。是故先王慎所以感之者。故禮以道其志，樂以和其聲，政以一其行，刑以防其姦。禮樂刑政，其極一也，所以同民心而出治道也。

1_2〈樂本〉第二章

凡音者，生人心者也。情動於中，故形於聲。聲成文，謂之音。是故，治世之音安以樂，其政和。亂世之音怨以怒，其政乖。亡國之音哀以思，其民困。聲音之道，與政通矣。

宮為君，商為臣，角為民，徵為事，羽為物，五者不亂，則無怙懘之音矣。宮亂則荒，其君驕。商亂則陂，其官壞。角亂則憂，其民怨。徵亂則哀，其事勤。羽亂則危，其財匱。五者皆亂，迭相陵，謂之慢。如此，則國之滅

亡無日矣。

鄭衛之音，亂世之音也，比於慢矣。桑閒濮上之音，亡國之音也。其政散，其民流，誣上行私而不可止也。

1_3 〈樂本〉第三章

凡音者，生於人心者也；樂者，通倫理者也。是故，知聲而不知音者，禽獸是也；知音而不知樂者，眾庶是也。唯君子為能知樂。是故，審聲以知音，審音以知樂，審樂以知政，而治道備矣。是故，不知聲者，不可與言音；不知音者，不可與言樂。知樂，則幾於禮矣。禮樂皆得，謂之有德，德者，得也。

是故樂之隆，非極音也。食饗之禮，非致味也。清廟之瑟，朱弦而疏越，壹倡而三歎，有遺音者矣。大饗之禮，尚玄酒而俎腥魚，大羹不和，有遺味者矣。是故先王之制禮樂也，非以極口腹耳目之欲也，將以教民平好惡，而反人道之正也。

1_4 〈樂本〉第四章

人生而靜，天之性也；惑於物而動，性之欲也。物至知知，然後好惡形焉。好惡無節於內，知誘於外，不能反躬，天理滅矣。夫物之感人無窮，而人之好惡無節，則是物至而人化物也。人化物也者，滅天理而窮人欲者也。於是有悖逆詐偽之心，有淫泆作亂之事。是故，強者脅弱，眾者暴寡，知者詐愚，勇者苦怯，疾病不養，老幼孤獨不得其所，此大亂之道也。

是故先王之制禮樂，人為之節，衰麻哭泣，所以節喪紀也；鐘鼓干戚，所以和安樂也；昏姻冠笄，所以別男女也；射鄉食饗，所以正交接也。禮節民心，樂和民聲，政以行之，刑以防之。禮樂刑政，四達而不悖，則王道備矣。

2_1 〈樂論〉第一章

樂者為同，禮者為異。同則相親，異則相敬。樂勝則流，禮勝則離。合情飾貌者，禮樂之事也。禮義立，則貴賤等矣；樂文同，則上下和矣；好惡著，則賢不肖別矣。刑禁暴，爵舉賢，則政均矣。仁以愛之，義以正之，如此則民治行矣。

2_2 〈樂論〉第二章

樂由中出，禮自外作。樂由中出，故靜，禮自外作，故文。大樂必易，大禮必簡。樂至則無怨，禮至則不爭。揖讓而治天下者，禮樂之謂也。暴民不作，諸侯賓服，兵革不試，五刑不用，百姓無患，天子不怒，如此，則樂達矣。合父子之親，明長幼之序，以敬四海之內，天子如此，則禮行矣。

2_3 〈樂論〉第三章

大樂與天地同和，大禮與天地同節。和故百物不失，節故祀天祭地，明則有禮樂，幽則有鬼神。如此，則四海之內，合敬同愛矣。禮者，殊事合敬者也。樂者，異文合愛者也。禮樂之情同，故明王以相沿也。故事與時並，名與功偕。

故鐘鼓管磬，羽籥干戚，樂之器也。屈伸俯仰，綴兆舒疾，樂之文也。簠簋俎豆，制度文章，禮之器也。升降上下，周還裼襲，禮之文也。故知禮樂之情者能作，識禮樂之文者能述。作者之謂聖，述者之謂明。明聖者，述作之謂也。

2_4 〈樂論〉第四章

樂者，天地之和也。禮者，天地之序也。和故百物皆化，序故群物皆別。樂由天作，禮以地制。過制則亂，過作則暴。明於天地，然後能興禮樂也。論倫無患，樂之情也；欣喜歡愛，樂之官也。中正無邪，禮之質也；莊敬恭順，禮之制也。若夫禮樂之施於金石，越於聲音，用於宗廟社稷，事乎山川鬼神，則此所與民同也。

3_1 〈樂禮〉第一章

王者功成作樂，治定制禮。其功大者其樂備，其治辯者其禮具。干戚之舞，非備樂也，孰亨而祀，非達禮也。五帝殊時，不相沿樂；三王異世，不相襲禮。樂極則憂，禮粗則偏矣。及夫敦樂而無憂，禮備而不偏者，其唯大聖乎？天高地下，萬物散殊，而禮制行矣。流而不息，合同而化，而樂興焉。春作夏長，仁也；秋斂冬藏，義也。仁近於樂，義近於禮。樂者敦和，率神而從天，禮者別宜，居鬼而從地。故聖人作樂以應天，制禮以配地。禮樂明備，天地官矣。

3_2 〈樂禮〉第二章

天尊地卑，君臣定矣。卑高已陳，貴賤位矣。動靜有常，小大殊矣。方以類聚，物以群分，則性命不同矣。在天成象，在地成形，如此，則禮者天地之別也。地氣上齊，天氣下降，陰陽相摩，天地相蕩，鼓之以雷霆，奮之以風雨，動之以四時，暖之以日月，而百化興焉。如此，則樂者天地之和也。化不時則不生，男女無辨則亂升，天地之情也。及夫禮樂之極乎天而蟠乎地，行乎陰陽而通乎鬼神，窮高極遠而測深厚。樂著大始，而禮居成物。著不息者，天也，著不動者，地也。一動一靜者，天地之間也。故聖人曰禮樂云。

4_1 〈樂施〉第一章

昔者，舜作五弦之琴以歌南風，夔始制樂以賞諸侯。故天子之為樂也，以賞諸侯之有德者也。德盛而教尊，五穀時熟，然後賞之以樂。故其治民勞者，其舞行綴遠；其治民逸者，其舞行綴短。故觀其舞知其德；聞其諡知其行也。

4_2 〈樂施〉第二章

〈大章〉，章之也。〈咸池〉，備矣。〈韶〉，繼也。〈夏〉，大也。殷、周之樂，盡矣。

4_3 〈樂施〉第三章

天地之道，寒暑不時則疾，風雨不節則饑。教者，民之寒暑也，教不時則傷世。事者，民之風雨也，事不節則無功。然則先王之為樂也，以法治也，善則行象德矣。夫豢豕為酒，非以為禍也，而獄訟益繁，則酒之流生禍也。是故先生因為酒禮，壹獻之禮，賓主百拜，終日飲酒而不得醉焉，此先王之所以備酒禍也。故酒食者，所以合歡也；樂者，所以象德也；禮者，所以綴淫也。是故先王有大事，必有禮以哀之。有大福，必有禮以樂之。哀樂之分，皆以禮終。樂也者，聖人之所樂也，而可以善民心，其感人深，其移風易俗，故先王著其教焉。

5_1 〈樂言〉第一章

夫民有血氣心知之性，而無哀樂喜怒之常，應感起物而動，然後心術形

焉。是故志微噍殺之音作，而民思憂，嘽諧慢易，繁文簡節之音作，而民康樂。粗厲猛起，奮末廣賁之音作，而民剛毅。廉直勁正莊誠之音作，而民肅敬。寬裕肉好，順成和動之音作，而民慈愛。流辟邪散狄成滌濫之音作，而民淫亂。

5_2〈樂言〉第二章

是故，先王本之情性，稽之度數，制之禮義。合生氣之和，道五常之行，使之陽而不散，陰而不密，剛氣不怒，柔氣不懾，四暢交於中而發作於外，皆安其位而不相奪也。然後立之學等，廣其節奏，省其文采，以繩德厚。律小大之稱，比終始之序，以象事行。使親疏貴賤、長幼、男女之理，皆形見於樂，故曰：「樂觀其深矣。」

5_3〈樂言〉第三章

土敝則草木不長，水煩則魚鼈不大，氣衰則生物不遂，世亂則禮慝而樂淫。是故其聲哀而不莊，樂而不安，慢易以犯節，流湎以忘本。廣則容姦，狹則思欲。感條暢之氣而滅平和之德。是以君子賤之也。

6_1〈樂象〉第一章

凡姦聲感人，而逆氣應之，逆氣成象，而淫樂興焉。正聲感人，而順氣應之，順氣成象，而和樂興焉。倡和有應，回邪曲直，各歸其分。而萬物之理，各以類相動也。是故，君子反情以和其志，比類以成其行。姦聲亂色，不留聰明，淫樂慝禮，不接心術，惰慢邪辟之氣，不設於身體。使耳目鼻口心知百體，皆由順正以行其義。

6_2〈樂象〉第二章

然後發以聲音，而文以琴瑟，動以干戚，飾以羽旄，從以簫管。奮至德之光，動四氣之和，以著萬物之理。是故清明象天，廣大象地，終始象四時，周還象風雨。五色成文而不亂，八風從律而不姦，百度得數而有常，小大相成，終始相生。倡和清濁，迭相為經。故樂行而倫清，耳目聰明，血氣和平，移風易俗，天下皆寧。

6_3 〈樂象〉第三章

故曰：樂者，樂也。君子樂得其道，小人樂得其欲。以道制欲，則樂而不亂；以欲忘道，則惑而不樂。是故，君子反情以和其志，廣樂以成其教，樂行，而民鄉方，可以觀德矣。

6_4 〈樂象〉第四章

德者，性之端也；樂者，德之華也；金石絲竹，樂之器也。詩，言其志也；歌，詠其聲也；舞，動其容也。三者本於心，然後樂器從之。是故情深而文明，氣盛而化神。和順積中而英華發外，唯樂不可以爲僞。

6_5 〈樂象〉第五章

樂者，心之動也。聲者，樂之象也。文采節奏，聲之飾也。君子動其本，樂其象，然後治其飾。是故先鼓以警戒，三步以見方，再始以著往，復亂以飾歸。奮疾而不拔，極幽而不隱。獨樂其志，不厭其道，備舉其道，不私其欲。是故情見而義立，樂終而德尊。君子以好善，小人以聽過。故曰：「生民之道，樂爲大焉。」

6_6 〈樂象〉第六章

樂也者，施也，禮也者，報也。樂，樂其所自生，而禮反其所自始。樂章德，禮報情，反始也。所謂大輅者，天子之車也。龍旂九旒，天子之旌也。青黑緣者，天子之寶龜也。從之以牛羊之群，則所以贈諸侯也。

7_1 〈樂情〉第一章

樂也者，情之不可變者也。禮也者，理之不可易者也。樂統同，禮辨異，禮樂之說，管乎人情矣。窮本知變，樂之情也；著誠去僞，禮之經也。禮樂偵天地之情，達神明之德，降興上下之神，而凝是精粗之體，領父子君臣之節。

7_2 〈樂情〉第二章

是故，大人舉禮樂，則天地將爲昭焉。天地訢合，陰陽相得，煦嫗覆育萬物，然後草木茂，區萌達，羽翼奮，角觡生，蟄蟲昭蘇，羽者嫗伏，毛者孕鬻，胎生者不殰，而卵生者不殈，則樂之道歸焉耳。

7_3〈樂情〉第三章

樂者，非謂黃鐘、大呂、弦歌、干揚也，樂之末節也，故童者舞之。鋪筵席，陳尊俎，列籩豆，以升降爲禮者，禮之末節也，故有司掌之。樂師辨乎聲詩，故北面而弦；宗祝辨乎宗廟之禮，故後尸；商祝辨乎喪禮，故後主人。是故，德成而上，藝成而下；行成而先，事成而後。是故先王有上有下，有先有後，然後可以制於天下也。

8_1〈魏文侯〉第一章

魏文侯問於子夏曰：「吾端冕而聽古樂，則唯恐臥；聽鄭衛之音，則不知倦。敢問古樂之如彼何也？新樂之如此何也？」子夏對曰：「今夫古樂，進旅退旅，和正以廣，弦匏笙簧，會守拊鼓，始奏以文，復亂以武，治亂以相，訊疾以雅。君子於是語，於是道古脩身及家，平均天下。此古樂之發也。今夫新樂，進俯退俯，姦聲以濫，溺而不止，及優侏儒，獶雜子女，不知父子。樂終不可以語，不以道古。此新樂之發也。今君之所問者，樂也，所好者，音也。夫樂者，與音相近而不同。」

8_2〈魏文侯〉第二章

文侯曰：「敢問何如？」子夏對曰：「夫古者，天地順而四時當，民有德而五穀昌，疾疢不作而無妖祥，此之謂大當。然後聖人作爲父子君臣，以爲紀綱，紀綱既正，天下大定。天下大定，然後正六律，和五聲，弦歌詩頌，此之謂德音。德音之謂樂。《詩》云：『莫其德音，其德克明。克明克類，克長克君，王此大邦。克順克俾，俾於文王，其德靡悔。既受帝祉，施於孫子。』此之謂也。今君之所好者，其溺音乎？」

8_3〈魏文侯〉第三章

文侯曰：「敢問溺音何從出也？」子夏對曰：「鄭音好濫淫志，宋音燕女溺志，衛音趨數煩志，齊音敖辟喬志；此四者皆淫於色而害於德，是以祭祀弗用也。《詩》云：『肅雍和鳴，先祖是聽。』夫肅肅，敬也；雍雍，和也。夫敬以和，何事不行。爲人君者，謹其所好惡而已矣。君好之，則臣爲之。上行之，則民從之。《詩》云：『誘民孔易』此之謂也。然後，聖人作爲鞉鼓椌楬壎篪，此六者，德音之音也。然後鍾磬竽瑟以和之，干戚旄狄以舞之。此所以祭先王之廟也，所以獻酬酳酢也，所以官序貴賤，各得其宜也，所以

示後世有尊卑、長幼之序也。

　　鍾聲鏗，鏗以立號，號以立橫，橫以立武。君子聽鍾聲，則思武臣。石聲磬，磬以立辨，辨以致死。君子聽磬聲，則思死封疆之臣。絲聲哀，哀以立廉，廉以立志。君子聽琴瑟之聲，則思志義之臣。竹聲濫，濫以立會，會以聚眾。君子聽竽笙簫管之聲，則思畜聚之臣。鼓鼙之聲讙，讙以立動，動以進眾。君子聽鼓鼙之聲，則思將帥之臣。君子之聽音，非聽其鏗鎗而已也，彼亦有所合之也。

9_1 〈賓牟賈〉第一章

　　賓牟賈侍坐於孔子，孔子與之言及樂，曰：「夫武之備戒之已久，何也？」對曰：「病不得其眾也。」「詠歎之，淫液之，何也？」對曰：「恐不逮事也。」「發揚蹈厲之已蚤，何也？」對曰：「及時事也。」「武坐致右憲左，何也？」對曰：「非武坐也。」「聲淫及商，何也？」對曰：「非武音也。」子曰：「若非武音，則何音也？」對曰：「有司失其傳也。若非有司失其傳，則武王之志荒矣。」子曰：「唯！丘之聞諸萇弘，亦若吾子之言是也。」

9_2 〈賓牟賈〉第二章

　　賓牟賈起，免席而請曰：「夫武之備戒之已久，則既聞命矣，敢問：遲之遲而又久，何也？」子曰：「居！吾語女。夫樂者，象成者也。總干而山立，武王之事也；發揚蹈厲，大公之志也。武亂皆坐，周召之治也。且夫武，始而北出，再成而滅商。三成而南，四成而南國是疆；五成而分，周公左，召公右；六成復綴以崇。天子夾振之而駟伐，盛威於中國也。分夾而進，事蚤濟也。久立於綴，以待諸侯之至也。且女獨未聞牧野之語乎？武王克殷，反商。未及下車而封黃帝之後於薊，封帝堯之後於祝，封帝舜之後於陳。下車而封夏后氏之後於杞，投殷之後於宋。封王子比干之墓，釋箕子之囚，使之行商容而復其位。庶民弛政，庶士倍祿。

　　濟河而西，馬，散之華山之陽，而弗復乘；牛，散之桃林之野，而弗復服。車甲釁而藏之府庫，而弗復用。倒載干戈，包之以虎皮。將帥之士，使爲諸侯，名之曰「建櫜」。然後，天下知武王之不復用兵也。散軍而郊射，左射貍首，右射騶虞，而貫革之射息也。裨冕搢笏，而虎賁之士說劍也。祀乎明堂而民知孝。朝覲，然後諸侯知所以臣。耕藉，然後諸侯知所以敬。五者，

天下之大教也。食三老五更於大學，天子袒而割牲，執醬而饋，執爵而酳，冕而總干，所以教諸侯之弟也。若此，則周道四達，禮樂交通，則夫武之遲久，不亦宜乎？」

10_1 〈樂化〉第一章

君子曰：「禮樂不可斯須去身。」致樂以治心，則易直子諒之心，油然生矣。易直子諒之心生則樂，樂則安，安則久，久則天，天則神。天則不言而信，神則不怒而威，致樂以治心者也。致禮以治躬則莊敬，莊敬則嚴威。心中斯須不和不樂，而鄙詐之心入之矣，外貌斯須不莊不敬，而易慢之心入之矣。故樂也者，動於內者也；禮也者，動於外者也。樂極和，禮極順。內和而外順，則民瞻其顏色而弗與爭也，望其容貌而民不生易慢焉。故德輝動於內，而民莫不承聽，理發諸外，而民莫不承順。故曰：「致禮樂之道，舉而錯之，天下無難矣。」

10_2 〈樂化〉第二章

樂也者，動於內者也；禮也者，動於外者也。故禮主其減，樂主其盈。禮減而進，以進爲文；樂盈而反，以反爲文。禮減而不進則銷，樂盈而不反則放。故禮有報而樂有反。禮得其報則樂，樂得其反則安；禮之報，樂之反，其義一也。

10_3 〈樂化〉第三章

夫樂者，樂也，人情之所不能免也。樂必發於聲音，形於動靜，人之道也。聲音動靜，性術之變，盡於此矣。故人不耐無樂，樂不耐無形，形而不爲道不耐無亂。先王恥其亂，故制雅頌之聲以道之，使其聲足樂而不流，使其文足論而不息，使其曲直繁瘠廉肉節奏足以感動人之善心而已矣。不使放心邪氣得接焉，是先王立樂之方也。

是故樂在宗廟之中，君臣上下同聽之，則莫不和敬；在族長鄉里之中，長幼同聽之，則莫不和順；在閨門之內，父子兄弟同聽之，則莫不和親。故樂者，審一以定和，比物以飾節；節奏合以成文。所以合和父子君臣，附親萬民也，是先王立樂之方也。

故聽其雅頌之聲，志意得廣焉；執其干戚，習其俯仰詘伸，容貌得莊焉；

行其綴兆，要其節奏，行列得正焉，進退得齊焉。故樂者，天地之命，中和之紀，人情之所不能免也。

10_4 〈樂化〉第四章

夫樂者，先王之所以飾喜也，軍旅鈇鉞者，先王所以飾怒也。故先王之喜怒，皆得其儕焉。喜則天下和之，怒則暴亂者畏之。先王之道，禮樂可謂盛矣。

11 〈師乙〉

子贛見師乙而問焉，曰：「賜聞聲歌各有宜也，如賜者，宜何歌也？」師乙曰：「乙，賤工也，何足以問所宜？請誦其所聞，而吾子自執焉。愛者宜歌《商》，溫良而能斷者宜歌《齊》。夫歌者，直己而陳德也。動己而天地應焉，四時和焉，星辰理焉，萬物育焉。故《商》者，五帝之遺聲也。寬而靜，柔而正者，宜歌《頌》；廣大而靜，疏達而信者，宜歌《大雅》；恭儉而好禮者，宜歌《小雅》；正直而靜，廉而謙者，宜歌《風》。肆直而慈愛，商之遺聲也，商人識之，故謂之商。齊者，三代之遺聲也，齊人識之，故謂之齊。明乎商之音者，臨事而屢斷；明乎齊之音者，見利而讓。臨事而屢斷，勇也；見利而讓，義也。有勇有義，非歌孰能保此？故歌者，上如抗，下如隊，曲如折，止如槁木，倨中矩，句中鉤，纍纍乎端如貫珠。故歌之為言也，長言之也。說之，故言之；言之不足，故長言之；長言之不足，故嗟歎之；嗟歎之不足，故不知手之舞之，足之蹈之也。子貢問樂。

附錄二　荀子《樂論》篇全文

引自上海：上海古籍出版社文淵閣《四庫全書》本，第 695 冊，第 245～247 頁。

夫樂者，樂也，人情之所必不免也。故人不能無樂，樂則必發於聲音，形於動靜。而人之道，聲音動靜，性術之變，盡是矣。故人不能不樂，樂則不能無形，形而不為道，則不能無亂。先王惡其亂也，故制雅頌之聲以道之，使其聲足以樂而不流，使其文足以辨而不諰，使其曲直繁省，廉肉節奏，足以感動人之善心，使夫邪污之氣，無由得接焉。是先王立樂之方也，而墨子非之，奈何！

　　故樂在宗廟之中，君臣上下同聽之，則莫不和敬；閨門之內，父子兄弟同聽之，則莫不和親；鄉里族長之中，長少同聽之，則莫不和順。故樂者，審一以定和者也，比物以飾節者也，合奏以成文者也；足以率一道，足以治萬變。是先王立樂之術也，而墨子非之，奈何！

　　故聽其雅頌之聲，而志意得廣焉；執其干戚，習其俯仰屈伸，而容貌得莊焉；行其綴兆，要其節奏，而行列得正焉，進退得齊焉。故樂者，出所以征誅也，入所以揖讓也；征誅揖讓，其義一也。出所以征誅，則莫不聽從；入所以揖讓，則莫不從服。故樂者，天下之大齊也，中和之紀也，人情之所必不免也。是先王立樂之術也，而墨子非之，奈何！

　　且樂者，先王之所以飾喜也；軍旅鈇鉞者，先王之所以飾怒也。先王喜怒皆得其齊焉。是故喜而天下和之，怒而暴亂畏之。先王之道，禮樂正其盛者也。而墨子非之。故曰：墨子之於道也，猶瞽之於白黑也，猶聾之於清濁也，猶之楚而北求之也。

　　夫聲樂之入人也深，其化人也速，故先王謹爲之文。樂中平則民和而不流，樂肅莊則民齊而不亂。民和齊則兵勁城固，敵國不敢嬰也。如是，則百姓莫不安其處，樂其鄉，以至足其上矣。然後名聲於是白，光輝於是大，四海之民莫不願得以爲師，是王者之始也。樂姚冶以險，則民流僈鄙賤矣；流僈則亂，鄙賤則爭；亂爭則兵弱城犯，敵國危之如是，則百姓不安其處，不樂其鄉，不足其上矣。故禮樂廢而邪音起者，危削侮辱之本也。故先王貴禮樂而賤邪音。其在序官也，曰：「脩憲命，審誅賞，禁淫聲，以時順脩，使夷俗邪音不敢亂雅，太師之事也。」

　　墨子曰：「樂者，聖王之所非也，而儒者爲之過也。」君子以爲不然。樂者，聖人之所樂也，而可以善民心，其感人深，其移風易俗。故先王導之以禮樂，而民和睦。夫民有好惡之情，而無喜怒之應則亂；先王惡其亂也，故脩其行，正其樂，而天下順焉。故齊衰之服，哭泣之聲，使人之心悲。帶甲嬰冑，歌於行伍，使人之心傷；姚冶之容，鄭衛之音，使人之心淫；紳端章甫，舞韶歌武，使人之心莊。故君子耳不聽淫聲，目不視女色，口不出惡言，此三者，君子愼之。

　　凡姦聲感人而逆氣應之，逆氣成象而亂生焉；正聲感人而順氣應之，順氣成象而治生焉。唱和有應，善惡相象，故君子愼其所去就也。君子以鐘鼓導志，以琴瑟樂心；動以干戚，飾以羽旄，從以磬管。故其清明象天，其廣

大象地，其俯仰周旋有似於四時。故樂行而志清，禮脩而行成，耳目聰明，血氣和平，移風易俗，天下皆寧，美善相樂。故曰：樂者，樂也。君子樂得其道，小人樂得其欲；以道制欲，則樂而不亂；以欲忘道，則惑而不樂。故樂者，所以導樂也，金石絲竹者，所以導樂也；樂行而民嚮方矣。故樂者，治人之盛者也，而墨子非之。

且樂也者，和之不可變者也；禮也者，理之不可易者也。樂合同，禮別異，禮樂之統，管乎人心矣。窮本極變，樂之情也；著誠去偽，禮之經也。墨子非之，幾遇刑也。明王已沒，莫之正也。愚者學之，危其身也。君子明樂，乃其德也。亂世善惡，不此聽也。於乎哀哉！不得成也。弟子勉學，無所營也。

聲樂之象，鼓大麗，鐘統實，磬廉制，竽笙簫和，筦籥發猛，塤篪翁博，瑟易良，琴婦好，歌清盡，舞意天道兼。鼓其樂之君邪。故鼓似天，鐘似地，磬似水，竽笙簫和筦籥，似星辰日月，鞉柷、拊鞷、椌楬似萬物。曷以知舞之意？曰：目不自見，耳不自聞也，然而治俯仰、詘信、進退、遲速，莫不廉制，盡筋骨之力，以要鐘鼓俯會之節，而靡有悖逆者，眾積意讏讏乎！

吾觀於鄉，而知王道之易易也。主人親速賓及介，而眾賓皆從之。至于門外，主人拜賓及介，而眾賓皆入，貴賤之義別矣。三揖至于階，三讓以賓升。拜至獻酬辭讓之節繁，及介省矣。至于眾賓，升受，坐祭，立飲，不酢，而隆殺之義辨矣。工入升歌，三終，主人獻之；笙入三終，主人獻之；間歌三終，合樂三終，工告樂備，遂出。二人揚觶，乃立司正，焉知其能和樂而不流也。賓酬主人，主人酬介，介酬眾賓，少長以齒，終於沃者，焉知其能弟長而無遺也。降說屨升坐，脩爵無數。飲酒之節，朝不廢朝，莫不廢夕。賓出，主人拜送，節文終遂，焉知其能安燕而不亂也。貴賤明，隆殺辨，和樂而不流，弟長而無遺，安燕而不亂，此五行者，足以正身安國矣。彼國安而天下安。故曰：吾觀於鄉，而知王道之易易也。

亂世之徵，其服組，其容婦。其俗淫，其志利，其行雜，其聲樂險，其文章匿而采，其養生無度，其送死瘠墨，賤禮義而貴勇力，貧則為盜，富則為賊。治世反是也。

附錄三　墨子《非樂》上全文

引自上海：上海古籍出版社文淵閣《四庫全書》，第 848 冊，第 83～86 頁。

子墨子言曰：「仁者之事，必務求興天下之利，除天下之害，將以為法乎天下。利人乎即為；不利人乎即止。且夫仁者之為天下度也，非為其目之所美，耳之所樂，口之所甘，身體之所安，以此虧奪民衣食之財，仁者弗為也。」是故子墨子之所以非樂者，非以大鍾、鳴鼓、琴瑟、竽笙之聲，以為不樂也；非以刻鏤華文章之色，以為不美也；非以犓豢煎炙之味，以為不甘也；非以高臺厚榭邃野之居，以為不安也。雖身知其安也，口知其甘也，目知其美也，耳知其樂也，然上度之不中聖人之事，下度之不中萬民之利，是故子墨子曰：「為樂非也。」

今王公大人，雖無造為樂器，以為事乎國家，非直掊潦水折壞垣而為之也，將必厚措斂乎萬民，以為大鍾、鳴鼓、琴瑟、竽笙之聲。譬之若聖王之為舟車也，即我弗敢非也。古者聖王亦嘗厚措斂乎萬民，以為舟車，既已成矣，曰：『吾將惡許用之？曰：舟用之水，車用之陸，君子息其足焉，小人休其肩背焉。』故萬民出財賚而予之，不敢以為慼恨者，何也？以其反中民之利也。然則樂器反中民之利亦若此，即我弗敢非也。然則當用樂器，民有三患：饑者不得食，寒者不得衣，勞者不得息，三者民之巨患也。然則當為之撞巨鍾、擊鳴鼓、彈琴瑟、吹竽笙而揚干戚，民衣食之財，將安可得乎？即我以為未必然也。意舍此。今有大國即攻小國，有大家即伐小家，強劫弱，眾暴寡，詐欺愚，貴傲賤，寇亂盜賊並興，不可禁止也。然即當為之撞巨鍾、擊鳴鼓、彈琴瑟、吹竽笙而揚干戚，天下之亂也，將安可得而治與？即我未必然也。」是故子墨子曰：「姑嘗厚措斂乎萬民，以為大鍾、鳴鼓、琴瑟、竽笙之聲，以求興天下之利，除天下之害而無補也。」是故子墨子曰：「為樂非也。」

今王公大人，唯毋處高臺厚榭之上而視之，鍾猶是延鼎也，弗撞擊將何樂得焉哉？其說將必撞擊之，惟勿撞擊，將必不使老與遲者，老與遲者耳目不聰明，股肱不畢強，聲不和調，明不轉朴。將必使壯年，因其耳目之聰明，股肱之畢強，聲之和調，明之轉朴。使丈夫為之，廢丈夫耕稼樹藝之時；使婦人為之，廢婦人紡績織紝之事。今王公大人惟毋為樂，虧奪民衣食之時，以拊樂如此多也。」是故子墨子曰：「為樂非也！」

今大鍾、鳴鼓、琴瑟、竽笙之聲既已具矣，大人鏞然奏而獨聽之，將何樂得焉哉？其說將必與賤人，不與君子聽之。與君子聽之，廢君子聽治；與賤人聽之，廢賤人之從事。今王公大人惟毋為樂，虧奪民之衣食之財，以拊樂如此多也。」是故子墨子曰：「為樂非也。」

昔者齊康公興樂，萬人不可衣短褐，不可食糠糟，曰食飲不美，面目顏色不足視也；衣服不美，身體從容醜羸，不足觀也。是以食必粱肉，衣必文繡，此掌不從事乎衣食之財，而掌食乎人者也。」是故子墨子曰：「今王公大人惟無為樂，虧奪民衣食之財，以拊樂如此多也。」是故子墨子曰：「為樂非也。」

今人固與禽獸、麋鹿、蜚鳥、貞蟲異者也，今之禽獸、麋鹿、蜚鳥、貞蟲，因其羽毛以為衣裘，因其蹄蚤以為綺屨，因其水草以為飲食。故唯使雄不耕稼樹藝，雌亦不紡績織紝，衣食之財固已具矣。今人與此異者也，賴其力者生，不賴其力者不生。君子不強聽治，即刑政亂；賤人不強從事，即財用不足。今天下之士君子，以吾言不然，然即姑嘗數天下分事，而觀樂之害。王公大人蚤朝晏退，聽獄政治，此其分事也；士君子竭股肱之力，亶其思慮之智，內治官府，外收斂關市、山林、澤梁之利，以實倉廩府庫，此其分事也；農夫蚤出暮入，耕稼樹藝，多聚升粟，此其分事也；婦人夙興夜寐，紡績織紝，多治麻絲葛緒絸布繰，此其分事也。今惟毋在乎王公大人說樂而聽之，即必不能蚤朝晏退，聽獄治政，是故國家亂而社稷危矣。今惟毋在乎士君子說樂而聽之，即必不能竭股肱之力，亶其思慮之智，內治官府，外收斂關市、山林、澤梁之利，以實倉廩府庫，是故倉廩府庫不實。今惟毋在乎農夫說樂而聽之，即必不能蚤出暮入，耕稼樹藝，多聚升粟不足。今惟毋在乎婦人說樂而聽之，即必不夙興夜寐，紡績織紝，多治麻絲葛緒絸布繰，是故布繰不興。曰：孰為大人之聽治而廢國家之從事曰樂也。」是故子墨子曰：「為樂非也。」何以知其然也？曰先王之書，湯之官刑有之曰：「其恒舞于宮，是謂巫風。其刑君子出絲二衛，小人否，似二伯黃徑。」乃言曰：『嗚乎！舞洋洋，嘉言孔章，上帝弗常，九有以亡，上帝不順，降之百殃，其家必懷喪。』察九有之所以亡者，徒從飾樂也。於武觀曰：『殷乃淫溢康樂，野于飲食，將銘莧磬以力，湛濁于酒，渝食于野，萬舞翼翼，章聞于天，天用弗式。』故上者天鬼弗戒，下者萬民弗利。」是故子墨子曰：「今天下士君子，請將欲求興天下之利，除天下之害，當在樂之為物，將不可不禁而止也。」